JN314371

グローバル・コミュニケーション

キーワードで読み解く生命・文化・社会

伊藤陽一／浅野智彦／赤堀三郎
浜日出夫／高田義久／粟谷佳司
［編］

ミネルヴァ書房

序　文

　グローバル・コミュニケーションとは，人類の歴史そのものである。
　本書は，21世紀の現代，多岐にわたる分野において一層進展するグローバル・コミュニケーションをテーマに，生命，文化，社会を架橋する切り口として，新たなアプローチを提示するものである。
　劇作家で批評家としても広く知られる山崎正和の労作『世界文明史の試み』（中央公論新社，2011）では，古今東西のジャンルを横断する名著を駆使して，束のように連ねられた人間やモノや情報が関与する諸活動が文明を形成してゆく様子があざやかに描き出された。それに対し，本書においては，社会学とコミュニケーション研究を主たるフィールドとする研究者によって，そういった文明の束が自己発生し，波及し，分化し，インフラストラクチャとして定着し，さらにはグローバルな市場化の洗礼を受ける過程を，日本独自の研究視点を重視して論述する。
　本書の構成は，関連書（小川（西秋）葉子・川崎賢一・佐野麻由子『〈グローバル化〉の社会学』恒星社厚生閣，2010）をガイドブックとするならば，そのリーダー（読本）として，最新のキーワード解説と論文作成の参考となるケース・スタディを配している。
　第1章の「循環と創発」では，小さな円環運動とそのゆらぎによって生まれる新局面を極小のコミュニケーション状況から析出する。第2章の「進化」では，そのさざ波のような動きがコイルのように進展してゆく過程を描く。第3章の「生物と文化の多様性」では，その紐状のトレンドが複数の方向に伸びてゆき，それらがグローバルな社会において容認されてゆくインタラクションに注目する。第4章の「まちづくりとまちおこし」では，多地域に進展したらせんがコミュニケーション・イベントによって今度はその〈場〉に住まい，その〈場〉を訪れ，その〈場〉に集う人々によるコミュニティとインフラストラクチャへと堆積してゆく有りようを描く。最後に第5章の「グローバル市場」では，上記のように多様化したローカルな局域やその形成に関わったアクターすべてが，市場化，あるいは再‐市場化の影響下で再構築される様相を論じている。

グローバル・コミュニケーションに対するこのような果敢な試みを初学者にもわかりやすく提示するため，各章の末尾には，おのおのの章のアプローチを映画評論に応用したコラムを設けてある。そこでは，大学学部生たちが新鮮な筆致で同一の映画の比較を異なったキーワードを媒介として行っている。グローバル・コミュニケーションのダイナミクスを日常なじんでいる映像分析を通じて実際の肌で感じていただければ幸いである。

　最後に，本書は2010—2012年度慶應義塾大学メディア・コミュニケーション研究所プロジェクト「グローバライゼーションと持続可能なメディアのデザイン：生命とコミュニケーション」（研究代表者：小川（西秋）葉子専任講師）の成果である。本書に収録された諸論攷は，国際社会学会（International Sociological Association），国際コミュニケーション学会（International Communication Association）等，各種の国際会議で発表された非常に質の高いものである。それらをひろく，かつ，平易な形式で出版することを可能にしてくださった株式会社ミネルヴァ書房の編集担当者浅井久仁人氏に心より感謝したい。

　2012年12月

　　　　　　　　　　　　　　　　　　　　　　　　　　　　　編者一同

目　次

序　文

第 1 章　循環と創発

1　行　religious exercise …………………………………………… 2
2　信頼　trust ………………………………………………………… 4
3　自己　self ………………………………………………………… 6
4　再帰性　reflexivity ……………………………………………… 8
5　アクター・ネットワーク理論　actor-network(-)theory ………… 10
ケース・スタディ　「空気」の政治心理学 ……………………… 15
　　　1　問題の所在…15／2　「空気」とは何か…17／3　要約と展望…32

第 2 章　進　化

1　浮動　drift ……………………………………………………… 42
2　メディア・ビオトープ　media biotope ……………………… 44
3　インボリューション　involution ……………………………… 46
4　記憶と音楽：把持と予持 ……………………………………… 48
　　　memory and music: retention and protention
5　無のグローバル化　globalization of nothing ………………… 50
ケース・スタディ　社会の進化を考える──社会学理論からのアプローチ …… 54
　　　1　問題の所在…54／2　社会の進化…55／3　タルコット・パーソンズの社会学理論における社会の進化…58／4　ニクラス・ルーマンの社会学理論における社会の進化…61／5　結論と展望…66

第 3 章　生物と文化の多様性

1　生命情報学　bioinformatics …………………………………… 78

2　国際文化政策　international cultural policy……………………80
3　韓国における情報統制史……………………………………82
　　　history of information control in Korea

ケース・スタディ　1　ハイブリッドとしての女性と民主主義………86
　　　　　　　　　──身体の多元的秩序の形成のために

　　1　目的・方法…86／2　対話としての政治から排除される〈モノとしての女性〉…87／3　〈モノとしての女性〉の非正統的な語り…89／4　〈ハイブリッドとしての女性〉とそのサイボーグ化…92／5　ハイブリッド同士の永続的対話によるネットワークの民主化…96

ケース・スタディ　2　北の女性と南の女性──相対化と判断停止…………105

　　1　はじめに──第二次的観察と「意味世界」への接近…105／2　構築主義的ジェンダー論の視点…106／3　行為者の視点に依拠した際の自己と身体…111／4　結びに代えて──再び「意味世界」…119

第4章　まちづくりとまちおこし

1　都市における空間メディア…………………………………128
　　　urban development and media
2　地域情報化　informatization of community……………………130
3　フィルム・コミッション　film commission…………………132
4　音楽空間　sound space……………………………………134
5　メディア・イベント　media event…………………………136

ケース・スタディ　オープンシステムサイエンスの視点からみた
　　　　　　　　　ソーシャル・キャピタルと健康なまちづくり……140
　　　　　　　　　──福島原発事故後の除染問題を事例に

　　1　健康なまちづくりにおけるソーシャル・キャピタルの隆盛と時代的要請としてのオープンシステムサイエンス…140／2　日本における「健康なまちづくり」とソーシャル・キャピタル…141／3　ソーシャル・キャピタルの課題…143／4　オープンシステムサイエンスの視点…145／5　事例研究──福島原発事故後の除染問題…146／6　持続可能なイノベーションをめざして…151

第5章　グローバル市場

1　擬似市場・準市場　quasi-market ……………………………… 158
2　消費者生成メディア（CGM） ………………………………… 160
　　consumer（customer）generated media（CGM）
3　階層消費　class consumption ………………………………… 162
4　クール・ジャパン：日本の産業文化力 ……………………… 164
　　Cool Japan: Japan's industrial-cultural power
5　カンヌ国際クリエイティビティ・フェスティバル ………… 166
　　Cannes Lions International Festival of Creativity

ケース・スタディ　グローバライゼーションにおけるメディア空間の
　　　　　　　　変容と協働 ……………………………………… 172

　　1　はじめに…172／2　トロント・コミュニケーション学派とメディア文化研究…172／3　トロント・コミュニケーション学派の継承…174／4　グローバル・ヘゲモニー…181／5　グローバル化の諸相とテクノロジーの文化…184／6　おわりに…186

フィルモグラフィー
人名索引／事項索引

コラム

「喧嘩」が映画を救う!?…38
　　──『丹下左膳餘話　百萬兩の壺』（1935）と『鴛鴦歌合戦』（1939）の比較
円環から考える『丹下左膳餘話　百萬兩の壺』（1935）と
　　『人情紙風船』（1937）…71
今，注目されるべき日本映画『丹下左膳餘話　百萬兩の壺』（1935），
　　『鴛鴦歌合戦』（1939）…73
内的世界と外観──『アラビアのロレンス』（1962）…123
江戸の貧乏長屋における差別と表象のストラテジー…125
　　──『丹下左膳餘話　百萬兩の壺』（1935），『人情紙風船』（1937）

金魚が奏でる百萬兩のメロディ…155
　　——『金魚鉢』(1896),『丹下左膳餘話　百萬兩の壺』(1935),
　　　『小さな恋のメロディ』(1971) の比較

グローバル市場における差異…192
　　——『恋をしましょう』(1960),『お熱いのがお好き』(1959) 映画評

第 1 章　循環と創発

　社会は自らを再生産しながら，環境に対応する。したがって循環と創発とは社会を見る際の最も基本的な視角である。本章の目的は，両者のかかわり合いを社会の様々な水準で読み解くことだ。例えば身体と意識あるいは自己の構成という個人に即した水準（「行」「自己」）から，社会的な相互行為を大規模に支える機制（「信頼」）にいたるまで，社会は隅々まで両者のかかわり合いに貫かれているといってよい。それらにアプローチするための理論的な枠組としてここでは「再帰性」「アクター・ネットワーク理論」を紹介する。ケーススタディでは，「空気」という概念を用いることで今日の（とりわけ3・11後の）日本社会を論じる。空気が生成される機制は，特定の方向へと人々のコミュニケーションや行為を水路づけ，それがまた空気を強化するという循環をもつ。社会の進む方向を劇的に変えてしまうこともあるこの循環に着目することは，循環と創発という本章の主題をより深く理解するための助けとなろう。

1 行 religious exercise

丸山 哲央

「行」とは一般的には,身体性を伴う実践的行為という意味で,知的活動と対比的に用いられる。宗教においては,それは「修行」のことで,仏教では身体を通して心を修練することによって悟りに至る行為を意味している。人間の社会や文化を分析する際に身体性にかかわる要素をいかに取り込むかということは,主要な社会学理論にとっての難題であった。「行」はあらゆる社会・文化領域での普遍的な事象でありながら,その内容は特定の時空間と不可分な身体性と結び付いており,その点で社会学におけるマクロ-ミクロ問題を解くカギ概念の一つであると言ってよい。

■身体性とメディア

人間は,元来音声言語のみでコミュニケーションしていたのが,筆記文字を使用するようになり,さらに活版印刷術を発明し,そして現代の電子メディアによる情報通信技術をもつようになった。メディアの発展史について,M.マクルーハンの区分を援用するならば,音声・文字(活字)・電子と大きく三つに分けることができる(McLuhan 1964)。第三段階の電子メディアの出現とその発達は,人間が扱う情報の量と質,そしてその到達範囲を根本的に変容させた。この過程で音声言語による相互行為の比重が圧倒的に減少してきたのである。それに伴い,本来の身体性に根ざした生活から,言語のような記号の支配する理性優位の「分別(ふんべつ)」の世界が拡大していった。

ここでは,人間の文化をシンボル性の記号の体系として考えたい(Parsons 1961)。その際に,身体性と共同性に規定され具体的な時空間と結合して生み出されるシンボル複合体を実存的文化として,他の評価的文化(価値,倫理など)や認知的文化(科学技術など)と区別することができる(丸山 2010)。つまり実存的文化とは,人間存在の根源的な問題としての身体に根ざした位置性,当事者性に関わるシンボル複合体で,それは,個別的で有限な人間の主観性に限定された存在形態を表すものである。したがってそれは完全には現実原則から離脱できない。特定の時空間と結合した身体性は人間が実践的に世界と関わり,志向を形成してゆく基盤であり,個別的な内容を有しながらも普遍的な人間的状況を表している。

■実存的文化としての行

実存的文化は先述の仏教における称名念仏や瞑想,坐禅といった宗教的実践と

しての「行」と結び付けて捉えることができる。シンボル複合体としての文化は，あくまで記号の体系である以上は，「行」自体も言語化，記号化して伝達される。仏教の布教者である開教使は異文化の信者に対して最初は当該言語を介して宗教的実践の方法を伝えねばならない。しかし究極の宗教的体験は言葉の実体化が否定され，言葉の背後にある理性的分別そのものが消滅し根源的リアリティである「空」に目覚めるものとされる。実在的な指示対象で物質的存在としての「色」は身体に備わる感官を介して認識され，表象化され言語を形成することになるが，主客一体という見仏体験においては対象を指し示す言語は消滅することになる。つまり，教義を説いた経典はあくまで「月」を指し示す指先にすぎない，ということになる。文化の実存的要素は，限りなく対象に密接した表象といえよう。

ただ，言語の世界から完全に隔絶された人間存在はありえないのであり，浄土教における「称名念仏」という教えも，阿弥陀仏の名を声を出して呼ぶことである。「名」(＝理性) と「声」(＝身体性) とが結びついた音声言語を通して，仏の姿を心に思い浮かべる，ということになる。

■ 行の超論理性

仏教の唯識思想における，前五識（眼，耳，鼻，舌，身）―第六識（意識）―第七識・マナ識（無意識的自我意識）―第八識・アーラヤ識（ア・プリオリな根源的意識）―第九識・プラジュニャー（仏性に伴う意識）という認識図式では，第九識へと深化するほど文化的シンボルから遠ざかることになる。つまり，仏教における行とは，身体を通した心の統御を行うことであり，そこでは身心一如の状態で禅定・三昧へいたることになる。瞑想（調身，調息，調心）や呼吸法による宗教的実践を通して，感覚神経・運動神経と自律神経をつなぎ，心身の架橋がはかられる。それによって，外界感覚と思考に支配されている日常的自己から無意識の深層へ到達する。止観（雑多な想念を止めて真実を観る）とは主客一体の総合判断・全知の状態になることである。これは，理性中心の合理的，客観的，固定的な対象論理的認識を超克することでもある（竹内 2004）。

坐禅，念仏，唱題，ヨーガ，気功法等は心身の形を整えるための「行」である。華道，茶道，柔道，剣道等の「道」とは，実践としての行によって意識・心を陶冶し，身体を型にはめて身心一如の状態へ到達するための定型化した方法論を示している。この種の実存的文化は，特定の時間・空間と不可避的に結合したいわゆる「伝統文化」の中核をなすものである。したがって，科学・技術といった認知的文化のように記号を介したグローバル化（文化伝播）が比較的容易な文化に対して，「行」にみるように実存的文化はグローバル化が困難な文化領域を形成している（丸山 2010）。

2 信　頼 trust

林 直保子

　信頼が社会関係の潤滑油的役割を果たすことは以前から指摘されてきたことであるが，1990年代以降は，社会関係資本（social capital）概念の中心に据えられ，民主主義の円滑な運営や，経済成長，人々の健康や寿命との関連でも注目を集めている。

■信頼の社会的機能

　R. D. パットナムは『哲学する民主主義』（*Making Democracy Work*）の中で，主に政治パフォーマンスに重点をおいて，北部（あるいは中部）イタリアと南部イタリアの間に観察された種々の政治パフォーマンスの落差の原因を探り，計量手法を援用しながら詳細な検討を行っている。そして，「信頼感」「ネットワーク」「互酬性の規範」といった社会関係資本の要素が各地域の政治的パフォーマンスを効率化する鍵となっていることを議論した。また，『大崩壊の時代』（*The Great Disruption*）において1960年代半ばからの約30年間のアメリカを「大崩壊」の時代とし，信頼の水準低下を問題とした F. フクヤマは，『信無くば立たず』（*Trust*）の中で，信頼を「コミュニティの他のメンバーが，共有された規範に基づいて，規則正しい，正直な，そして協調的な行動をとると考えられるようなコミュニティにおいて生じる期待」とし，信頼を社会の繁栄の基礎となる要素として位置づけた。J. コールマンもパットナムとほぼ対応する形で，規範や信頼を軸に社会関係資本の機能を論じており，N. リンなどネットワークの構造をもって社会関係資本と定義しようとしている一部の流れを除くと，信頼を社会関係資本の中心に据えた議論が主流となっている。

■信頼の概念

　信頼の定義をめぐっては，山岸俊男や E. M. アスレイナーら，社会心理学者や社会学者が主として用いているものと，R. ハーディンや M. リビィら経済学者や政治学者によるものとに，大きく二分できる。人間性に対する「期待」としての信頼であり，後者は合理的な予測としての信頼である。

　山岸は，「信頼」（trust）と「安心」（assurance）の区別しており，相手の友好的行動に対する期待のうち相手の自己利益に根差した部分を「安心」として定義し，「信頼」は，安心の部分を取り去った残りの部分であるとしている。つまり，山岸によると，信頼は，客観的な根拠に基づく行動の予測を超えた他者の人間性に対する期待である。信頼はさらに，他者一般に対する「一般的信頼」と，既知

の他者に対する「個別的信頼」ないし「情報依存的信頼」に分類される。

山岸の一般的信頼は，他者の人間性の評価として扱われている点で，アスレイナーの信頼の捉え方と対応している。アスレイナーによると，見知らぬ人との間でも基本的道徳的価値は共有しているという信念が「普遍化信頼」(generalized trust) であり，この普遍化信頼こそが，社会における種々の集合的問題の解決の助けとなる。アスレイナーの普遍化信頼が山岸の一般的信頼と異なる点は，一般的信頼が他者の信頼性を見極める社会的知性に裏打ちされたものであり，いわば賢者の自己利益獲得の助けとなる特性であるのに対して，普遍化信頼は「道徳主義的信頼」であり，相手によって対応を変えるような戦略的なものではないという点である。

一方，ハーディンは信頼を「カプセル入りの利益」(encapsulated interest) として考える。ハーディンの考えは，「ある人物がある相手Aに対して，ある行動Xをとるだろうという信頼をもつのは，行動Xをとることで，Aに利益がもたらされる場合」であるというものである。この観点に立つと，人々が他者を信頼するのは，その相手が自己利益を求める結果として信頼に値する行動をとるはずだからである。ハーディンは，信頼は上記のように，「誰を，何をするという点に関して」信頼するという形で，関係性と利得によって捉えるべきであり，信頼する側の個人特性として考えるのは誤りであると主張する。したがって，ハーディンの「カプセル入りの利益」としての信頼は，山岸の整理による「安心」に対応するものであり，他者の人間性の評価を信頼として扱おうとする一連の流れと，利得構造の評価を信頼として扱おうとする一連の流れでは，同じ信頼研究という名のもとにまったく異なる問題を扱っていることになる。

■高信頼社会にむけて

I. カワチによる一連の研究は，信頼を含めた社会関係資本が人々の健康や寿命に影響を与えていることを示している。また，与謝野有紀によるマクロデータの分析は，信頼の欠如が自殺のリスクと結びついている可能性を示唆している。信頼の創造は，諸問題の解決において，一般に考えられているよりも大きな力を発揮するだろう。では，どのようにしたら高信頼社会を実現できるのだろうか。残念ながら，現在のところ，この問に対する完全な答えは用意されていない。対人的信頼の程度は，諸制度への信頼や，社会における経済格差の大きさと関連していることが明らかにされている。今後の日本社会が相互信頼の高い社会へ向かっていけるかどうかは，社会システムのデザインを含めたより大きな文脈の中に位置づけられるべき問題であろう。

3 自己 self

浅野 智彦

■自己論の二つの軸

　社会学的な自己論は,「自己とは何か」という問に対して伝統的に二つの答えを与えてきた。ひとつは, 自己とは他者との関係であるというもの（対他関係としての自己), もうひとつは, 自己とは自分自身との関係であるというもの（対自関係としての自己）だ。このような二つの軸からなる自己論の骨格を整備したのは, 19世紀末から20世紀初頭のアメリカの激しい変動を生きた社会学者 G. H. ミードだ。まずは彼の議論を復習しておくのがよいだろう。

　自己意識とは, 他者とのコミュニケーションが自分自身の内部にいわば折り込まれたものであるとミードは考える。どのような人間も様々な社会関係の中に産み落とされるのであり, そこに巻き込まれながら, 人は自分自身を意識するようになる。そしてその自分自身を意識する視点は, もともとは周囲の他者から与えられたものなのである。自己とは対他関係であるとはそういうことだ。

　他方, 自分自身を意識するという循環構造（自分を—見る—自分）は, 他の対象が決してもち得ない特性であるともミードは考えていた。他の物体, あるいは他の動物は人間がそうするように自分自身について再帰的に捉えることをしない。人間のもつ自己という構造においてのみそのような再帰的な捉え返しが実現されているのである。自己とは対自関係であるとはそういうことだ。

　コミュニケーションを通して自分自身の内側に折り込まれていく他者の視点は, 相互行為の網の目が広がっていけばいくほどより抽象的なものになっていく。ミードは, 養育者のような「重要な他者」(significant others) の視点から出発して, 人はやがて社会や共同体を代表する「一般化された他者」(generalized other) の視点をもつようになると考えていた。そして, この視点をもつことによって, 人は, その視点が代表しているところの社会や共同体の中で他と決定的な対立にまでいたることなく共存できるとも。戦争に象徴されるような決定的対立は, 両者の間に共通の「一般化された他者」が存在せず, それゆえにコミュニケーションがうまく成り立たないゆえに生じるのだと彼は考えていたのである。この社会や共同体は論理的にはどこまでも広がり得るものであるから, その極限においては世界が一つの共同体になり, 戦争が廃絶されることになろう。実際, ミードが思い描いていたのはそのような社会であった。

■ウェブ・セルフの時代

　ミードの理想は第一次世界大戦の勃発により脆くも崩れてしまうのだが，さらにその後約1世紀を経て，彼が想像もしなかったような自己の形態が日本に登場する。一言でいえば，自己の対自関係としての側面と対他関係としての側面がそれぞれ徹底化されることにより，独特の緊張関係をはらむような自己のあり方である。

　A. ギデンズや U. ベックらが指摘するように，近代社会は再帰性を増進していくような力学を内在させており，その力は自己のあり方にまでおよぶ。すなわち自己にはつねに自分自身のあり方を問い直し，改訂していくような圧力がかかっており，しかもその圧力は増進し続けていく。これは対自的な側面の加速とみることができる。1990年以降に日本で（も）進行したライフ・コースの多様化とそれが各人によって選択されたものであることの強調は，そういった加速を背景としている。

　他方で，様々な伝統的な権威が再帰的な検討によって掘り崩されていった結果，ミードが一般化された他者と呼んだような超越的な視点は成り立ちにくくなる。そのため，人びとは，自分の周囲の具体的な他者の視線を経由して自分自身を把握する傾向を強めていく。このことが意味しているのは，自己がそれ自身のうちに自らの根拠をもたず，その都度の関係の中での他者の視線を媒介にして自分自身についての確からしさを実感できるようになるということだ。これは対他関係としての側面が加速していく過程と見ることができよう。1990年代以降，日本の若者の間で，家族，友人，地元などへの愛着が強まっていく背景，あるいは関係に応じて異なった顔を見せるという多元化の背景にはこのような「関係の中で確認される自分」への志向の強まりがあるだろう。

　しかもインターネットの普及とそれを利用するプラットフォームのモバイル化の進行は，この二つの変化にさらなるドライブをかけていく。インターネット利用が開く情報環境の重層化，多元化は，自分自身についての再帰的な意識をさらに強める。携帯電話に代表されるモバイル端末とその上で展開される即時的な反応を常態とするコミュニケーション（携帯メール，諸種のソーシャル・ネットワーキング・サービス等）は，自己が関係の中にあってこそ確かに感じられるという実感をさらに強める。

　しかし対自的側面の加速がつきつけてくる「自分は何者なのか」という問は，対他的側面の加速が要請する関係に応じた自分という多元的なあり方とはときに対立し，緊張をはらむ。「キャラ」として自己を提示するという作法は，この緊張を処理するための戦略のひとつとして理解することができるように思われる。

4 再帰性　reflexivity

中西　眞知子

　再帰性（reflexivity）とは，「自己を他者に映し出し，それが自己に帰って自己を変革する螺旋状の循環作用」を示す概念である。存在論的な立場からは，再帰性は社会構造と行為者の相互作用であるともいわれる。

■再帰性の定義

　A. ギデンズは，自己意識が他者の理解と不可分に結びついていることを重視して，個人と社会との循環に焦点を当てる。彼は人間の行為と社会構造との循環を構造の二重性と呼ぶ。また，社会学は行為者の意味の枠に構成された世界を再解釈する二重の解釈学であるという。社会的，言語的な基盤をもつことに意味を見出すギデンズにとって，再帰性とは，個人が社会的，言語的な基盤に依拠して，自己を含めた諸対象の意味を再解釈し，構造に条件付けられると同時に構造に働きかける螺旋状の循環である。近代の自己アイデンティティの形成のように，行為者が自己をモニターして自らの意味を再審し，行為の帰結が自らに作用する自己再帰性，「もったいない」意識の消費行動と賞味期限切れ商品を販売するスーパーの増加のように，行為が社会構造に条件付けられ，同時に社会構造に影響を及ぼす制度的再帰性，「フリーター」という語の登場とその統計数値の公表が新たなフリーターを生み出すような，概念的言語的な認知的再帰性などがある。なお，N. ルーマンの自己言及性に見られるように，再帰性を徹底すれば，主体も再帰性自身も再帰性の対象となる。再帰性は多くの領域で働き，異なる次元を結びつける。

■再帰的近代化

　再帰的近代化（reflexive modernization）とは，「近代の循環を自覚できるようになり，近代の限界や矛盾と折り合いをつけて，近代化そのものを再帰的に問い直すこと」，まさに近代化の再帰的な問い直しである。ギデンズは，単純な近代化が「合理的で社会を一直線に富の増大や質の向上へと向かわせる予測可能な近代化」であるのに対して，再帰的近代化を「欧米に源を発するが，グローバル化によって世界全体に及び，近代化そのものを新たな形にして発祥の地に戻し，近代化のもたらす限界，矛盾，困難と折り合いをつけていく近代化」と区別する。彼はわれわれからの働きかけが可能な再帰的近代化に対して楽観的である。

　再帰的近代化が世界全体にもたらした問題に地球環境問題が挙げられる。自然現象である地球温暖化に対して，1997年のCOP3では先進国が温暖化効果ガス

削減条約を結び，2011年のCOP17では米国や中国の条約への参加も提唱された。日本では2011年の東日本大震災が，エネルギー・環境問題，自然との対峙の仕方，人間の絆（集合的再帰性）など再帰的な転換を促す契機となっている。

■ 再帰性の変化

U. ベック，ギデンズ，S. ラッシュは1994年に再帰的近代化をめぐって論争を行った。ベックは，リフレクション（reflection）を「近代化における自己省察」という認知的な再帰性であり，再帰性（reflexivity）を「産業社会からリスク社会への望まれない，目に見えぬ変化」であると区別する。彼は，再帰的近代化をリスク社会のもたらす結果に対する自己対峙であると捉える。一方ラッシュは，ベックやギデンズの再帰性を認知的で制度的なもので，それだけでは脱組織化・脱制度化して情報化や市場化の進む社会を捉えきれないと批判する。ラッシュは，情報コミュニケーション構造を流れていくものが知だけではなく模倣的（mimesis）な象徴でもあることから，美的再帰性の可能性が開かれるという。美的再帰性とは，非概念的な模倣的象徴やイメージに媒介された再帰性で，対話は「私」の美的な表現である。美的再帰性は，啓蒙思想ではなく芸術における近代化の中に見出すことができる。さらにラッシュは，後期近代の共同体回帰の基盤を解明しようとして，共有された意味に基づく解釈学的再帰性を提唱する。解釈学的再帰性とは，共有された意味や慣習に媒介された再帰性で，対話は「われわれ」の共有された意味に基づいた沈黙である。彼は，再帰的共同体とも表現する。「空気」とも表現されるように，日本人には「黙っていても伝わるもの」を容易に理解することができるであろう。

■ 再帰性の展開

さらにグローバルな情報化社会において，ラッシュは，意味の形成がコミュニケーションになることを示す。彼は知が他者との相互反映性において行動に結びつく実践的で集合的な現象学的再帰性に着目する。知は活動や表現に再帰されて，それらに具現し，両者の間には距離がなくなる。また P. ブルデューの社会的，知的な無意識を対象とする再帰性は，道具や操作に埋め込まれ，場や界を媒介として社会学の認識論的保証の客観的な支えとなるものである。

社会の変化を反映して，再帰性の性格は変化する。P. ドナッティは，アフター近代における第三セクターの機会の論理によるメタ再帰性を，A. エリオットは消費再帰性を，小川（西秋）葉子はグローバル社会において，創発性，リスク回避性，自ら変革可能性などを備えたハイパー再帰性を提唱する。情報化や市場化の進む社会で，市場が無自覚のままに人間の五感などに浸透して変化を促し，自らも変化と蓄積を続ける新しい市場再帰性も注目されよう。

5 アクター・ネットワーク理論
actor-network(-)theory

栗原 亘

　アクター・ネットワーク理論（以下では，ANTと表記する）とは，社会学における方法論的立場のひとつで，その中心的な論者としては，M. カロン，B. ラトゥール，J. ローなどがいる。その特徴としては，人間のみならず，非・人間（nonhuman）をも社会的アクター（行為者）として捉えるという独自の視点が挙げられる。元々は，科学（知識）社会学の分野において提唱されはじめたものであったが，近年では，それ以外の，例えば，エコロジーやマーケットなどといったような多種多様なトピックに関する議論においても言及されるようになっている。

■「異種混成的なネットワーク」（heterogeneous network）としての「アクター・ネットワーク」（actor-network）

　ANTにおいて，アクターとネットワークは，互いが互いを前提しているものとして捉えられる。すなわち，ANTにおいて，アクターはネットワークの所産であり，ネットワークはアクターの所産であるとされる。この循環論法的な規定こそが，ANTの議論の出発点である。この点についてもう少しみてみよう。

　ANTのいうネットワークとは，簡潔にいえば，複数の作用（agency）が織りなす連鎖のことである。そして，アクターとは，この作用の連鎖の一端を担う実体（entity）である。このように考えた場合，アクターは人間に限定されない。ANTにおいては，非・人間，すなわち，動植物のような，通常は「社会」にではなく「自然」に属するとされるものから，パソコンのような精密機械はもちろん，ハンマーのような単純な道具をも含む多種多様な「人工物」まで，ありとあらゆるものがアクターとして捉えられうるのである。なぜなら，これら非・人間もまた，様々な関係の中で特定の作用を担いうるからである。

　例えば，石につまずいて人が転ぶ，という，一見なんでもないような事態は，ANTからすれば，まさに，人間アクターがもたらす作用と非・人間アクターがもたらす作用からなる連鎖の帰結として捉えられることになる。

　以上から，ANTのいう「アクター・ネットワーク」とは，非・人間をも含む多種多様なアクターが織りなす「異種混成的なネットワーク」であるといえる。

■アクターの「創発」

　以上を踏まえることで，ANTにおける，もっとも重要な論点のひとつを扱うことが可能となる。それは，アクターの「創発」という論点である。例えば，

ANTにおいて，電化製品は，それ自体で一つのアクターとなりうるが，それが実現する作用は，そもそも，それを構成する諸々の部品（＝別々のアクター）がもたらす作用の連鎖の帰結として可能となっている。つまり，複数のアクターが組み合わされることで，別のアクターが存在可能となっているのである。このような，元々は別々に存在していたような複数のアクターが集合し，それぞれのアクターが単体では実現しえなかったような作用を実現できるような別のアクターを出現させる，という発想は，部分の集合がそれぞれの部分には還元できないような特性をもった全体を出現させる，という「創発特性」の発想に相当するものと言えよう。ANTは，こうした発想を，非・人間と非・人間，あるいは人間と人間との間にのみならず，人間と非・人間との間にも適用する。

例えば，ラトゥールは，人間，銃，そして銃を持った人間（＝「人＋銃」）は，それぞれ別々のアクターになりうると示唆している（Latour 1999）。というのも，「人＋銃」というハイブリッド・アクター（hybrid actor）は，人単体とも，銃単体とも異なる行為の可能性の領野に対して開かれているからである。ここでいう行為には，人間が銃を持つことで可能となる諸々の動作（射撃する，銃床で殴る）はもちろんのこと，そういった動作を前提にして行為を構想することも含まれる。例えば，ひ弱な男が金を盗もうとする場合，もし素手であれば，空き巣やスリを手段として考えるところを，銃を手にしたことで，強盗を企て，さらに証人を消すための人殺しまで計画する，というケースを考えればよい。

また，こうしたハイブリッド・アクターは，ネットワークの一部として作用を担い，別のハイブリッド・アクターの一部ともなりうる。すなわち，「人－銃」が，一個師団のような，より大きなハイブリッド・アクターの一部として，各種作戦の考案と実行という行為の基礎となるといったように，である。

■ ANTと現代

以上から，ANTは，歴史，地域，場面を問わず，広く適用可能なものであるといえる。だが，とりわけ現代においてその威力は際立つと言える。なぜなら，現代を特徴づける諸事象は，まさにANTこそがダイレクトに取り組めるような側面を有しているからである。例えば，「技術革新」は，人工物と人間の関係の急速な多様化を促すし，「グローバル化」という言葉で語られる，空間を越えた関係の急速な緊密化といった事態は，越境して構成されるようなアクターの創発を，かつてない規模で引き起こしていると言える。また，環境問題に対する関心の高まりは，人工物だけでなく，動植物のような非・人間との関係への視角を要求している。ANTがいかにアクチュアルなものであるのかは，一目瞭然であろう。

キーワード　参考文献・参考資料

1　行

丸山哲央, 2010『文化のグローバル化――変容する人間世界』ミネルヴァ書房.
McLuhan, M, 1964, *Understanding Media: The Extensions of Man,* London, ARK（＝1987, 栗原裕・河本仲聖訳『メディア論――人間の拡張の諸相』みすず書房.）
Ong, Walter J., 1982, *Orality and Literacy: The Technology of the World*（＝1991, 桜井直文他訳『声の文化と文字の文化』藤原書店.）
Parsons, T., 1961, Introduction to Part4 (Culture and Social System), in Parsons, T., Shils, E. A., Naegele, K. D. and Pitts, J. R. eds., *Theories of Society: Foundation of Modern Sociological Theory,* New York: Free Press.（＝1991, 丸山哲央訳『文化システム論』ミネルヴァ書房.）
Poster, M., 1990, *The Mode of Information,* Blackwell Publishers.（＝1991, 2001, 宇井尚・吉岡洋訳『情報様式論』岩波書店.）
竹内明, 2004,「型と瞑想」『浄土学佛教学論叢――高橋弘次先生古稀記念論集』

2　信　頼

Coleman, J., 1990, *Foundations of Social Theory,* Cambridge, MA; Harvard University Press.
Fukuyama, F., 1995, *Trust: The Social Virtues and the Creation of Prosperity,* New York: Free Press.（＝1996, 加藤寛訳『「信」無くば立たず』三笠書房.）
―――, 1999, *The Great Disruption: Human Nature and the Reconstitution of Social Order,* New York: Free Press.（＝2000, 鈴木主税訳『「大崩壊」の時代』早川書房.）
Hardin, R., 1991, "Trusting Persons, Trusting Institutions," R. J. Zeckhauser, ed., *Strategy and Choice,* Cambridge, MA: MIT Press, 185-209.
―――, 1993, "The Street-level Epistemology of Trust," *Politics & Society,* 21(4): 505-529.
―――, 2002, *Trust and Trustworthiness,* New York: Russell Sage Foundation.
Kawachi, Ichiro and Bruce P. Kennedy, 2002, *Health of Nations: Why Inequality Is Harmful to Your Health,* New York: The New Press.（＝2004, 西信雄他監訳, 社会疫学研究会訳『不平等が健康を損なう』日本評論社.）
Lin, N. 2001, "Building a Network Theory of Social Capital," N. Lin, K. Cook, & Ronald S. Burt, eds., *Social Capital: Theory and Research,* New York: Aldine de Gruyter.
Putnam, R. D., 2000, *Bowling Alone: The Collapse and Revival of American Community,* New York: Simon & Schuster.（＝2006, 柴内康文訳『孤独なボウリング』柏書

房.)

Uslaner, Eric M., 2002, *The Moral Foundation of Trust*, Cambridge: Cambridge University Press.
山岸俊男,1998,『信頼の構造——こころと社会の進化ゲーム』東京大学出版会.
————,1999,『安心社会から信頼社会へ——日本型システムの行方』中央公論新社.
与謝野有紀,2011,「格差,信頼とライフチャンス——日本の自殺率をめぐって」『現代の階層社会 第3巻 流動化の中の社会意識』斎藤友里子・三隅一人編,東京大学出版会,pp. 293-307.

3 自己論について

Mead, G. H., 1934, *Mind, Self, Society*, Chicago IL: The University of Chicago Press.(=1995,河村望訳『精神・自我・社会』人間の科学社.)
Giddens, A., 1991, *Moderity and Self-Identity*, Stanford CA: Stanford University Press.(=2005,秋吉・安藤・筒井訳『モダニティと自己アイデンティティ』ハーベスト社.)

4 再帰性

Beck, U., A. Giddens,,S. Lash, 1994, *Reflexive Modernization*, Cambridge: Polity.(=1997,松尾精文・小幡正敏・叶堂隆三訳『再帰的近代化』而立書房.)
Bourdieu, P., Wacquant, L., 1992, *Responses Pour une Anthropologie reflexive*, Bureau des Copyrights Francais.(=2007,水島和彦訳『リフレクシヴ・ソシオロジーへの招待』藤原書店.)
Donati, P., 2011, *Relational Sociology: A New Paradigm for the Social Sciences*, New York: Routledge.
Elliott, A., 2009, "The New Individualism after the Great Global Crash"(=2010,片桐雅隆訳「グローバルな大暴落以降の新しい個人主義」『現代社会学理論研究』4)
Giddens, A., 1976, *New Rules of Sociological Method*, Cambridge: Polity.(=1987,松尾精文・藤井達也・小幡正敏訳『社会学の新しい方法基準』而立書房.)
————,1990, *The Consequences of Modernity*, Stanford Cambridge: Polity.(=1993,松尾精文・小幡正敏訳『近代とはいかなる時代か』而立書房.)
Giddens, A., 1984, *The Constitution of Society*, Cambridge: Polity.
————,1991, *Modernity and Self-Identity*, Cambridge: Polity.(=2005,秋吉美都・安藤太郎・筒井淳也訳『モダニティと自己アイデンティティ』ハーベスト社.)
————,1994, *Beyond Left And Right*, Cambridge: Polity.(=2002,松尾精文・立松隆介訳『左派右派を越えて』而立書房.)
Lash, S., 2002, *Critique of Information*, Thousand Oaks CA: Sage.(=2006,相田敏彦訳『情報批判』NTT出版.)

―――, 2010, *Intensive Culture*, Thousand Oaks CA: Sage.
―――, J. Urry, 1994, *Economies of Signs and Space*, Thousand Oaks CA: Sage.
Luhmann, N., 1990, *Essays on Self-Reference*, New York: Columbia University Press (＝1996, 土方透・大澤善信訳『自己言及性について』国文社.)
中西眞知子, 2007, 『再帰的近代社会』ナカニシヤ出版.
小川（西秋）葉子・川崎賢一・佐野麻由子編著, 2010, 『〈グローバル化〉の社会学』恒星社厚生閣.

5 アクター・ネットワーク理論

Callon, M. and F. Muniesa, 2003, "Les marchés économiques comme dispositifs collectifs de calcul," *Réseaux* 21: 189-233.
Latour, B., 1987, *Science In Action: How to Follow Scientists and Engineers Through Society*, Cambridge Mass: Harvard University Press. (＝1999, 川崎勝・高田紀代志訳『科学がつくられているとき――人類学的考察』産業図書.)
―――, 1991, *Nous n'avons jamais été modernes: Essai d'Anthropologie Symétrique*, Paris: La Découverte. (＝2008, 川村久美子訳『虚構の「近代」――科学人類学は警告する』新評論.)
―――, 1999, *Pandora's Hope: Essays on the Reality of Science Studies*, Cambridge, MA: Harvard University Press. (＝2007, 川崎勝・平川秀幸訳『科学論の実在――パンドラの希望』産業図書.)
―――, 1999, *Politiques de la nature: Comment Faire entrer les Sciences en Démocratie*, Paris: La Découverte (Armillaire).
―――, 2005, *Rassembling the social: An introduction to Actor-Network-Theory*, New York: Oxford University Press.
Law, J. ed., 1986, *Power, Action, and Belief: A New Sociology of Knowledge? (Sociological Review Monograph)*, London: Routledge & Kegan Paul.
――― and J. Hassard eds., 1999, *Actor Network Theory and After*, Oxford: Blackwell Publishers.
――― and A. Mol eds., 2002, *Complexities: Social Studies of Knowledge Practices*, Durham and London: Duke University Press.

第1章 ケース・スタディ
「空気」の政治心理学

伊藤 陽一

1　問題の所在

　2011年3月の東日本大震災と福島第1原子力発電所の事故は，我々日本人に改めて「空気」という用語を思い出させ，その力について考えさせた。たとえば，日本のマスコミは，「フクシマ」がヨーロッパ各地に「反原発の空気」を醸成したと報じた。事実，福島第1原子力発電所の事故直後の3月に行われたドイツ南西部のバーデン・ビュルテンベルグ州の議会選挙で，緑の党が第一党に躍進した。「フクシマ」以前，ドイツで原発に反対する人は20パーセント程度であったにもかかわらず，事故直後に行われた世論調査ではそれが80パーセントにまで激増した（「新エネルギー現地から考える　9」，2011）。こうした中で，メルケル首相はドイツの電力消費量の22パーセントを担う国内17基の全原発を2022年までに停止する脱原発政策を発表した。5月にはスイスで，2034年までに稼動中の原子力5基すべてを廃炉にすることが決定された。さらに，イタリアでは6月に（福島原発以前から計画されていた）原発再開の是非を問う国民投票が実施され，実に国民の95パーセントが原発再開に反対し，ベルルスコーニ首相も当初の計画を断念した（「新エネルギー現地から考える　9」，2011）。

　さらに8月にはベルギーで興味深い事件が起こった。ベルギーのプロサッカーチーム，ゲルミナル所属でゴールキーパーをつとめる日本の川島選手に対して，ゲルミナルの一部サポーターが「フクシマ」と連呼した。これが日本で報道された時には，すでに処罰が決まっていた。それだけベルギーの観客が素早く反応したということである。ベルギー・サッカー協会は，犯人の特定が難しいサポーター達ではなく，彼らの応援の対象であったサッカーチーム，ゲルミナルに対し，川島選手と横田駐ベルギー日本大使への公式の謝罪と罰金3万スイスフラン（約260万円）の支払いを命じた（「ベルギーのサッカークラブ会長

2011; "Belgian Club," 2011)。この迅速で毅然とした処断は，通常の外交儀礼を超えたヨーロッパにおける「フクシマ・シンドローム」を想起させた。

　当の日本では，福島第1原子力発電所の事故以後，計画停電，大規模集団避難，広域風評被害，「電気予報」等の異様な現象が続発し，それに伴って異様な雰囲気が全国を覆った。この雰囲気は米国ニューヨークで起こった「9・11テロ事件」以後の米国の状況に比して，「3・11シンドローム」と呼ばれた。たとえば，ネオンや店内の照明を明るくしている店があると，一般市民が立ち寄って「このご時世に明る過ぎるのではないか」と注意することがあったという（吉崎 2011：20）。こうした事例を評論家の日垣隆は「なんなんだこの空気は」と題する週刊誌のコラムで数多く紹介している（日垣 2011）。月刊誌『新潮45』（2011年9月号）は「新・〈空気〉の研究」と題する特集を組んだ。この特集は新聞広告では次のように紹介されていた。「節電の夏，翼賛の夏」，「混沌のまま一つの方向に押しながされそうな，この奇妙な空気は何だ？　山本七平が喝破して30年，この国は何も変わっていない」

　山本七平の古典的名著『空気の研究』（山本 1977）においてもそうだったが，日本人が「空気現象」について書く時，そのほとんどは日本に特有な「日本的現象」としていた。これに対して筆者は，この現象は決して日本特有なものではなく，欧米社会にも共通して見られる普遍的現象であると主張してきた[1]。1894年から1899年の5年間にわたってフランス社会を震撼させた「ドレフュス事件」，1898年米国の米西戦争，1930年代から第2次大戦終結までのドイツのナチス時代，1950年代のマッカーシズム，そして2001年の「9.11同時多発テロ事件」以後数年間のアメリカ社会等がその例である。そのため，1980年代中頃から「空気現象」について英文で書くと，一部の欧米人および東アジア人は強い関心を示し，彼等の論文や本の中で言及するようになった。その結果，1984年以来イギリスで刊行されている *Dictionary of Media & Communication Studies* の第5版（Watson & Hills 2000）から "kuuki" が独立した項目として採用され，さらに2009年にはアメリカで刊行された *Encyclopedia of Communication Theory*（Littlejohn & Foss 2009）にも "Japanese kuuki theory" が独立した項目として採用された。しかし，まだ「漠然としていてとりとめがない」とか，（それ故に）「実証が難しい」といった批判があり，幅広く受入れられて

いるとは言い難い。しかし,「空気」はせっかく日本で生まれた用語,概念であるし,冒頭で述べたように,社会的・政治的影響として作用していることは確かなのであるから,これを社会科学の一部に取り込む努力をこれまで通り続けていくことにしたい。

2　「空気」とは何か

「空気」とはまず第1に雰囲気であるが,すべての雰囲気が「空気」なのではない。「空気」とは個人に特定の行動を促したり,思い止まらせたりする圧力をもった雰囲気（atmospheric pressure）である。このように定義された「空気」を,以下はカッコなしで表示する。

空気の特徴の第一は,2人の人間の間から小集団,さらに国全体（まれにそれ以上）にまでのレベルで存在し,人々に社会的圧力として作用しているということである。冷泉（2006）は,2人だけの個人間に発生する空気を「関係の空気」,3人以上が加わっている状況の中で発する空気を「場の空気」と呼んでいる。

2.1　「関係の空気」

対人関係において,空気は他者（客体）から発せられ,自己（主体）がそれを認識する。関係の空気の内容は言語によって明瞭に表現されてはいない。もし,明瞭に表現されているならば,それは空気とは呼ばれない。空気は自己（主体）の側からの推察や察しの努力によって認識される。相手の「顔色を読む」といった察しは,「関係の空気」の存在を確認する上で不可欠である。宮原（Miyahara 1992：41）は,日本人の間では「言外を読む」ことなしにはコミュニケーションは成り立たないと指摘している。さらに木村（2012：142-3）によれば,「デジタルネイティブ」と呼ばれる現代社会の若者達のメール交換でも「空気を読む」ことは重要と思われている。この傾向が日本人の間で特に顕著なことは確かなようであるが,欧米人にとってこのようなことがまったく経験外のことであるかと言えば,そのようなことはない。たとえば,"She has a sad air about herself"（彼女は悲しげな様子だ）という文章は欧米人にとって

も日常的に使われるごく普通の表現である。この文章を分析すると，まず第一に，この女性は「悲しい」と言葉では表明していないが，悲しいという雰囲気を顔の表情などから発散させているということを意味している。第二に，この文章は周囲の人々は「悲しい」という言語的表現がないからといって，その女性が悲しい状態にいるということに気が付かない訳ではなく，推察の努力などによってその女性の感情を理解しているということを意味している。

2.2 「関係の空気」の中の人間行動

ある女性が「悲しげだ」と認識することはその人の感情から発せられる雰囲気を認識したということだが，実はこの雰囲気は圧力を伴っている。なぜなら，そういう女性に対して言えること，できることは限られている。事情を聞いて同情してあげる，なぐさめてあげるということが「期待された反応」であり，それもせずに最近見たテレビに娯楽番組について楽しそうに話すというのは「場違い」な行動というものだろう。そういう行動をとる人は，最近の日本語では「K.Y.（空気が読めない）人間」とされ，粗野で鈍感な人間として嫌われる。そういう非難，社会的制裁が加わってますます，上記の「悲しげな雰囲気」は圧力をもった空気となる。

では，そういう圧力にさらされた個人は何を頼りにどのような反応をするのかと言えば，その基準となっているものは「状況規範」とでも呼べるものだろう。「状況規範」とは，各状況においてどう行動すべきか子供時代から学んできた規範，あるいはそのような状況において他の人々がどのように行動してきたかの記憶である。この概念は，最近のアメリカの社会心理学の一部（恐らく非主流）で言われる「主観的規範」(subjective norm) や「記述的規範」(descriptive norm) に近いものと言えるだろう。前者は具体的な状況において「重要と思っている人々の多くがこうすべき，あるいはこうすべきではないと思っていることに関する個人の認識」(Fishbein & Ajzen 2010 : 131) を意味しており，後者は「自分にとって重要な人々があることをしている，あるいはしていないという認識」である (Fishbein & Ajzen 2010 : 131)。そのような状況軌範を基準として，この「悲しげな女性」に対してなすべきことをする，あるいは逆にしてはいけないことをしないようにさせる力が雰囲気の圧力 (atmospheric pressure），つまり空気なのである。

　特定の状況の中にいる他人（客体）から発せられる空気が存在するにもかかわらず，それを推察，察しの努力によって感知する努力をしない人は傲慢，自己中心的，あるいは鈍感として他人から嫌われる可能性が高い。当然推察で理解できるはずのAのコミュニケーション意図（たとえば不同意，不愉快，あるいは傷ついたことを示す非言語的メッセージ）をBが推察できないとするならば，Bは「鈍い人」として嫌われる，あるいは批判されることになる。日本ではBのような人は「空気が読めない（K.Y.）人」と言われる。

　ただし，Bが批判されるかどうか，またどの程度の批判を受けるかにAとBとの関係が影響する。年齢，社会的地位において，AがBよりも明らかに上の場合，AよりもBの方が空気を推察，すなわち「読む」，ためにより多くの努力をすることが社会的に期待されており，コミュニケーションが失敗した場合の責任はAよりもBの方がより強く負うことになる。夫と妻のように，年齢と社会的地位にあまり違いがない場合，伝統的には夫よりも妻（つまり男性よりも女性）の方がより多くの推察の努力をすることが期待されている。

　推察の対象は相手のコミュニケーション意図だけではなく，感情や意見も含まれる。コミュニケーションをしている二人の人間は，相手の感情や意見を推察し，不用意で不必要な発言をして両者の間の良好な関係を損ねないように，あるいはその経緯を知った第3者から「鈍感な人間」と批判されないように気を付けている。ここでも年齢や社会的地位は影響を及ぼしている。年齢，社会的地位が低い人（同じ場合では男性以上に女性）はそういう努力をしている。

　個人間コミュニケーションにおける推察の重要性は，社会的地位や性別によって異なるが，文化によっても異なる。すでに指摘したように日本のコミュニケーション文化においては察し，あるいは推察の重要性が強調される。これに対して欧米のコミュニケーション文化においては言語を使って明確に表現することが強調される（Ito 1989；1992；Zhang 2008）。しかし，文化的違いのほとんどは程度の違いに過ぎない。たとえば，アーヴィング・ゴフマン（Erving Goffman）の著作，特に『行為と演技——日常生活における自己呈示』（Goffman 1959＝1974）の第6章「印象操作の技法」では，アメリカ人女性が相手の男性に自分の意思や気持ちを推察してもらうために使う「手練手管（communication tactics)」の例が数多く紹介されている。たしかに，欧米人の間でも男女間の恋愛や性行動のような分野では，誘惑の場面にしろ，失恋の場面にしろ，「雰囲気を読む」「言外を読む」ようなことは盛んになされており，欧米人が「察し」と無縁な訳ではない。

　ゴフマンの言う「手練手管」(communication tactics)は，空気研究にとって興味深い示唆である。というのは，マクロ・レベル（たとえば国全体）の空気がしばしば政府や政治指導者によって作られるものであり，操作されやすいものであることは知られていたが，対人関係における空気も操作されうるものであるということを意味しているからである。言語的あるいは非言語的コミュニケーション・テクニックを駆使して自分の周りに独特の雰囲気を創り出し，目標とする人物の察しによって自分の望みを圧力として感じさせることができるならば，その人は「関係の空気」を創る名人であると言うことができよう。

　エリザベート・ノエレ＝ノイマン（Elisabeth Noelle-Neumann）は，その「沈黙の螺旋理論」において，自分の意見は社会全体の中で多数派に属すると思う人は，対人関係においても自分の意見を堂々と表明すると述べている（Noelle-Neumann 1984=1997）。しかし，果たしてそうであろうか。発言者Bは，聞き手であるAの意見が自分と同じであるかどうかということには無頓着で，単に自分の意見がその社会全体の中で多数派に属するという理由だけで，堂々と自分の意見を披れきするだろうか。

　発言者Bが「関係の空気」に敏感な人であるならば，自分が政治的争点について特定の意見を述べることに対してAがどのような反応をするかを推察するはずである。もしそれによってAは不機嫌になる可能性があると思われれば，BはAの前で自分の意見を言わないだろう。

　ここでBにとって重要なことは，自分の意見が社会全体の中で多数意見に属するのか少数意見に属するのかということではなく，自分の意見がAの意見と同じかどうかということである。「関係の空気」に敏感な人は，相手から発散される空気を読み取るだけでなく，自分が原因となって相手と自分との間に「気まずい空気」を作ってしまうことにも敏感なのである。年齢や社会的地位においてBがAよりも低い場合はなお更である。聞き手であるAの意見が自分と同じである場合，Bは自分の意見を積極的に披れきするかもしれないが，

違う場合にはBは沈黙する可能性が高い。事実，日本で行なわれた実証的研究では，人は自分が社会的多数派なのか少数派なのかとは無関係に，公的問題について他人と話すことはあまりないという結果が出ることが多かった（池田 1988；岩淵 1989；Ikeda 1989；Tokinoya 1989）。

　アメリカ社会心理学の「態度の一貫性理論」のいくつかは空気理論によってより良く説明できる。たとえば，ニューカムの「ABXモデル」によれば，お互いに好意を抱いているA，B二人の個人が争点Xについて異なった意見をもっている場合，A，B，X間の関係は不安定になる。不安定な状態は不快なので，人は次の3つの方法のいずれかを使ってバランスを回復させようとする。(1)A，BのどちらかがXについての意見を修正する，(2)AとBは互いを嫌うようになる，(3)A，BどちらもXについて自分の意見を述べないようにする（岩男 1972：166-167；McQuail & Windahl 1981（＝1986），Newcomb 1953）。しかし，筆者はこの種の理論には無理があると長年思ってきた。なぜなら，人がその心の中に矛盾した認識，認知をかかえているのは（特に日本人の観点からすれば）ごくありふれたことであり，たとえそれを心理的に不快と感じるにしても，その程度は弱いものであり，ほとんどの人はそれをあまり気にすることなく生きていると思われるからである。

　空気理論の観点からすれば，これら三つの解決法の中で最もありそうなのは(3)の「A，BどちらもXについて自分の意見を述べないようにする」である。なぜなら，お互いに好意を抱いているAとBにとって不快なのは，二人の意見が異なるという認知（心理）なのではなく，二人の意見が衝突する状況が創り出す（気まずい）雰囲気なのである。このように予想される悪い，つまり気まずい雰囲気を避けさせようとその状況がかけてくる圧力が空気なのである。次に，特に長期的にあり得るのは(1)の「A，BのどちらかがXについての意見を修正する」である。これもその理由は二人の意見が異なるという認知（心理）なのではなく，AとBの相互作用が長期にわたって繰り返される場合に，意見の衝突によって気まずい雰囲気が発生する確率を下げようとする合理的判断から自分の意見を修正するのである。AとBとの間に上下関係がある場合，下の者がそうする可能性が高い。最も起こりそうにないのが(2)の「AとBは互いを嫌うようになる」である。もちろん，Xという問題が二人にとって非

常に重要な問題である場合は，こういうことはあり得るし，意見不一致の事柄が数多くある場合には，AとBが互いを嫌うようになるということはあり得る．しかし，Xがさほど重要ではなく，また意見不一致の事柄の数が少ない場合には，AとBは互いを嫌うようになるまでには至らず，心理的矛盾を抱えたまま，せいぜいその事柄が原因で悪い雰囲気が発生することを避けようとしながら生きるのである．

2.3 「場の空気」

上述のように，2人の間で発生する空気が「関係の空気」と呼ばれるのに対して，3人以上の人間が集まっている状況で発生する空気は「場の空気」と呼ばれる（冷泉 2006）。3人以上の人間が集まった状況において，まず人がすることは，その集まりがどういう性格のものかと推論し，理解することである。それはトマス（W. I. Thomas）が「状況の定義」（Thomas 1951）と呼んだ行為である。そうした状況の中における人間行動の基準となるのは「状況規範」である。一般に規範とは法律，倫理，道徳等と同様，普遍的，客観的なもので，様々な異なった状況に適用可能なものとされている。しかし，ここで言う「状況規範」とは，より具体的，個別的，主観的なもので，個々の状況に特有の規範である。しかし，そのような具体例は文書の形で示されていたり，学校や家庭の教育で教えられたりしていることはめったにない。結局，状況規範とは，そのような状況で自分はどのように行動すべきだ（あるいはすべきではない）と期待されているのかという認識，あるいはそのような状況において自分にとって重要な人々はどのように行動するかに関する記憶や知識である。たとえば，ある女性が流産し，まわりの数人が彼女を慰めているような状況の中でどう行動すべきかについて具体的に教えられることはない。そうした具体的状況の中の人間の行動の基準となっているのは，その人の具体的，個別的，主観的な状況規範であり，それが指示する方向に行動するようにさせる雰囲気としての圧力が空気なのである。そうした状況において軽口をたたき，人々を笑わせようとする人は「空気が読めない（K. Y.）」人として非難されるが，そういう人の状況規範は他の人々の状況規範とずれている可能性が高い。

2.3.1 小集団の場合（集団の空気）

　小集団状況における空気に関しては，集団圧力との違いについて尋ねられることが多いので，まず両者の間の違いについて検討しておきたい。

　青柳（1980：25-26）によれば，「集団とは，集団目標に向って集団が集団として活動していくものである。」したがって，集団の目標に貢献する成員には是認，地位，信用などの報奨を与え，その目標達成の障害になる成員には疎外，無視，非難などの制裁を加える。また，集団には基準，規律，あるいは規範が存在する。集団はそうした基準，規律，あるいは規範を守る成員に報奨を与え，守らない成員には制裁を加える。こうしたメカニズムの下で，集団の成員は「同調行動」を取るようになる。同調行動とは，「集団規範にしたがう行動」であり，したがわない行動は「逸脱行動」と言われる（青柳・三木 1984：128）そして「逸脱者は重要な地位から遠ざけられ，ソシオメトリックな関係においても拒絶される」（佐々木 1987：221）。

　このような説明は，人間行動の事後解釈・説明としてはいいかもしれない。しかし，人間が行動している具体的な場に即して考えると，行為者はその集団のルールとしての規範が何であるのかをはっきり認識して言葉で表現できる訳でもなければ，その集団の指導者，上位者，同僚が行為者に対して，その集団の規範が何であるかをきちんと言語的に説明している訳ではない。そういうケースはあったとしてもまれである。また，すべての集団が目標を持っている訳ではないし，集団状況での圧力が常に目標達成の文脈で発生するとは限らない。目標達成などとは関係ない日常的な相互作用の中でも集団圧力は発生する。また，集団の基準，規律，規範を成員達が認知し，受容しているとは限らないし，基準，規律，規範のような客観的に確立されたものの下でだけ圧力が発生する訳ではない。

　具体的な場における行為者というものは，実際には，その集団の規範が何であるかなどを意識することはほとんどなく，指導者，上位者，同僚の顔色をうかがい，自分の周囲の雰囲気を察して，その状況の中ではどのように行動することが適切なのかを予想して同調しているのである。その行動の中に規範的なものが介在しているにしても，その実態は集団の側にあるルールのような客観的なものではなく，客観と主観の中間にある雰囲気なのである。すなわち，集

団状況の中で行為者が感じている圧力は「集団圧力」というよりもむしろ雰囲気の圧力，すなわち空気なのである。

　集団の雰囲気に無関心，無頓着で，それに対して「適切な行動」がとれなければ，結局「空気が読めない人（K.Y.）」と非難されることになる。集団の空気に対する「適切な行動」が何かを決めるものは，状況規範だが，集団状況における状況規範は，ほとんどの場合，集団の感情や意見への同調を求めている。状況規範については前節ですでに説明したが，これと「集団規範」とは似て非なるものである。「集団規範」は集団の側にあり，客観的，普遍的で比較的固定的なものだが，状況規範は状況ごとに変化する流動的なもので，客観と主観の中間に位置するものである。「関係の空気」の場合と同様，集団の空気においてもメンバー間の上下関係，権力関係は重要である。集団メンバーは，その集団の指導者，権力者が創り出す雰囲気に敏感に反応し，自分の感情や意見をそれに合わせようとするだろう。

　では集団状況における状況規範はなぜ集団の感情や意見への同調ということになるのであろうか。それには以下の二つの理由が考えられる。

　　報奨：空気に従っていれば，円満，温厚で協調性のある人格者と思われ，
　　　　　集団メンバーから高い評価が得られる。
　　処罰，制裁：空気に逆らえば，集団の他のメンバーから協調性のない，頑
　　　　　固な人間と思われ，低い評価を受けることになる。場合によっては排
　　　　　斥，差別，いじめ，嫌がらせの対象にされる。

　対人関係で発生する「関係の空気」において当事者の一方によって空気が操作される可能性があることを指摘した。ゴフマンの言う「手練手管」（communication tactics）などはその例である。小集団における空気は，「関係の空気」以上に，特にその集団のリーダーによって操作される可能性が高くなる。日本では「職場の空気（あるいは雰囲気）」や「教室の空気（あるいは雰囲気）」を改善するための手法を教えている本が数多く出版されている（秋庭 2006；上條 2006；中島 2005；内藤 2004, 2006；中谷 2005；福田 2006）。要するに集団の雰囲気や空気とは集団内の人間関係，組織内コミュニケーション，リーダーシップの問題なのである。

　集団規範が客観的・普遍的・固定的であるのに対し，状況範囲はより流動的

で主観的であることはすでに述べたが，このことは，集団圧力に比べ，集団の空気を未来志向的なものにしている。集団圧力はもしそれが行為者によって意識されることがあるとすれば，あくまでも差し迫った現在の問題として認識されるが，主観性，流動性を特徴とする「場の空気」はそれだけでなく，それが近い将来においてどうなるかという推察を含んでいる。たとえば，集団内の意見が分かれている場合，「空気を読む」人というのは，現在どちらが多数派であるかという認識以上に，近い将来において集団内の意見分布がどうなるかという予想を大事にする人である。なぜなら，現在の多数派に同調しても，将来それが少数派に転落してしまうならば，自分は一転して不利な立場に立たされることになる可能性が高くなるからである。

　ノエレ＝ノイマンの沈黙の螺旋理論では，小集団状況の中でも，世論調査結果での多数派と同じ意見をもつ人は，少数派と同じ意見をもつ人よりも積極的に発言するだろうと想定している。これに対して，沈黙の螺旋理論の批判者達は，この理論が「原子化された個人」を前提にしていると指摘してきた。彼等によれば，人々が気にするのは自分が属する準拠集団での意見分布であり，社会全体のそれではない（Jeffres 2008；Katz 1983；Salmon & Neuwirth 1990）。

　短期的視点からはこれらの批判は恐らく正しい。しかし，長期的観点からすれば，沈黙の螺旋理論に妥当性があるかもしれない。たとえば，ノエレ＝ノイマンは，ドイツのマスコミは原子力発電に関して，1980年代初めから否定的報道を続け，約10年をかけて，ドイツの世論を「反原発」に導いたと指摘した（Noelle-Neumann 1991）。10年，あるいはそれ以上というような長期を想定するならば，自分の準拠集団の意見が（マスコミが報じる）「国全体の多数意見」の方に変化するだろうと予想しやすい。そのため，人は対人関係の場合以上に小集団状況ではより大胆になる可能性が高い。そういう意味では，ノエレ＝ノイマンの沈黙の螺旋モデルは1対1の場合よりも，小集団状況により良くあてはまると考えられる。すなわち，沈黙の螺旋理論は「関係の空気」よりも集団の空気，特にその長期的変化を想定した場合によりよく当てはまると考えうれる。

2.3.2　国全体の場合（マスメディアの役割）

　国全体にある雰囲気が生まれ，それが一般大衆やマスメディアに一定の方向への言動を促す（あるいは妨げる）のであれば，それは国全体を覆う空気である。国全体の空気の場合も小集団状況における空気と同様，ほとんどの場合，国全体の感情や意見への同調を求めている。国全体の空気においても権力関係は重要である。一般大衆は国家の指導者，権力者が創り出す雰囲気に敏感に反応し，自分の感情や意見をそれに合わせようとするだろう。ただし，マスメディアはそうとは限らない。なぜなら，マスメディアの中には権力に対して批判的であること，「反権力的」であることをその行動規範としているものがあるし，また政府や権力者を激しく批判することによって読者や視聴者を獲得するということもあるからである。実は一般大衆も権力者に対して常に従順なわけではない。時として彼等の一部が激高して反乱に立ち上がり，マスメディアがこれに呼応して共同戦線を張ったりすると，国全体に特異な空気が創られ，政府がこれに屈服，あるいは譲歩せざるを得なくなるということもある。

　ガブリエル・タルド（Gabriel Tarde）は20世紀初めに早くも次のような観察をしている。

> 　公衆の興奮がある点まで高まると，記者たちは，毎日公衆を聴診する習慣だから，たちまちその興奮に気づく。そして公衆は記者たちによって自己を表現するとともに，記者たちによって行動し，みずからの執行機関である政治家たちに，自己の意見をおしつける。これこそ，いわゆる世論の力である。　　　　　　　　　　　　　　　　（Tarde 1901＝1964：57）

ここで指摘されている「（記者達が）公衆を挑発してつくりだした圧力」こそ国全体レベルでの空気にほかならない。

　この引用文の前後で直接言及されてはいないが，ドレフュス事件[2]がタルドのこうした認識に大きな影響を及ぼした可能性が高い。同じ頃，米国ではピュリッツァー系の新聞とハースト系新聞の販売部数競争からもたらされたセンセーショナル・ジャーナリズム（いわゆる「イエロー・ジャーナリズム」）とその結果としての米西戦争が起こっていた。

　1895年頃から，ニューヨークに亡命していたキューバからの亡命者達は，さ

まざまな動機から，さまざまなねつ造話や誇張話を新聞記者達に提供していた。そして，それらの話は「自由を希求するキューバの人民と彼らを弾圧する邪悪なスペインの植民地主義者達」(Kaplan 2008：5370)という「フレーム」にはめられて，アメリカ人のスペインに対する敵愾心を煽った。そうした中で，ハバナ港で起きた爆発によって米国の戦艦メイン号が沈没し，その乗組員260人が死亡した。

> 1898年2月15日の夜に起きた戦艦の爆破，沈没について，米国の報道機関はスペインの仕業だと報道した。しかし実際のところは，その沈没の理由（爆発が内部で起きたのか，それとも外部で起きたのか）は解明されていない。いずれにせよ，沈没がもたらした米国内の憤激は，<u>戦争気分を沸騰点に押し上げた</u>。（下線は引用者が追加）
> 　　　　　　　　　　　　　　　(*Encyclopedia Americana* 1964: vol. 25, 360w)

Encyclopedia Americana が英語で記した「沸騰点に達した戦争気分」(the war spirit to the boiling point)とは，「空気」にほかならない。当時のスペインは「軍事的にも経済的にも米国と戦える状況にはなく」，したがって，スペイン政府は「戦争の勃発を防ぐためにあらゆる手段を講じた」と *Encyclopedia Americana* は認めている。スペイン政府は「世論が許す最大限の譲歩をスペイン政府はしている」とマドリードの米国大使に伝えた。しかし，米国のマッキンリー大統領の側は，「キューバ人をスペイン圧政から解放するため，また，戦艦メインの復讐のために，開戦に踏み切れという猛烈な圧力を世論から受けていた」(*Encyclopedia Americana* 1964: vol. 25, 360w)。結局，米国議会は1898年4月25日，スペインに対する宣戦布告を決議した。アメリカの大学で使われているジャーナリズムの歴史に関する教科書も米西戦争について以下のように記述している。

> キューバ人民が宗主国スペインに対する血まみれの反乱に立ち上がった際，アメリカの膨張主義者たちはマッキンリー(William McKinley)大統領に対し，干渉してキューバへ侵攻するよう要求した。マッキンリーはためらったが，上記2紙（ハーストの「モーニング・ジャーナル」とピュリ

第1章　循環と創発　　27

ッツァーの「ニューヨーク・ワールド」)のセンセーショナルな報道によって世論はあおられた。スペインの一将軍がキューバの農民をむさくるしい収容所に追い込み，多数の市民を殺したとき，ハーストの新聞は，この将軍をハバナの"虐殺者"と呼び，社説ではキューバへの干渉と合併を主張するに至った。1898年にはハーストは，ワシントン駐在のスペイン大使がマッキンリー大統領を厳しく批判する内容をもつ，個人書簡を盗んで公にすることさえした。このとき，ハバナ港でアメリカの戦艦メイン号が原因不明の爆発を起こした。マッキンリーは沸き起こった介入への圧力に抵抗できなくなり，議会は戦争宣言を採択した。

(Frederick 1993＝1996：278)

　当時，ウィリアム・R.ハースト（William R. Hearst）が率いる新聞シンジケートと，ジョセフ・ピュリッツアー（Joseph Pulitzer）が率いる新聞シンジケートとの間で，激しい販売部数競争が繰り広げられていたことは広く知られている。当時の米国に好戦的空気を創り出すことは，必ずしもジャーナリスト達が意図的に計画したことではなかったかもしれない。しかし，いったんそのような空気が創られると，新聞社にとってそれに従う（同調する）ことが，新聞の売上増大という報奨となった。また大統領を含む米国の政治指導者達にとってはその空気に従わない（同調しない）ことが自分達の政治的立場を危うくするという社会的制裁（の恐れ）となっていたのである。[3]

2.3.3　国全体の場合（社会的制裁としてのテロリズム，脅迫，ボイコット）

　似たような例は，日本の近代史の中にもある。日露戦争（1904-5）の場合，米西戦争の場合とは違って，日本の新聞が戦争の原因をつくった訳ではない。しかし，戦争が始まると，戦争を支持する世論（主戦論）が反対する世論（反戦論）を圧倒するようになり，戦争支持の空気が支配的となった。その結果，戦争に賛成するほとんどの新聞は発行部数を増やし，反対する論調を掲げていた主要新聞の一つであった「国民新聞」は急速に発行部数を減らし，さらに社屋が暴徒に襲われ，放火され，破壊された。このため，「国民新聞」の論調は反戦から主戦へと変わってしまった。ここにも，空気に従えば（同調すれば）

報奨をうけ，従わなければ（同調しなければ）制裁を受けるという構図が見てとれる。

　山本七平は，1938年の日華事変から太平洋戦争に至る日本は空気によって支配された時代だったと論じた（山本 1977：61）が，この長期にわたる支配を可能にした重要な要因は政治指導者や言論人に対するテロリズムや脅迫である。日本にはテロリズムに対して寛容な伝統があった。江戸末期の攘夷と開国をめぐる争いでも凄惨なテロリズムが繰り広げられた。テロリズムが社会全体に及ぼす悪影響については深く思慮することなく，テロの動機である忠誠心，愛国心，義憤等を称賛する悪習が日本の伝統の中に存在した。こうした悪習も文芸作品等の中では一定の芸術的価値や商業的価値を有する場合があっても，現実の政治の分野では「百害あって一利なし」であった。テロ行為は多数派によって実行される場合もあれば，少数派によってなされる場合もあった。いずれにしても，テロ行為は多くの人々を震え上がらせ，その問題について自由に発言することを阻む空気を作り，人々を近視眼的にし，思い切った優れた解決案が提案される可能性を摘み，その社会にとっての選択の幅を狭めることになる。

　犬飼毅首相，井上準之助大蔵大臣，財界の重鎮団琢磨の暗殺，5.15事件，2.26事件等の数多くのテロの嵐を経て到達した日米戦争直前の雰囲気を戦後歴史家の保阪正康氏が陸軍参謀本部の中堅幹部だった原四郎氏に尋ねている。その質問に対する答えは「戦争をしなければ，もうどうしようもないと思っていた」というものであった。さらに保阪氏がその根拠を尋ねたところ，その答えは「特にない。自然にそういった方向へ空気が流れていた」とのことであった（半藤・保阪・福田・戸部・黒野 2007：140）。

　この時期の日本の好戦的空気を支え，日本の軍事・外交政策の選択の幅を狭めたものとして，テロリズムと並んで重要なのは言論機関に対して加えられた軍や右翼人達による悪質な圧力であった。たとえば「朝日新聞」の主筆をつとめた緒方竹虎は，戦後次のように回想している。

　　こうかつな暴力団は新聞社の弱点は広告にありと広告主を脅し，朝日新聞から広告をボイコットさせようとした。広告主としてはいうまでもなく，とんだ迷惑であり，もちろんその尻は新聞に来ざるを得ない。宣役会は

「ここに到ってはわけもなく無条件降伏である」。　　（緒方 1952：107-8）

　ボイコットは，広告だけでなく，新聞そのものに及ぶこともあった。毎日新聞記者として戦前日本のジャーナリズムの研究をした前坂俊之は，満州事変直後の「大阪朝日新聞」に対する不買運動圧力について次のように記している。

　　『大阪朝日』が軍部批判を行った結果，軍部，在郷軍人会，右翼などから激しい反発をくらい不買運動が各地で起きた。
　　特に，関西では奈良で相当規模の不買運動が起こり，『大阪朝日』をあわてさせた。師団のあった香川県善通寺など軍部で特に不買運動が広がり，こうした落ち込みに『大阪毎日』がチャンスとばかり拡張にくり込み，販売面で『大阪朝日』は苦境に立たされた。いうまでもなく，編集と販売は新聞の両輪である。高邁な編集方針を貫くためにもそれを支える販売力，経営の安定が欠かせない。販売部数が落ちれば，商業紙として何よりもこたえる。
　　結局，軍縮の先頭に立ち，軍部に遠慮のない批判を加えていた『大阪朝日』は背に腹は変えられないと，主張を変えてしまう。1931（昭和6）年10月なかばの重役会で，「満州事変支持」に態度が決められたのである。
　　　　　　　　　　　　　　　　　　　　　　　　　　（前坂 1989：88）

　広告ボイコットや不買運動のような間接的圧力に加えて，新聞社の幹部に面会して直接脅迫するということも行われた。前坂（1989：93）によれば，「二宮［治重陸軍参謀本部次長］や建川美次参謀本部第二部長らは右翼団体を糾合して，新聞工作を行っていた」。軍の手先となって動いたのは黒龍会というかつて白虹事件で『大阪朝日新聞』の村上社長を襲撃したことがある右翼団体だった。上述不買運動と同時期の1931年9月24日夜，大阪の料亭で『大阪朝日新聞』の幹部が黒龍会の内田良平と会っている。そして，「内田の直接行動をにおわせる恫喝に，（『大阪朝日新聞』の幹部は）屈服してしまった」（前坂，1989：92）。翌25日には村山龍平社長も出席した重役会において，満州事変の取り扱いについて，重大な方針転換が決められたのである。
　空気に従わない（同調しない）人間に対する社会的制裁の例は，2001年9月

11日の「ニューヨーク同時多発テロ」の際にも見られた。たとえば，2001年9月14日，米国議会が中東地域において必要な軍事力を行使するということを決議した際，唯一人反対したマーガレット・リー議員に対して，脅迫，嫌がらせが相次ぎ，警察は彼女を24時間警護せざるを得なくなった（「反戦の下院議員を警護」2001）。

その約1か月後の10月16日，カルフォルニア州バークレー市の市議会は米軍によるアフガニスタン空爆を非難する決議を5対4の僅差で可決したが，このことが報じられると全米から非難の電話やファックスがバークレー市議会に殺到した（「空爆非難の決議」2001）。

2.2.4　国全体の場合（宣伝，扇動とそれらを成功させる条件）

対人関係における「関係の空気」でさえ，ある程度人為的につくられ，操作されていることがある（ゴフマンの「手練手管」はその例）ことを指摘したが，このことは小集団レベルでも，国全体レベルでも同様である。ただし，集団リーダーや国家指導層による明白な脅迫と強制は雰囲気の問題ではなく，したがって空気ではない。それは「言う通りにしないと殺すぞ」と言われている状況を空気とは言わないと同じである。対人関係において手練手管を使って「関係の空気」を操作し，他人を操作することに長けた人間がいるのと同様，集団レベルあるいは国全体レベルにおいても「手練手管」に似たコミュニケーション技術を駆使して集団，あるいは国民全体の空気を操作し，集団メンバーあるいは国民全体を意のままに操作する能力をもった人（あるいは人々）がまれにいる。

ナチス時代のドイツ国民がヒトラー，ゲッペルス等宣伝と扇動の名人達によって創られた特異な雰囲気のとりこになっていたということは定説になっている。ヒトラーやゲッペルスが用いた宣伝や扇動のテクニックについては，現在ではスピーチ・コミュニケーション，レトリック，パーフォーマンスの専門家達によって分析され尽くされ多くが知られている。ノエレ=ノイマン（Noelle-Neumann, 1984＝1997：130）は，ゲッペルスが聴衆との「掛け合い」，ラリーを通じて聴衆の興奮を高めていき，聴衆に一体感を感じさせ，自分のメッセージを受容させたことを指摘している。これはまさにその演説会場における「空気

の支配」に他ならない。

　しかし,「空気の支配」とは「状況の支配」でもある。状況とは千差万別であるから，宣伝や扇動のテクニックとして一般的に記述できる技術を使えば必ず空気の操作が可能になるというものではない。たとえば，ヒトラーやゲッペルスが同時期のアメリカや日本で活動しても成功したとは思えないし，同じドイツでも1950年代，あるいは1890年代でも成功したかどうかはわからない。あくまでも，1920年代，30年代のドイツという特定の状況に彼等が合っていたから成功したのである。

　ヒトラーやゲッペルスが1920年代，30年代のドイツでなぜ成功したか，その歴史的・思想的背景についてはピーター・ヴィーレック（Peter Viereck）の『ロマン派からヒトラーへ──ナチズムの源流』（Viereck 1941＝1973）やジョージ・L. モッセ（George Mosse）の『フェルキッシュ革命』（Mosse 1981＝1998）が詳細に論じている。それらの議論を紹介する紙幅はないが，モッセの本を日本語に訳した植村和秀によれば,「第一次世界大戦後の異様な雰囲気が，冷静に考えれば荒唐無稽な主張でさえも，もしかしたらと受け入れてしまう空気をドイツに作り出していた」（植村 1998：402-3）。そして，モッセの意図は「そのような荒唐無稽な思想を拒絶しようとしない社会的空気の思想的・制度的背景」について説明することであった（植村 1998：403）。モッセの作品は「ヒトラーの反ユダヤ主義的な罵詈雑言（中略）が受容され，大目に見られ，少なくともそれで信用を失いはしない社会的空気」がどこから来たのかを探求しているのである（植村 1998：404）。

3　要約と展望

　空気とは特定の方向への圧力を伴った雰囲気である。雰囲気とは，人間の心の中にあるものではなく，明らかに人間の外側にあるものである。しかし，それを数量的に測定したり，言葉で厳密に定義したり描写したりすることは難しい。そのために，空気も雰囲気も日常会話では，あるいはジャーナリズムや論壇では頻繁に使われているにもかかわらず，学問的解明はほとんどなされていない。しかし，欧米を含め，学問的解明の努力がまったくなかったわけではな

い。したがって，これらの概念や現象が本質的に学問，あるいは科学の対象になりえないものとは思えない。

　本章が明らかにしたように，空気は対人関係のようなミクロ・レベル，小集団のような中間レベル，そして国全体のようなマクロ・レベルにも存在する。レベルの違いによって，研究方法も異なってくる。数量的実証研究に最もなじむのはマクロ・レベルにおける空気であろう。ここでは，人々に現在国全体にどのような空気があると思うかを質問紙調査によって尋ねることができる。またマスコミの内容分析によって特定の空気の存在とその推移を推定することができる（伊藤 1997a, 1997b, 1998；Ito 1996a, 1996b）。

　空気の研究は対人コミュニケーション，特に非言語的コミュニケーションの探求，小集団力学，特にその意思決定過程の解明，さらには国全体レベルでの意思決定過程の研究にも役立つであろう。本章で取り上げた米西戦争（1898年）における米国，軍国主義時代（1931〜45年）の日本，ナチス時代（1933〜45年）のドイツに見られたような「空気の暴走」のメカニズムについて知ることは特に重要である。米国，日本，ドイツの国民はすでにこれを経験して深く反省し，再発防止のための対策を講じているので，これらの国で「空気の暴走」が再現されるとは思えない。しかし，現在の世界には中国，ロシアなど強大な軍事力をもちながら民主主義が未成熟であったり，マスコミが無責任であったりする国がいくつかある。そのような国で「空気の暴走」が起こると，それは人類の平和共存にとって重大な脅威となる。空気の研究はそういう国でこそ最も必要なのではなかろうかと思えるのである。

注
(1) 同様な主張をしてきた社会科学者に政治学者の松永信一がいる（松永 1999, 2009等参照）。
(2) 1894，ユダヤ系のドレフュス陸軍大尉がドイツに機密情報を流していたというスパイ容疑で逮捕，有罪判決を受けたが，証拠は不十分で，冤罪の可能性が高かった。しかし，当時のフランスは普仏戦争（1870-1年）に敗れた直後で対独敵愾心が強く，また反ユダヤ感情も加わって，軍部，新聞，世論がドレフュス大尉をスケープゴートにした。ドレフュスは，軍籍位階を剥奪され，終身禁固刑の判決を受け，「悪魔島」と呼ばれた監獄島に送られた。
　　空気理論の観点からこの事件が興味深いのは，この裁判に対して疑問を呈したり，冤罪

の可能性を指摘したり、ドレフュス大尉に同情を表明した人々に対して激しい攻撃や厳しい社会的制裁が加えられたことである。選挙で落選してしまった大物政治家もいたし、テロによって命を落とした人もいた。作家のエミール・ゾラが裁判のやり直しのために奔走したことは有名だが、彼自身、テロの危険を感じ、一時的にフランスを脱出してイギリスの片田舎に身を隠している。ゾラを含む少数の熱心で良心的な人々の献身的努力によって別に真犯人がいたことがわかり、ドレフュスは1899年に特赦によって釈放されたが、完全な名誉回復のためには1906年まで戦い続けなければならなかった（大仏 2003；稲葉 1999 等参照）。

(3) 米西戦争の原因については諸説あり、それらは *American Imperialism in 1898: The Quest for National Fulfillment* (Miller, 1970) に詳しく紹介されている。この本では「マニフェスト・デスティニー」や「白人の責務 (White Man's Burden)」のような当時の米国にあった帝国主義的思想や雰囲気が強調されているが、この説と「イエロー・ジャーナリズム」原因説は決して矛盾するものではない。アメリカの新聞のセンセーショナリズムは部数の拡大競争だけでなく、こうした帝国主義的・人種主義的思想や雰囲気を背景あるいは土台にして展開されたと考えることもできる。

(4) たとえば、ドイツの精神医学者フーベルトゥス・テレンバッハ (Hubertus Tellenbach) の『味と雰囲気』(Tellenbach 1968＝1980) や哲学者（美学）ゲルノート・ベーメ (Gernot Boehme) の『雰囲気の美学：新しい現象学の挑戦』(Boehme 1995＝2006) は注目に値する。彼等はいずれも欧米の伝統的学問が雰囲気やその周辺の現象、概念を研究の対象としてこなかったことを認め、和辻哲郎、木村敏、濱口恵俊等、日本の学者達から多くを学んだと述べている (Tellenbach 1968＝1980：65, 137-8；Boehme 1995＝2006：i-v)。

参考文献

青柳靖夫, 1980,「集団規範と同調行動―1―」拓殖大学研究所編『拓殖大学論集』131号：25-43.

青柳靖夫・三本茂, 1984,『現在心理学の基礎』国土社.

秋庭道博, 2006,『1秒で「場の空気」が読めれば、すべてうまくいく――ビジネスや人間関係は、いつもこの能力を見られている！』ゴマブックス.

Belgian Club Apologizes for Fukushima Taunts, 2011, *Japan Times,* September 22, 16.

「ベルギーのサッカークラブ会長,〈フクシマ〉連呼, 川島選手に謝罪」, 2011,『産経新聞』, 9月21日.

Boehme, Gernot, 1995, *Atmosphaere: Essays zur neuen Aesthetik.* (＝2006, 梶谷真司・斎藤渉・野村文宏訳『雰囲気の美学』晃洋書房.)

The Encyclopedia Americana, 1964, "Spanish-American War," vol. 25: 360v-360x.

Fishbein, Martin & Icek Ajzen, 2010, *Predicting and Changing Behavior: The Reasoned Action Approach,* New York: Psychology Press.

Frederick, Howard H., 1993, *Global Communication & International Relations,* Belmond,

CA: Wadsworth.(＝1996,川畑末人・武市英雄・小林登志生訳『グローバル・コミュニケーション——新世界秩序を迎えたメディアの挑戦』松柏社.)
福田健,2006,『「場の空気」が読める人,読めない人——「気まずさ解消」のコミュニケーション術』PHP研究所.
Goffman, Erving, 1959, *The Presentation of Self in Everyday Life*, New York: Anchor. (＝1974,石黒毅訳『行為と演技——日常生活における自己呈示』誠信書房.)
半藤一利・保阪正康・福田和也・戸部良一・黒野耐,2007,「昭和の陸軍:日本型組織の失敗」『文藝春秋』6月号:94-144.
「反戦の下院議員を警護」,2001,『産経新聞』9月18日:3.
日垣隆,2011,「なんなんだこの空気は」『週間現代』毎号連載.
Ikeda, Ken'ichi, 1989, "'Spiral of Silence' Hypothesis and Voting Intention: A Test in the 1986 Japanese National Election," *Keio Communication Review*, 10: 51-62.
池田謙一,1988,「〈沈黙の螺旋〉仮説の検討」選挙報道研究会編『選挙報道と投票行動』東京大学出版会.
稲葉三千男,1999,『ドレフュス事件とエミール・ゾラ』創風社.
Ito, Youichi, 1989, "Socio-cultural Backgrounds of Japanese Interpersonal Communication Style," *Civilisations* (Brussels, Belgium), 39(1): 101-27.
―――, 1992, "Theories on Interpersonal Communication Styles from a Japanese Perspective: Sociological Approach, J. Blumler, J. McLeod & K. E. Rosengren eds., *Comparatively Speaking: Communication and Culture Across Space and Time*, Newbury Park, CA: Sage, 238-68.
―――, 1996a, "Mass Media's Influence on Government Decision Making.' David Paletz ed., *Political Communication in Action: States, Institutions, Movements, Audiences,* Cresskill, NJ: Hampton, 37-52.
―――, 1996b, "Masses and Mass Media Influence on Government Decision-Making," David Paletz ed., *Political Communication Research*, Norwood, NJ: Ablex 63-89.
伊藤陽一,1997a,「政策過程におけるマスコミの役割——『国連平和協力法案』廃案に関する事例研究」慶應義塾大学SFC研究所.
―――,1997b,「マス・メディア内容の同質性・多様性および『空気の支配』——『三極空気モデル』序説」『法と情報——石村善治先生古希記念論集』信山社.
―――,1998,「住専問題に見る政府・マスコミ・世論の三極関係」SFCフォーラム事務局,『SFCフォーラム・ファイル1:コラボレーション』慶應義塾大学湘南藤沢キャンパス:193-208.
岩男寿美子,1972,「説得的コミュニケーションと態度変容」慶應義塾大学新聞研究所編『コミュニケーション行動の理論』慶應通信.
岩淵美克,1989,「政治的争点と世論形成過程——沈黙の螺旋理論の実証研究」『聖学院大学論叢』55-79.
Jeffres, Leo W., 2008, "Climate of Opinion," In Wolfgang Donsbach ed., *The International*

Encyclopedia of Communication, London: Blackwell, 520-2.
Katz, Elihu, 1983, "Publicity and Pluralistic Ignorance: Notes on "the Spiral of Silence"," E. Wartella, D. C. Whitney & S. Windahl eds., *Mass Communication Review Yearbook, 4,* Beverly Hills, CA: Sage, 89-99 (Original work published 1981).
Kapllan, Richard L., 2008, "Yellow Journalism," Wolfgang Donsbach ed., *The International Encyclopedia of Communication,* London: Blackwell.
上條晴夫, 2006, 『教室の空気を変える！ 授業導入100のアイデア』たんぽぽ出版.
「空爆非難の決議, バークレー市議会」, 2001, 『朝日新聞』10月18日: 38.
木村忠正, 2012, 『デジタルネイティブの時代：なぜメールをせずに〈つぶやく〉のか』平凡社（新書）.
Littlejohn, Stephen W. & Karen Foss eds., 2009, *Encyclopedia of Communication Theory,* Newbury Park, CA: Sage.
前坂俊之, 1989, 『戦争と新聞：1926-1935：兵は凶器なり』社会思想社.
McQuail, Denis & Sven Windahl, 1981, *Communication Models: For the Study of Mass Communication.*（＝1986, 山中正剛・黒田勇訳『コミュニケーション・モデルズ——マス・コミ研究のために』松籟社．）
松永信一, 1999, 「ニクラス・ルーマンの政治システム論と世論の二様相」『摂南法学』22: 41-89.
————, 2009, 「連帯性と近代的政治秩序（１）：選挙, 儀礼, 国家暴力」『摂南法学』40, 41合併号: 9-70.
Miller, Richard H. ed., 1970, *American Imperialism in 1898: The Quest for Fullfillment,* New York: John Wiley.
Miyahara, Akira, 1992, "Toward a Japanese Theory of Interpersonal Communication Competence," *Seinan Gakuin Daigaku Eigo Eibungaku Ronshu,* 32(2-3): 25-46.
Mosse, George L., 1981, *The Crisis of German Ideology: Intellectual Origin of the Third Reich,* New York: Schocken Books.（＝1998, 植村和秀・大川清丈・城達也・野村耕一訳, 『フェルキッシュ革命』柏書房．）
内藤誼人, 2004, 『「場の空気」を読む技術』サンマーク出版.
————, 2006, 『空気のよみかた』ベストセラーズ.
中谷彰宏, 2005, 『空気を読める人が, 成功する。——機転をきかせてチャンスをつかむ50の具体例』ダイヤモンド社.
中島孝志, 2005, 『頭のいい人は「場の空気」が読める！——たった１分で"うまくいく流れ"をつくるノウハウ』青春出版社.
Newcomb T. M., 1953, "An Approach to the Study m Communicative Acts," *Psychological Review,* 60: 393-404.
Noelle-Neumann Elisabeth, 1984, *The Spiral of Silence: Public Opinion-Our Social Skin, Second Edition.* Chicago, IL: The University of Chicago Press.（＝1997, 池田謙一・安野智子訳, 『沈黙の螺旋理論——世論形成過程の社会心理学 改訂版』ブレーン出

―――, 1991, "The Theory of Public Opinion: The Concept of the Spiral of Silence," James Anderson ed., *Communication Yearbook, 14,* Newbury Park, CA: Sage, 256-287.
緒方竹虎, 1952,「言論逼塞時代の回想」『中央公論』1月号.
大仏次郎, 2003,『ドレフュス事件』朝日新聞社(選書).
冷泉彰彦, 2006,『「関係の空気」「場の空気」』講談社現代新書.
Salmon, Charles T. & K. Neuwirth, 1990, "Perception of Opinion 'Climates' and Willingness to Discuss the Issue of Abortion," *Journalism Quarterly*, 67: 567-577.
佐々木薫, 1987,「集団規範と同調行動」三隅二不二監修『現代社会心理学』有斐閣 205-26.
「新エネルギー現地から考える 9」, 2011,『産経新聞』8月3日:9.
Tarde, Gabriel, 1901, *L'opinion et la foule*.(=1964, 稲葉三千男訳『世論と群集』未来社.)
Tellenbach, Hubertus, 1968, *Geschmack und Atmosphaere*.(=1980, 宮本忠雄・上田宣子訳『味と雰囲気』みすず書房.)
Thomas, William I., 1951, "Theory and Social Research," E. H. Volkart ed., *Social Behavior and Personality,* New York: Social Science Research Council.
Tokinoya, Hiroshi, 1989, "Testing Spiral of Silence Theory in East Asia," *Keio Communication Review,* 10: 35-49.
植村和秀, 1998,「訳者あとがき」モッセ, ジョージ・L, 植村和秀・大川清丈・城達也・野村耕一訳,『フェルキッシュ革命』柏書房, 401-9.
Viereck, Peter, 1941, *Meta-Politics: From the Romantics to Hitle*, New York: Alfred A. Knopf(=1973, 西城信訳『ロマン派からヒトラーへ』紀伊國屋書店.)
Watson, James & Anne Hill, 2000, *Dictionary of Media & Communication Studies,* London: Arnold.
山本七平, 1977,『「空気」の研究』文芸春秋社.
吉崎達彦, 2011,「日本覆う〈3・11シンドローム〉」,『新潮45』9月号:20-3.
Zhang, Yan B., 2008, "Communication modes, Asia," W. Donsbach ed., *The International Encyclopedia of Communication,* London: Blackwell, 775-9.

コラム 「喧嘩」が映画を救う⁉
──『丹下左膳餘話 百萬兩の壺』(1935)と『鴛鴦歌合戦』(1939)の比較

　日々，世界のどこかで起きているものに「喧嘩」というものがある。また，それは映画というエンタテインメントの中でもよく見られる事象でもある。果たして人間は，空気を読んで喧嘩をするのか，読まないから喧嘩になるのか。「喧嘩」という切り口から「空気」と「映画」の特異な構造を示したい。
　『丹下左膳餘話 百萬兩の壺』(1935)は，百万両の隠し場所が塗り込められた「こけ猿の壺」をめぐる丹下左膳（大河内傳次郎）と柳生一門との争奪戦に，丹下左膳が居候する矢場の女主人櫛巻きお藤（新橋喜代三）と孤児ちょび安（宗春太郎）が絡む時代劇映画である。
　そして，『鴛鴦歌合戦』(1939)は，宮勤めを嫌った浪人浅井禮三郎（片岡千恵蔵）と，その恋人のお春（市川春代），資産家香川屋の娘おとみ（服部富子），古い許嫁の藤尾（深水藤子）の三人による恋の鞘当てを描いたオペレッタ映画である。
　この二つの映画を比較することで見えたものは，空気を「読まない」ことが，映画としては空気を「読んでいる」という相反する二重構造をとることだ。空気を「読まない」ことで生じる喧嘩が，逆に映画を成り立たせ，メッセージを伝える上で不可欠な要素となっているのだ。つまり，喧嘩の

シーンこそが，映画的には空気を「読んでいる」といえるのである。
　例えば，『丹下左膳餘話 百萬兩の壺』の中で，ちょび安を寺子屋に通わせようとするお藤に対して丹下左膳が激しく反論するシーンがある。これは「お藤の言うことに周りの人は逆らえない」という状況依存的な空気に対する反抗と捉えることが出来るが，このような空気を「読まない」シーンが，丹下左膳を洒脱なキャラクターとして成り立たせている。
　また，『鴛鴦歌合戦』には，お春とおとみが恋敵として言い争うシーンがある。双方とも「公衆の面前で喧嘩などみっともない」という，その劇中における状況依存的な同調圧力に屈しないという点で空気を「読んでいない」ことが分かるが，そのテンポの良いやり取りが音楽と相まって，ミュージカル的な雰囲気を醸し出している。
　このように，ジャンルこそ違う映画が，一方は自分を貫く洒脱としたキャラクター，一方はテンポの良い明るいミュージカルに昇華され，戦時中の日本に「貧しくとも気楽に生きる」という共通のメッセージを発したという点でつながっている。つまり，空気を「読まない」喧嘩が，メッセージを伝える点では，俗にいう「空気を読んでいる」ものに変わるのである。これらから，

映画における「空気」は，シーンというミクロな視点と，映画全体というマクロな視点によって，その性格が全く変わるという構造をもっていることが分かった。

布川真太郎（ぬのかわ・しんたろう，慶應義塾大学法学部3年，2010年度当時）

第 2 章　進　　化

　第2章「進化」では，グローバル・コミュニケーションの一つの相として，ある小さな動きが時間の流れとともに形を大きく変えていくさまに注目する。このダイナミズムに対してそれぞれ違う角度から光を当てるのが，本章で選ばれた次の五つのキーワードである。生物進化において重要な役割を果たすと言われる「浮動」。激変するメディア環境を生態学的に理解し，デザインするための視角を提供する「メディア・ビオトープ」。ある地域の文化や経済の変容のあり方を「内に向かう発展」として捉える「インボリューション」。次々に現れては消えていく音が「音楽を聴く」という経験へと変わっていく仕組みを論じる「記憶と音楽」。グローバル化のもつ問題点を個性や内容を欠く「無」の拡散として描き出す「無のグローバライゼーション」。これら五つは，「進化」を多面的に把握するためのヒントとなるに違いない。そして最後に，ケーススタディの「社会の進化を考える」では，進化概念を「非蓋然性から蓋然性への変化」として捉え直すことが提唱されている。グローバル・コミュニケーションとしての現代社会は，この意味でまさに「進化」し続けているのである。

1 浮　動　drift

中川　草

　浮動とは，定常に留まることなく不規則に変動することを表す。生物学において浮動という用語は，生物の集団中の遺伝子頻度が確率的に変化するプロセス，「遺伝的浮動（genetic drift）」，もしくは「機会的遺伝浮動（random genetic drift）」を表すために用いられる。集団間の遺伝子頻度の偏りは遺伝的浮動の関与が大きく，生物進化において非常に重要な役割を担うことが知られている。

■進化論と遺伝学の融合

　1859年，チャールズ・ダーウィンが『種の起源』を発表し，自然選択（natural selection）により生物が進化するという可能性を示した。自然選択とは人為選択（artificial selection）に対する造語で，自然環境の中の限られた資源を争った結果，生存や繁殖に有利であった個体が子孫を残す確率が高くなり，結果としてそれぞれの環境に適応した方向に生物種が変化するという説である。しかし，この説の発表当時は遺伝子という概念すらなかったため，自然選択で選ばれた形質（性質）が，どのように次の世代に伝わるのか，すなわち遺伝機構が不明だった。

　ダーウィンの進化論，主に自然選択の有無を調べるために，様々な研究者が生物種の多様性を数理的に解析し始めた。特にダーウィンの従兄弟であるフランシス・ゴールトンは教え子のカール・ピアソンやウォルター・ウェルドンなどと一緒に生物計測学（Biometry）という分野を創設した。彼らの研究は遺伝法則の知識が無かったために，現在の生物学では否定されている部分が多いが，解析に使用した手法，例えば回帰（regression）や相関（correlation）などは今でも様々な分野で用いられている。

　一方，1865年にグレゴール・ヨハン・メンデルが遺伝子の概念を発表しているが，これは当時広く知られることなく，事実ダーウィンも認識していなかった。1900年になりメンデルの法則は3名の科学者により再発見され，そのうちの一人，ユーゴー・ド・フリースは1901年に遺伝子に起こる突然変異による進化を唱えた。しかし，先述の生物計測学一門からは大きな反対を受けた。主な理由は種内の多様性は連続的であり，メンデルの法則が主張するような理論では多様性を説明できないというものであった。この論争に終止符を打ったのはロナルド・フィッシャーであった。彼は連続的な形質もメンデルの法則が取り扱う離散的な形質を用いて説明できることを示した（1919年）。また，同時に遺伝子が自然選択を受けて進化することも説明できることを明らかにした。このようにして，進化論と遺伝学が

融合し，ネオ・ダーウィニズム，もしくは進化論の総合説と呼ばれるようになった。

■自然選択と中立説

先述の通り，フィッシャーは突然変異が自然選択を受けて集団内に固定し，その結果，環境に適応した進化が起きると考えた。一方，シウォール・ライトは中立的な突然変異（生存についてほとんど影響しない変異）も進化の一要因になると考えた。しかし，一つの種を形成する個体数は非常に多いため，偶然の効果は無視され中立な変異が集団内で固定する確率は限りなく低いと，特にフィッシャー学派から激しい攻撃を受けた。一方で，遺伝子配列などが解読されるにつれて，生物種間にあるアミノ酸変異のほとんどが機能との関連がないことが報告され，また，種内に存在するアミノ酸変異が自然選択を受けていると考えて予測された数よりも明らかに多いことがわかった。

木村資生はこの実験結果を受けて「分子進化の中立説」を発表した（1968年）。そこには主に二つの主張があった。①進化の過程で起こる塩基置換の大部分は自然選択の結果というより，むしろ中立か，もしくはほとんど中立であるような突然変異遺伝子が偶然的に固定した，②多くの酵素多型は淘汰に中立か，もしくはほとんど中立であって，それが集団中に保たれているのは突然変異による補給とその偶然的消失との間の釣り合いによる。つまり遺伝的浮動が進化の大きな要因であると考えた。木村がこのような結論に至った要因の一つとして，フィッシャーは集団の大きさを無限大としていたが，木村は集団サイズを有限として（こちらのほうが現実に即している）変異が集団で固定する確率などを計算したためである。「中立説」も大論争を引き起こしたが（Kimura 1983），DNA 配列が解読されるにつれて，アミノ酸を置換するような塩基変異よりも置換しないような塩基変異のほうが多いことなど，中立説で予測されていた内容と合う実験結果が次々に明らかになり，遺伝的浮動が分子レベルでの進化に大きく寄与していることが強く支持されるようになった。

■遺伝的浮動の検証

進化にどのくらい遺伝的浮動が関わっているのか，まだ現在でも研究に続いている。2003年にヒトのゲノム配列が解読された結果，ヒトゲノムの30億塩基対のうち，アミノ酸をコードする部分は1.5%程度しかないことが分かった。しかも各個人のゲノム配列も解読が進み，塩基置換のみならず，遺伝子領域のコピー数の増減などもたくさん見つかり，特に遺伝子のコピー数が大きく異なる遺伝子ファミリー（例えば嗅覚受容体など）の存在も明らかになり，根井正利はその現象をゲノム浮動（genomic drift）と呼んだ。塩基解読の技術革新を受けて，遺伝的浮動に関する研究はますます進むだろう。

2 メディア・ビオトープ media biotope

土屋 祐子／高柳 寛樹

■「メディア・ビオトープ」の概念

　生い茂る水草の間をメダカが泳ぎ，水面の近くにトンボやホタルが飛び交う。里山や小川のほとり，校庭の池やベランダのプランターで，生態系が維持され生き物の生息に適した小さな空間，また，そうした生態系の保全・再生のための営みを行っている場を「ビオトープ」と呼ぶ。「メディア・ビオトープ」とは，ビオトープをアナロジーとして，メディア環境を生態学的にデザインしようとする概念・取り組みである。水越伸が『メディア・ビオトープ』（紀伊國屋書店，2005年）で提唱した。

■「メディア・ビオトープ」の中のマスメディア

　20世紀を通じて日本では，全国紙や放送ネットワーク網に代表される東京中心のマスメディアシステムが高度に発達した。このようなメディア環境を水越は杉林の人工林に喩えた。マスメディアという杉の巨木が立ち並ぶ林では，狭い地表には光が届かず，背の低い草木が育ちづらい。実際，コミュニティ紙やケーブルテレビ，市民ラジオなどの小規模なメディアは日本では盛んでなく，多様性に乏しい環境である。しかし，1980年代以降のデジタル化，グローバル化は，こうしたメディア環境に変化をもたらした。デジタルカメラやウェブ，携帯などメディア技術の発達により，プロに限らず様々な人々が情報の送り手となる状況が生まれた。言わば，杉の巨木は傾き，枝葉にダメージを受ける一方で，地表には日が射すようになり，小さな草木が育つ環境が生まれたのである。

■「メディア・ビオトープ」の中の「小さな」メディア

　こうしてメディア生態系が変容する中で，水越はコミュニティFMやミニコミ，自主制作ビデオの上映会，様々な団体や個人のウェブサイトなど小さなメディアに着目しつつメディア・ビオトープという企てを提案した。メディアは人の表現を媒介することで人と人を結びつけ，コミュニティを形成する。あちらこちらに生まれるメディア・コミュニティという場を，ビオトープになぞらえ，そこで営まれる人々の表現の循環の中から，多様性に富んだ新しいメディアのあり方を構想しようとするものである。そこで重要なのはビオトープ間を飛び交うトンボのような個々のコミュニティを行き来する越境者の存在だ。意見や価値観の合う者同士が集う中では，表現の循環は，ともするとコミュニティ内で閉じて停滞してしまう。越境者は刺激や新たな発想，相対的な視点をもたらし，多様なコミ

ュニティが有機的に繋がり，自律的に発展していくメカニズムとして働くのである。

■「メディア・ビオトープ」とウェブサービス

　現代のメディア環境を考えるにあたり，水越の提唱と平行してインターネット時代が本格的に到来する中で，こうしたビオトープのように自律性をもち，有機的，連鎖的に発展するコミュニティは，ウェブサービスに根を張りつつあることが指摘できよう。例えば Twitter や Facebook を先駆けとした SNS サービスは急速に世界に伝播し，経済のみならず政治分野までにも影響を与えているが，これら巨大サービスの最大のインパクトは，ウェブサービス上に生態系（web eco-system）を確立したことである。それまでは，個々にサービスとそれを支えるデータベースが存在していたのだが，現在は Google マップや Twitter，Facebook など，巨大サービスが提供する API（Application Program Interface）を使った様々なサブ・サービスが急激に増加したのである。巨大サービスでは，そのデータベースや主要機能を，API を通じて外部公開することが主流になり，これを，多くの個人や中小ベンチャー企業が利用することで，サブ・サービスをスピーディーに成長させることができるようになった。また，サブ・サービスにおいても，収益化が実現し，持続的な成長が促されたのである。これは，巨大な樹木と，その樹木に共生する共生者との関係に似ており，API を提供する側（宿主）にとっても，それを使う側にとっても都合の良い環境が整ったのである。

■生態系の維持と産業化

　このように，API 提供側の企業が中心となって，インターネット上に大きな生態系を維持することは，産業としても，中小ベンチャー企業にチャンスを与えることであり，一方，API 提供側にとっても，自身以外のリソースで自らの領域を拡大できる，つまりは，サブ・サービスを利用した間接的なユーザーが増える，チャンスとなった。共倒れのリスクをはらみつつも，資本力のある企業と，そうでない企業の間に生態系が存在することで，持続的な世界が生まれたことは画期的である。これらは，誰かの意図をもって作られた生態系ではなく，オープンソースの概念を中心としたインターネットの性質と環境が，時間を経て作り上げた自然発生的なものであると同時に，水越の提案する自律的かつ組織越境型のメディア・ビオトープを，収益性を伴う持続可能なモデルとして具現化していると解釈することが可能である。こうした環境は，今後も展開されていくだろう。

3 インボリューション involution

滝村 卓司／佐野 麻由子

　インボリューションとは，文化人類学者，A. A. ゴールデンワイザーが文化変容の様態を説明するために用いた概念である。これを，19世紀から20世紀中期のインドネシアのジャワ人が居住する中部・東部ジャワ農村における経済史的変容の分析概念として用いたのが，文化人類学者のC. ギアツであった。ギアツは，同地域に多くみられる伝統的な水田（「サワ」）が，蘭領東インド会社による強制栽培制度やプランテーションによってもたらされたサトウキビ栽培と相互補完的に伝統的水稲栽培も増産させ，これにより膨張する人口を吸収し，独特の社会経済構造を構築させていく様を「農業のインボリューション」として捉えた（Geertz 1963＝2001：121）。同概念には，人間の社会，文化，経済活動をヒトと環境とのエネルギー代謝の相互作用の中に捉え，これら相互作用の構造，機能，システムの変化を基本的分析枠組みとして設定するギアツの視点が表れている（Geertz 1963＝2001：49）。

■近代化論と農業のインボリューション

　古典的な開発経済学では，途上国経済の伝統部門における労働生産性逓減を所与として，近代部門に投資，開発することでこの余剰労働力を吸収し，効率的に近代部門を成長させる。結果，産業連関の転換によって伝統部門も成長するという経済成長モデルが主流であった（Rostow 1960）。しかし，ジャワでは植民地時代以降の膨大な人口増加にもかかわらず，近代的部門への労働力移動は起こらず，多くはサワが存在する農村地域に留まった。ギアツは，この理由をジャワ人古来の水田耕作システムに求める。サワでは，水耕地を外延的に拡大するよりも栄養分を豊富に含む灌漑水の供給管理と維持に労働量を投入することで収穫量を増加させてきた。つまり旧来の棚田を含む水利システムが余剰労働力を吸収してきたのである。植民地経営においては，本国に代わり輸出財資本を調達するため植民地の自給部門の地代と賃金は低く抑えられた。そして，強制栽培期に既存の労働力を用いてサワで行われたサトウキビ栽培は米の収穫増を補完するように拡大していった。後に法人プランテーションによる砂糖精製産業に代わっても砂糖工場の労働者は水田耕作に携り，分益小作制など労働慣習をさらに複雑化させ，内向きに，緩やかに「貧困の共有」が進んでいく。以上が「インボリューション＝内に向かう発展」である。

■非線形で多様な発展

　前述の通り「農業のインボリューション」は，近代部門への集中投資による経

済成長論を批判するものである。だが同時に，途上国社会を資本主義経済システムへの包摂の中に位置づける従属論や世界システム論に対しても経済偏重主義であるとして退ける。地域社会経済が外部からの接触と資源の移転により変容していく過程は，在来の生態システムとヒト活動が相互作用する経路依存的な過程であり，そこに媒介する文化的な要素を看過すべきではないとギアツは繰り返し強調している。ギアツはJ.スチュワードの文化生態学を批判的に継承し「生存活動と経済的取り決めに最も密接に関連している」部分を「文化コア」とし，さらに，そこに生活する人々の精神や社会的制度を含んで経済社会を捉えた（原 2001：15）。そして同時に，生態的環境がヒトに及ぼす相互作用関係を文化コアに再帰的に還元することで社会経済構造の動態的把握を試みる。つまり「「文化」の変数と「自然」の変数の間の一対一の関係よりもシステムそのものとしての広範な特性（システム構造，システム均衡，システム変化）」が検討され，ギアツにとって主な課題は環境による文化決定論，文化制約論ではなく，「文化コアと適切な環境とによって定義された生態系が与えられたとき，それはどのように組織されるのか」「その機能を規定するメカニズムは何か」「どの程度のどういった種類の安定性を持つのか」「発展と衰退を分ける固有の境界は何か」「これらの事柄において他のシステムとどのように似ているのか」という課題に向けられる（Geertz 1963＝2001：45-51）。

　このような態度は，現代的な観点からは人間社会を非線形の開放系システムと見なす立場に近いとも考えられる。また，厚東（2011）が提唱する「非西欧社会のハイブリディティ（ローカルなもののグローバル化による差異化と再配置により発生する創発特性）」と通底しているともいえる。即ち，ある経済活動だけを切離し特定の理念型からの乖離を記述したり，その様式を理念型に照らし分類するものではない。そうではなく，人間の社会集団が，まさに生活している「場」にあって，そこに賦存する環境，資源，技術を「組み合わせて」社会を維持，存続するように機能させていく動態的営みの中に経済を捉える立場である。生存活動と経済的取り決めに最も密接に関連する文化コアは，フラクタルのように，その基本構造を変えることなく，相似的に，収縮と拡大を伴う組み合わせを行い自己を組織していく。ジャワ人社会の場合，サワという灌漑水耕栽培と労働集約的農業の取り決めが文化コアとして機能し，強制栽培期と法人プランテーション期に亘り輸出換金作物生産（サトウキビ栽培）と自給農産物生産（水稲栽培）の相互補完的ではあるが経済外部性の低い基本構造を，社会内部に精緻化しながら自己組織化してきた過程と読み直すこともできるだろう。

4 記憶と音楽：把持と予持
memory and music: retention and protention   浜　日出夫

　今日われわれがまったく音楽を聴かない日は一日としてないだろう。自宅のCDプレイヤーや携帯型の音楽プレイヤーなどで音楽を聴くだけでなく、テレビやラジオ、また屋外でも商店街や駅などでたえまなく流されている音楽を耳にしている。

　この音楽を聴くというありふれた経験がいかにして可能となっているのかを明らかにしたのがE.フッサールであった。

　音楽は時間芸術であると言われる。たしかに音楽は時間に沿って現れては消えていく音を素材として作られる作品である。しかし、われわれが次々に現れては消えていく音を聞くだけであれば、じつはわれわれはまだ音楽を聴いてはいないのである。

　ベートーヴェンの交響曲第5番《運命》（Beethoven 1992）の主題、あの「ダダダダーン」を例として考えてみよう（寺前 2009）。最初の「ダ」（ソ）が鳴り、それが過ぎ去り、次の「ダ」（ソ）が鳴る。それも過ぎ去り、また次の「ダ」（ソ）が鳴り、そして「ダーン」（♭ミ）と続く。もしわれわれがそのときどきに鳴っている音を聞いているだけだとすれば、われわれは現れては消えていく「ダ」と「ダ」と「ダ」と「ダーン」を聞くことはあっても、けっして「ダダダダーン」というメロディを聴くことはない。だがわれわれはたしかに「ダダダダーン」と聴いている。このことはいかにして可能となっているのだろうか。

■時間図表：把持

　フッサールは、メロディを聴くという経験を可能としているわれわれの時間意識の構造を「時間図表」（図1）を用いて説明している（Husserl [1928] 1966=1967：39）。横軸は「水平に流れ去る時間」の各時点において与えられる根元的印象（Urimpression）の系列を示している。上の例で言えば、「ダ」（U_0）「ダ」（U_1）「ダ」（U_2）「ダーン」（U_3）という音の系列である。ある音が鳴り、それはやがて時間とともに消えていく。だがフッサールによれば、この音は失われてしまうのではなく、消え去った後も保持されつづける。この「過ぎ去りつつあるものをなおも現在へと繋ぎ止め・保持するはたらき」（斎藤 2000：45）が「（過去）把持」（Retention）である。

　1音目の「ダ」（U_0）が鳴り、やがてそれは過ぎ去り、2音目の「ダ」（U_1）が鳴る。しかし、2音目の「ダ」（U_1）が鳴った時点で、1音目の「ダ」（U_0）

は失われてしまうのではなく，把持（R_0^1）として保たれている。さらに3音目の「ダ」（U_2）が鳴ると，2音目の「ダ」（U_1）も過ぎ去るが，「ダ」（U_1）と1音目（U_0）の把持（R_0^1）は，それぞれ把持（R_1^2）（R_0^2）へと移行して保持される。そして，「ダーン」（U_3）が鳴った時点で，3音目の「ダ」（U_2）および把持（R_1^2）（R_0^2）がそれぞれ把持（R_2^3）（R_1^3）（R_0^3）へと移行する。時間図表の縦軸は，それぞ

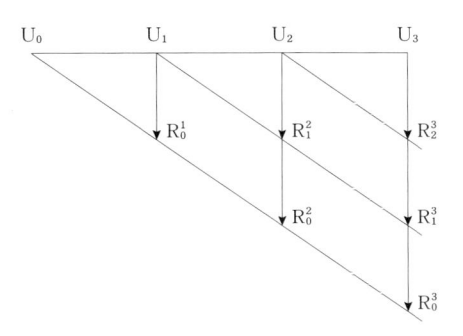

図1 フッサールの時間図表
出典：斎藤（2000：46）．

れの時点において保持されているこの把持の「連続体」（Husserl［1928］1966＝1967：41）を表している。このように過ぎ去った音が失われてしまうことなく，そのつど把持の連続体として保持されているために，われわれは「ダ（R_0^3）ダ（R_1^3）ダ（R_2^3）ダーン（U_3）」というメロディを聴くことができるのである。もし過ぎ去った音が保持されることなく失われていくのだとすれば，われわれが聞くのは「ダ」（U_0）と「ダ」（U_1）と「ダ」（U_2）と「ダーン」（U_3）という，現れては消えていく音だけであろう。

■ 予　持

だが，過ぎ去った音を現在において保持する把持のはたらきだけが音楽を聴くという経験を可能にしているわけではない。われわれは演奏者が音を外すとすぐに気がつく。これはわれわれがつねに次に来る音を先取りしながら音楽を聴いていることを示している。われわれは「ダダダ」と聴くとき，次に鳴るはずの「ダーン」をすでに予感しつつ聴いているのである。フッサールは，（過去）把持と対になるこの「来たりつつあるものを待ち受けるという仕方であらかじめ現在へと迎え入れるはたらき」（斎藤 2000：45-47）を「（未来）予持」（Protention）と呼ぶ。流れ去っていく音を把持によって現在に繋ぎ止め，また次に来る音を予持によって先取りするということが音楽を聴くという経験なのである。

過去を現在に繋ぎ止める把持と未来を先取りする予持は音楽を聴くという聴覚的な経験にのみ特有のものではない。それは映画を見る，本を読むといった視覚的な経験にも，会話をするといった社会的な経験にも共通するものである。音楽を聴くという経験は，流れ去っていく過去を現在に繋ぎ止めるとともに，やがて到来する未来を現在において予感しつつ今を生きているわれわれの生そのものの象徴なのである。

5 無のグローバル化
globalization of nothing

丸山 哲央

　「無のグローバル化」という概念は，社会学者である G. リッツアが，同名の書『無のグローバル化』(*The Globalization of Nothing*, 2004) において，現代の人類社会の動向を解読するために案出した分析用具である。

　周知のように1993年に『社会のマクドナルド化』（日本語版表題『マクドナルド化する社会』）において，G. リッツアはファストフード・レストランの合理的で効率的な原理が人間生活を支配しつつあるとして「マクドナルド化」論を提唱した。このマクドナルド化の概念は，社会学の分野を超えて広く引用または援用されてきた。これは M. ウェーバーの合理化論に立脚し，ポスト近代つまり「近代」の成熟段階にある現代社会を分析するために提示されたものであった (Ritzer 1993)。

■ 合理化とグローバル化

　ウェーバーは，西洋近代社会の本質を合理主義精神の浸透の中に見出し，人類史を合理化という観点から捉えようとした。リッツアはウェーバーにおける合理性の概念のなかでもとくに形式合理性に着目したのであるが，形式合理性とは，技術的に計算可能で，普遍的に適用可能な法則や規則のもとで諸事象が配列されている状態をさしている。資本主義経済制度，近代国家の法律や官僚制組織などは形式合理性の顕現とみなされる。彼はウェーバーの合理論における官僚制の事例をファストフード・レストランに置き換え，生産面のみならず消費面をも含む現代の人間生活のあらゆる領域に合理化過程が浸透してゆくと考えた。

　リッツアは，このマクドナルド化論をさらに発展させ，電子通信技術の発達による精巧な複製品の氾濫する現代の人類社会の諸過程を，無のグローバルな拡散というより包括的な主題のもとで捉えようとしたものである。

　ここでの「無」(nothing) とは，個性的，実質的な内容を欠いており，特定の中枢部で構想され，そこで管理・統制されるような社会形態を意味している。これに対して「存在」(something) は，個別的で他と異なる固有の内容を備えており，個々の現地で構想され，管理される。両者の対比は，著者自身が述べているように，カント哲学における形式と内容の関係に相当する。つまり「無」は，特有な内容を欠いている社会形態（形式）である。ただカントにおける形式は精神的な普遍性に関わるものであるが，ここでの「無」としての社会的世界の形式は実質的な内容を欠いた空虚なものという意味合いをもつ。ウェーバーの用語を適用するならば，形式合理性の深化による実質合理性との乖離ということになる。

実際の社会形態はこの両者を二極とする連続体上に位置づけられるのであるが，この際，「存在」と「無」の連続体は，領域ごとに場所（place），モノ（thing），ヒト（person），サービス（service）に対応して四つの下位類型をもつものとされる。またこの連続体は，特性に応じて唯一性（unique），地域性（local），時間（time），人間性（humanized），魅惑（enchanted）という五つの下位連続体を形成する。行為主体と関わる特定の時間，空間の唯一性は，一般化に対抗する「存在」の本質的な部分をなしているのである（Ritzer 2004）。

■無と存在

　一般化されあらゆるところへ適用可能な社会形態である「無」は，時間や場所の個別性との葛藤が少なく，容易に増殖し拡張していく。典型的な例は，定まった場所や人と関係なく（非場所，非ヒト）画一的な生産・消費をめざすファスト・フードのチェーン店システムである。また米国のみならず日本でもおなじみの巨大なショッピングモールは，その形態や構造が中枢部である本社で構想され，さまざまな地域に同じパターンで設定され，増殖してゆく「無」の一形態である。このような「無」に対する「存在」の例として，旬産旬消・地産地消を重視するいわゆるスロー・フード，さらに特定の時間（季節）と場所，特定の売主と買主と結びついた地方の市場（いちば）を挙げることができる。

　現代の資本主義経済を主導する多国籍企業が生み出す大量の生産物と消費形態は，個性的，実質的な内容に欠ける「無」の拡散を象徴している。巨大な多国籍企業の推進するグローバル化はグローバルとローカルの混成という意味でのグローカル化というよりも，ローカルなものが圧殺される「grobalization（growth＋globalization）」ではないかと著者は考える。「無」のグローバル化は人間生活に利便性と物質的な豊かさをもたらすという面も否定できない。しかし，このような大量かつ多様な「無」が充満する中で，人間にとって本質的に重要なものが失われつつあり，それは「豊饒のただなかにある喪失」とされる。

　確かに「無のグローバル化」という発想は，電子マネーのような抽象的媒体が支配する現代のグローバル化現象の本質を捉えているといえる。ただ問題は，2003年の『マクドナルド化と日本』において，アメリカにおけるマクドナルド化現象をそのまま日本の社会に適用できるかということに関して，リッツアと日本の研究者との間で論議があったように，アメリカという特殊社会における「無」の拡大傾向を人類社会全体に一般化し得るかということである。「存在」にこだわるローカルな力は，アジアやイスラム圏諸国，さらにヨーロッパでもかなり根強く存在するのであり，米国の社会学者であるリッツアの問題提起に対して，今後国際比較に基づくさらなる検証が必要である（リッツァ・丸山 2003）。

キーワード　参考文献・参考資料

1　浮　　動

（注）　集団中の遺伝子頻度について，ヒトの ABO 式血液型を例にとり説明する。血液型は人種により大きく異なることが知られているが，これは 2 種類の糖転移酵素の遺伝子頻度が人種によって異なるためである。A 型転移酵素をもっている場合は赤血球の表面に A 抗原があり A 型，B 型の転移酵素をもつ場合は B 型，その両方の酵素がある場合は AB 型，両酵素とももたない場合は O 型となる。

Kimura, M., 1983, *The Neutral Theory of Molecular Evolution,* Cambridge: Cambridge University Press.（＝1986，木村資生ほか訳『分子進化の中立説』紀伊國屋書店.）

Lynch, M., 2007, "The frailty of adaptive hypotheses for the origins of organismal complexity," Proceedings of the National Academy of Sciences of the United States of America, 104, 8597-8604.

Nei, M., Y. Suzuki and M. Nozawa, 2010, The Neutral Theory of Molecular Evolution in the Genomic Era, *Annual Review of Genomics and Human Genetics,* 11, 265-289.

Salsburg, D., 2001, *The Lady Tasting Tea: How Statistics Revolutionized Science in the Twentieth Century,* New York: W. H. Freeman.（＝2006，竹内惠行・熊谷悦生訳『統計学を拓いた異才たち――経験則から科学へ進展した一世紀』日本経済新聞社.）

2　メディア・ビオトープ

濱野智史，2008，『アーキテクチャの生態系――情報環境はいかに設計されてきたか』NTT 出版.

N. ルーマン，土方昭訳，1992，『改訳版・エコロジーの社会理論――現代社会はエコロジーの危機に対応できるか』新泉社.

水越伸，2005，『メディア・ビオトープ――メディアの生態系をデザインする』紀伊國屋書店.

―――，2011，『21 世紀メディア論』放送大学教育振興会.

3　インボリューション

Geertz, C., 1963, *Agricultural Involution: The Processes of Ecological Change in Indonesia,* California: University of California Press.（＝2001，池本幸生訳『インボリューション――内に向かう発展』NTT 出版.）

原洋之助，2001，「今なぜギアーツの『インボリューション』か？」池本幸生訳『インボリューション――内に向かう発展』NTT 出版，9-21.

厚東洋輔，2011，『グローバリゼーション・インパクト――同時代認識のための社会学理論』ミネルヴァ書房.

Rostow, W. W., 1960, *The Stages of Economic Growth: A Non-Communist Manifesto*, Cambridge: Cambridge University Press.

4　記憶と音楽：把持と予持

Husserl, E., [1928] 1966, *Zur Phänomenologie des inneren Zeitbewußtseins*, Husserliana Bd. X, Den Haag: Martinus Nijhoff.（＝1967, 立松弘孝訳『内的時間意識の現象学』みすず書房.）

斎藤慶典, 2000,『思考の臨界――超越論的現象学の徹底』勁草書房.

寺前典子, 2009,「音楽のコミュニケーションにおける内的時間とリズムをめぐる考察――シュッツ音楽論およびフッサール現象学からのアプローチ」『現代社会学理論研究』3：59-71.

Beethoven, von L., 1992, transcribed for Piano by Franz Liszt, Symphony No. 5 in C minor, Op67, played by Glenn Gould, Sony Music Entertainment, CD.

5　無のグローバル化

Ritzer, G., 1993, *The McDonaldization of Society: An Investigation into the Changing Character of Contemporary Social Life*, Newbury Park CA: Pine Forge Press.（＝1999, 正岡寛司監訳『マクドナルド化する社会』早稲田大学出版部.）

――――, 1998, *The McDonaldization Thesis: Explorations and Extentions*, New York: Free Press.（＝2001, 正岡寛司監訳『マクドナルド化の世界』早稲田大学出版部.）

――――, 2004, *The Globalization of Nothing*, Newbury Park CA: Pine Forge Press.（＝2005, 正岡寛司監訳『無のグローバル化』明石書店.）

G. リッツア・丸山哲央編著, 2003,『マクドナルド化と日本』ミネルヴァ書房.

第2章 ケース・スタディ
社会の進化を考える——社会学理論からのアプローチ

赤堀 三郎

1 問題の所在

　本稿の主題は社会の進化である。われわれはこの昔ながらの問題を，これからも引き続き考えていくことができるのか。できるとしたらどのように考えられるのか。それとも，さっさと捨て去ってしまったほうがいいのか。

　社会の進化というテーマはとても難しい。内容の難しさ以前に，進化を語ることそれ自体が難しい。生物種の進化に関しては，日本はともかく欧米などを見れば，今なお宗教上の理由からの反発が根強く存在する。だが社会の進化を語ることの難しさの原因は，宗教とは異なる次元にある。詳しくは追って検討するが，大部分は情報不足に由来するものと思われる。社会の進化を扱う立場には多種多様なものがあるだろうが，少なくとも社会学に関して言えば，大上段に振りかぶって社会の進化を論じるぞと宣言することには，やはりある種のきまりの悪さを感じずにはいられない。(1)しかし進化の問題を扱わないとなると，社会学は「社会」を語れないということにもなりかねない。社会学は，「社会」を扱い続ける限り，進化の問題を避けては通れないのである。

　エージェント・ベースト・シミュレーションなどの数理的手法を用いて社会の進化を形式的に定義し，進化を取り巻くさまざまな雑音はないものとする手もある。ここではおもにシステム理論の立場から社会の進化について考えていくが，システム理論と言っても数理的なものではない。本稿で注目するのは，社会学者ニクラス・ルーマン（Niklas Luhmann）の手になる社会学的システム理論である。(2)その理由は，ルーマンの所説が，社会学における社会理論と進化理論との結合の試みのうち，目下のところ最有力のものと思われるからである。(3)他の学問分野の事情については何とも言えないが，少なくとも社会学は，社会の進化という大問題を無邪気に扱うことはできない。だが，さまざまな屈託を

抱えつつも，先達の助けを借りて，この問題に真正面から組み合ってみることにする。

以下では，まず，社会学における社会の進化に関する代表的な学説を概観し，その特徴をつかむ。次に，社会の進化に関するルーマンの所説を紹介する。最後に，システム理論と進化理論との結合という観点からルーマンの所説を検討し，それによって本稿冒頭の問いに答えを出す。

2 社会の進化

社会学にとって，社会の進化は語りにくいテーマだと述べたが，それはなぜか。ただちに思い浮かぶのは次の二つの理由である。まず，社会学の歴史とともに古い学説である社会進化論が，19世紀後半から20世紀前半にかけての——もちろん，過去の遺物と完全に片づけられるわけではないが——悪名高い思想である社会ダーウィニズム（social Darwinism）と同一視されていること。次に，社会の進化というものが，社会の進歩と同様，近代化を推進したいわゆる「大きな物語」のひとつとみなされ，20世紀終盤にポスト・モダンが喧伝された後はその役割を終えたものとして捉えられていること。以上2点を検討することから，社会の進化という問題に接近してみよう。

2.1 社会進化論と社会ダーウィニズム

進化というと，生物学者チャールズ・ダーウィン（Charles Darwin）の名や，彼の著書『種の起源』を思い浮かべる者が多いだろう。だが社会学にとっては，彼の同時代人で同じ英国人のハーバート・スペンサー（Herbert Spencer）の名もひじょうに重要である。

スペンサーは社会学者として紹介されることが少なくない。だが，彼の書いたものが，日本でも米国でも，世界中の大学で社会学の講義題材として使われ，生まれたての学問だった社会学の普及に大いに貢献したのは確かであるにしても，厳密に言えば彼は今日と同じ意味での社会学者ではない。まず，スペンサーの業績は社会学の範囲にとどまらない。彼がその後半生をかけてやろうとしたことは，進化という第一原理から出発して，すべての学問を包括する「綜合

哲学」（synthetic philosophy）の体系を樹立することであった。次に，彼の生きていた時代に社会学は学問上の専門分野としても確立していなかったし，ましてや社会学者という職業も成立していなかった。スペンサーは文筆による収入と親類の遺産で生計を立てていたのである。[5]

スペンサーの社会学上の所論は，社会進化論や社会有機体説といったキーワードの下で把握されることが多い。スペンサーの社会進化論は，端的に言えば社会を有機体とみなし，それが「軍事型社会」から「産業型社会」へと進化していくと論じるものである。この進化という言葉がどういう意味で使われていたかについては次節に譲るとして，まずは用語について教科書ふうに整理すると，ダーウィンの進化理論が「自然選択（自然淘汰）」（natural selection）によって特徴づけられるのに対して，スペンサーの進化理論は「適者生存」（survival of the fittest）によって特徴づけられる，ということになる。これらは，ときに優勝劣敗，弱肉強食と同義にとられる。しかしいずれも，必ずしも強い者が生き残るという意味ではない。というのは，弱くても，劣っていても，環境に適していれば生存競争の末に生き残ることは十分ありうるからだ。[6]

また，スペンサーの社会進化論といわゆる社会ダーウィニズム[7]との違いについては，次のようにまとめられるだろう。

まず，社会進化論で説かれる進化は社会有機体の構造上の変化であって，社会ダーウィニズムで考えられているような，競争や淘汰を通じた人類という種の進化ではない。

次に，これはすでに述べたが，社会ダーウィニズムが人間の優勝劣敗と，それを通じた社会改良を説くのに対し，スペンサーの社会進化論が説く適者生存は，転変する環境に適している個体が競争に生き残るということであって，必ずしも優れた者や強い者が生き残るという意味ではない。

最後に，これも上述のように，スペンサーは社会が軍事型から産業型へと進化すると説いたのではあるが，これは個々人が権威による統制に服従し自由が存在しないタイプの社会から，個々人の自由や権利が尊重され政府の統制力が制限されるタイプの社会への変化である。これに対して社会ダーウィニズムは，人種差別や優生思想と結びつきがちであり，また強者による侵略や支配を正当化しもする。このように，社会進化論は——少なくともスペンサーの社会進化

論に関しては——政治的には自由主義に近い考え方をとるのに対して、逆に、社会ダーウィニズムの考え方は政府による個々人の自由や権利の制限と結びつきがちである。

もちろん社会進化論という言葉を社会の進化について考える多種多様な学説の総称として捉えれば、社会ダーウィニズム的な社会進化論というものもありうるし実際に存在するということになるだろう。しかしそれでもなお、社会学の立場を堅持すれば、社会進化論と社会ダーウィニズムを同一視することはできないのである。[8]

2.2 進化と進歩

次に、社会の進化といわゆる「大きな物語」との関連について述べる。

「進化」という日本語は、「社会」や「個人」や「権利」や、他のさまざまな言葉と同様、西洋由来の概念を日本語に導入するために作られた、いわゆる翻訳語である。だが進化という言葉の、前進して変化していくというその言づらはミスリーディングであるように思われる。西洋語の「evolution」を進化と訳したのは誰かということに関しては諸説あるが、幕末明治期の著名な知識人・加藤弘之がその人だとする説が有力である。加藤が進化という言葉を選んだのは、明治初期の時代的雰囲気のせいもあるだろうし、当時は「evolution」と「progress（進歩）」がほぼ同じ意味で用いられる局面が多かったということもあるだろう。[9]

「evolution」の動詞形「evolve」は、語源をたどればラテン語の「evolvere」（巻物がほどけていくような様子を表す）に行きつく。「e」が「外へ出る」で「volve」が「転がる、回る」という意味なので、「evolve」の語感は、「進化」よりはむしろ、「発展」や「展開」に近い。ここで強調しておきたいのは、「evolution」という言葉は——それがどういう場でどう使われるかを度外視すれば——それ自体は「前へ進んでいくこと」や「よい方向へ変化していくこと」ではないということだ。「前へ進んでいく」「よい方へ向かっていく」ということを表現するには、進化ではなく、やはり進歩という言葉のほうがふさわしい。進歩は「progress」（語義：前へ歩く）の訳語だから、正しい漢字があてられていると言える。

なお，進化理論の始祖として知られるダーウィンであるが，1859年の『種の起源』初版には進化という言葉は用いられていない（Darwin 1859＝2009）。進化という言葉をダーウィンより先に用いたのはスペンサーである。彼においては，進化も「同質性から異質性への変化」として定義されている。上述のように，この定義に「前へ進んでいくこと」や「よい方向へ変化していくこと」といったプラスの意味はない。[10]

たしかにスペンサーは，進化という言葉を用いて理想社会への変動を語っていた。しかし19世紀後半の時代背景をいったん括弧の中に入れ，一般化して言えば，社会の進化が語られるとき，進化という言葉がただちに，社会が何か理想的な状態（たとえば「人類の幸福増大」「真善美の実現」「正義の浸透」）へ向かって進み，変化していくプロセスを意味するとは限らない。詳しくは追って論じるが，社会の進化というものを，たとえ今日の社会がポスト・モダン的状況にあることを認めるにしても，「大きな物語の終焉」なるものとともに退場させる必要はないのである。

3　タルコット・パーソンズの社会学理論における社会の進化

20世紀の社会学者たちも，社会という概念を用い続ける限りで，それぞれ社会の進化について論じてきた。数多くの論者の中から，ここでは，社会学の一般理論の構築にとりわけ心血を注いだことで知られる米国の社会学者タルコット・パーソンズ（Talcott Parsons）の社会進化論を参照する。パーソンズを取り上げる理由は，彼が社会を「システム」と捉えている点で，ルーマンの社会学的システム理論における社会の進化との比較ができるからである。

3.1　スペンサーの「殺害」

パーソンズは，彼の学問的キャリアの出発点となる著作 *The Structure of Social Action*（『社会的行為の構造』）の冒頭において，「スペンサーは死んでいる。しかし誰がどのようにして殺したのか，これが問題である」と述べている（Parsons 1937＝1976）。パーソンズのセンセーショナルなこの発言は，彼が『社会的行為の構造』で立てた問題を端的に表したものとして，よく知られて

いる。このことから，パーソンズは社会進化論を否定的に捉えていたと考える者もいる。また，「パーソンズには社会変動の理論が欠けている」との風説を信じ込んでいる者も少なくない。だがパーソンズは，『社会的行為の構造』の中でも進化について論じているし，社会の進化という関心を終生捨てることはなかった。パーソンズは，スペンサーにみられる「単線的な」社会進化論を否定したのであって，社会進化論それ自体を否定したわけではなく，むしろ積極的に取り組み，これを推進したのである。

　パーソンズは晩年になって社会の進化について集中的に論じている。1966年の *Societies*（邦題『社会類型』），1971年の *The System of Modern Societies*（邦題『近代社会の体系』）が社会の進化に関する著作である。次項では，これらの著作を手がかりに，パーソンズ社会進化論の素描を試みる。

3.2　AGIL 図式とパーソンズ社会進化論

　パーソンズは社会というシステムを，いわゆる AGIL 図式（四機能図式）から捉えている。教科書ふうに説明すれば，パーソンズが考えるシステムは，一般に——社会というシステムに限らずどんなシステムでも——適応機能（A），目標達成機能（G），統合機能（I），潜在的パターンの維持ないし緊張処理機能（L）という四つの機能を満たす必要があり，それぞれの機能を満たすための部分（下位システム）へと分かれている（機能分化）。これを社会というシステムにあてはめて言えば，A 機能を満たすのが経済，G 機能を満たすのが政治であり，I 機能は人々の連帯を生み出すことで，I 機能を担うのは，パーソンズの用語法では「社会的共同体」（societal community）である。L 機能は人々の内面に価値のパターンを植えつけるといったことで，L 機能を担うものはパーソンズの用語法では「信託システム」（fiduciary system）であり，例としては家族や教育機関，教会などが挙げられている。

　AGIL 図式に基づくパーソンズの社会進化論は，かなり特徴的なものである。社会というシステムの進化は，ただ環境へと適応（A 機能の遂行）するというだけではない。進化は AGIL の四つの機能に対応した四つのプロセスからなるとされている。すなわち，A 機能（適応）に対応するのが「適応能力の上昇」（adaptive upgrading），G 機能に対応するのが「分化」（differentiation），I 機

第 2 章　進化　59

能（統合）に対応するのが「包摂」(inclusion)[14]，L機能（潜在的パターンの維持）に対応するのが「価値の一般化」(value generalization) である。

　社会というシステムが「分化」することで環境に対する「適応能力が上昇」するが，システムの内部では「価値の一般化」によっていったんは分化したさまざまな部分が再び取り込まれていく（「包摂」）。たとえば，企業組織が，家族や親族集団から切り離され，それらとは際立って異なる集合体として成立するようなことが「分化」。企業が組織の形態や，商品の製造法や原料の調達法や，従業員の雇い方・働かせ方などを変えることによって以前よりはるかに安い値段で以前よりはるかに多くの種類の商品を生産できるようになるようなことが「適応能力の上昇」。社会の中に，企業での働き方や，商品の消費のし方などに対応する包括的な新たな価値観ができて，それが社会全体に広がることが「価値の一般化」。人々がこういった価値観ないし規範的枠組を内面化して新たな行動様式を身につけたり，企業や学校や報道機関や家族といった集合体が新たな価値に合わせて形を変えていったりすることが「包摂」。こういったプロセス全体が，パーソンズの考える社会の進化である。

　このように抽象度を落とした説明をすると，パーソンズの社会進化論がきわめて保守的なものに見えてくるかもしれない。だが，単線的進化を批判したパーソンズの理論上の立場からすれば，必ずしも近代資本主義社会だけが進化した社会だというわけではなく，その他のさまざまな方向への社会の進化もありうるということになる。この点は念頭に置いておかなければならない。

　上記から，パーソンズの社会進化論については，はなはだ大ざっぱではあるが，次のようにまとめられよう。まず，パーソンズにおける社会というシステムの概念は（次節で扱うルーマンのそれとは違って）国民国家とほぼ同義であり，論じられているのは実質的に国民国家という単位の進化である。そういう前提からすれば，社会が複数あるのだから社会の進化の筋道もまた複数ありうるということになる。また，パーソンズの文献において進化という言葉は，ある箇所では「発展プロセス」(developmental process) と言いかえられており，別の箇所では進歩的進化 ("progressive" evolution) という言葉も用いられているところからして，進化と，発展や進歩との違いが明確ではないように思われる。[15]

かなり回り道をしたが，ここまでの議論を踏まえて，いよいよルーマンの言う社会の進化へと話を進めることとしたい。

4 ニクラス・ルーマンの社会学理論における社会の進化

4.1 ルーマン「社会の理論」

ルーマンという社会学者は，通常，「社会システム理論」の第一人者として紹介されているが，彼自身が述べるところでは，システム理論は彼の研究の一部にすぎない。ルーマンの死の前年である1997年に世に出た大著 *Die Gesellschaft der Gesellschaft*（邦題『社会の社会』）をひもとくと，彼が自らのライフワークの表題として選んだのは当初から，「社会システム理論」ではなく「社会の理論」（Theorie der Gesellschaft）だったということが書かれている。[16]

この『社会の社会』は，「社会という社会システム」「コミュニケーション・メディア」「進化」「分化」「自己記述」という五つの章から構成されている。[17]「進化」に一章が割かれていることからもわかるように，ルーマンがその後半生を捧げた大事業である「社会の理論」の体系の中で，進化というテーマはたいへん重要な位置を占めている。

社会の進化について論じているという点では，ルーマンもスペンサーやパーソンズと変わらない。では，ルーマンの進化概念にはどのような点に特徴があるのか。これについては次項で述べる。

4.2 進化とメディア

まず，社会の定義に大きな特徴がある。ルーマンいわく，社会は人間個体の集積でも地理的な境界線で区切られるものでもない。彼は社会を，コミュニケーションという出来事の総体からなる包括的なシステム（あるいは，コミュニケーションという出来事を次々に生み出すコミュニケーションの総体）として定義している。したがってルーマンの着目する進化は，人類という種でも人間の集団でも人工物でもなく——定義上それらはすべて社会ならざるものであり，社会というシステムの「環境」である——社会という包括的なコミュニケーション・システムの進化である。

ルーマンにおいては，進化は「同質性から異質性への変化」でも「環境へのシステムのよりよい適応」でもない。彼の考える進化理論の基本命題は「低い蓋然性を，高い蓋然性へと変換すること」である（Luhmann 1997＝2009：476）。この命題を社会というシステムにあてはめて言えば，社会はコミュニケーションからなるシステムであるので，社会の進化を考える際に重要なのは，コミュニケーションという出来事においてみられる非蓋然性が蓋然性へと変換されることだということになる。

4.3　三つの非蓋然性とそれを軽減するメディア

非蓋然性（Unwahrscheinlichkeit［独］，improbability［英］）とは，「probability」が数学では確率と訳されることを踏まえれば何かが生じる確率の低さのことであり，「ありそうもなさ」と訳されることもある。蓋然的（probable）とは偶然の入り込む余地がないということであり，何らかの原因で何らかの結果が生じる法則が明らかで必然的だということである。これに対して非蓋然的（improbable）というのは，偶然の入り込む余地が多すぎて必然的とは言えないという意味であるが，不可能（impossible）ということではない。コミュニケーションに関して言えば，コミュニケーションという出来事が生じることそれ自体が，そもそも蓋然性が低いこと，必然的でないこと，「ありそうもない」ことなのだとルーマンは考える。

ルーマンはコミュニケーションの非蓋然性を次の三つに分けて考える。すなわち(1)理解の非蓋然性（通じることのありそうもなさ），(2)到達の非蓋然性（遠くへ届くことのありそうもなさ），そして(3)成功の非蓋然性（コミュニケーションにおいて自我が意図したことが他我に拒否されず受け入れられることのありそうもなさ）という三つである。要するに，誰かに何かを伝えようとしてもそう簡単には伝わらないし，誰かに何かをしてもらおうとしてもそうそうこちらの思い通りに動いてはくれない，ということである。これら三つの非蓋然性が，社会の形成に際しては蓋然的なものに変換されているということになる。

ルーマンは，これらのコミュニケーションの非蓋然性を蓋然性へと変換するはたらきをするもの全般を指して「コミュニケーション・メディア」と呼んでいる。三つの非蓋然性に即してまとめると，次の三種類のコミュニケーショ

ン・メディアがある。すなわち，(1)通じることの非蓋然性を蓋然性に変換するメディアの代表例が言語であり，(2)遠くへ届かせることの非蓋然性を軽減するのがルーマンの用語法では「流布メディア」。文字で書き記すことが発明されることで，コミュニケーションが目の前にいない者にまで，そして時間的・空間的に遠くまで到達する蓋然性が高まり，活版印刷術の発明によってその蓋然性がさらに高まった。出版，新聞，ラジオ，テレビといったマスメディア，郵便，電話，電子メール等のテレコミュニケーションを実現するさまざまなメディアはもちろん，その他，人や物を移動させる旅客輸送・貨物輸送も，コミュニケーションの到達の非蓋然性を軽減するという意味で流布メディアに相当すると言えよう。そして(3)他者に言うことを聞かせることの非蓋然性を蓋然性に変えるのが，ルーマンの用語法では「成果メディア」＝「象徴的に一般化されたコミュニケーション・メディア」（貨幣，権力，愛，真理，等々）である (Luhmann 1990＝1996：50-70; Luhmann 1997＝2009：224-225)。要するに，他者を意のままに動かしたければ，お金を払ったり，権力をちらつかせたり，愛情を注いだりすればよいということであり，そのような仕組みによって成り立つ領域（経済，政治，家族ないし「親密な関係」といった領域）が社会という全体的なコミュニケーション・システムの中に見出されるということである。

ルーマンに従えば，非蓋然性が蓋然性へと変換されていくこと，つまりありそうもないことが起こりうるようになっていくことが進化であるので，社会の進化において決定的な役割を果たすものは，これら各種のコミュニケーション・メディアだということになる。

4.4　社会という観察者

ルーマンが「社会の理論」を構築するために用いた道具はいくつかあるが，その中で最も重要なのは何かと言えば，システム理論を措いて他にない。システム理論と一口に言ってもさまざまなものがあるが，ルーマンの依拠するシステム理論は，彼自身の言葉では「自己言及システムの理論」(Theorie selbstreferentieller Systeme) である。この種のシステム理論の特徴は，端的に言えば「システムを観察者（認知機構）とみなす」というところにある。[18]

ルーマンが依拠したシステム理論については，しばしば「システムの閉鎖

性」がキーワードだとされてきている。だがこの閉鎖性という言葉が意味するところは，いわゆる「開放システム」（環境と境界を通じて新陳代謝することにより自らを維持するシステム）に対する「閉鎖システム」における閉鎖性，いわば，境界を隔てた外界との交流を拒み，自分の殻に閉じこもるようなイメージで語られる閉鎖性とは異なる。自己言及システムの閉鎖性とは，あるシステムが何かを「あるがままに」認知するのではなく，システムそれ自体の構造に基づいて「自律的に」（この意味で閉鎖的に）環境像を作り出すさまを指している。さらに，社会というシステムをコミュニケーションという要素からなり，コミュニケーションという要素を生み出すこと以外は一切行わない自己言及システムと捉えれば，コミュニケーションは社会というシステムの内部で完結しており，社会の外には一切存在しない。この意味でもシステムは「閉じている」。つまり社会というシステムは，二重の意味で閉じている（赤堀 1998）。

　社会というシステムを上記のような自己言及システムとして捉えようとすることの意味は，社会というものを，物事を自律的に観察するシステム（認知機構）とみなすところにある。つまり，社会は観察者である。これはアナロジーではない。要するに次のようなことである。コミュニケーションという出来事において，コミュニケートされうる意味内容は，コミュニケートされる事物それ自体を「あるがままに」反映しているのではなく，それまでにコミュニケーションが生じてきた履歴に依存する。今まで言われてきてこなかったことが言われることは，きわめてありそうもない。コミュニケーションされうることだけが社会が捉える世界の全体であり，コミュニケートできないことを社会は捉えることができない。「世界を言語が写し取るのではなく，言語が世界を作り出す」という考え方に近い。このように，社会は「観察するシステム」として，つまり観察者として捉え直されているのである。

4.5　システム理論と進化理論との結合

　以上のような意味でのシステム理論（自己言及システムの理論）を進化理論と結合させることで，従来の進化理論にどのような知見が付け加えられるか。これに関しては，次の二点が指摘できるだろう。

　第一に，進化の循環性という点である。ネオ・ダーウィニズムの前提から出

発すれば，進化は変異，選択（淘汰），再安定化という三つの契機からなる段階的プロセスであるが，システム理論（自己言及システムの理論）を踏まえれば，変異はシステムの要素（社会というシステムに即して言えば，コミュニケーションという出来事）の変化――とりわけ否定可能性の顕在化――として，選択はシステムの構造（社会というシステムに即して言えば，コミュニケーションを操舵しコントロールする予期）の変化として，再安定化はシステムの分化（社会構造に即して言えば，「環節分化」「中心／周縁の分化」「階層分化」「機能分化」）として，それぞれ捉えなおすことができる。この考えに基づけば，変異・選択（淘汰）・再安定化という進化の諸条件を，再安定化がさらなる変異の条件となるなど，循環的なかたちをとっている経過として理解される。システムの再安定化は，その次のさらなる変異の前提にもなるのである。

　第二に，進化と適応との関係の捉え直しという点である。パーソンズにおいては，進化は適応能力の上昇という契機を含んでいた。これに対してルーマンは，進化はシステムの環境への適応ではないとしている。では，適応でなければ何なのか。ルーマンは，進化を，システムが自らの構造を変え，環境それ自体ではなく環境の捉え方のほうを変えて，それによって環境像を変えていくプロセスだとしている。こう理解し直すと，進化概念は，システムの環境への適応から，システムの環境からの自律性（分離，独立）の確立へと意味合いが変わる。これを社会というシステムについて言えば，すでに述べたように，ルーマンの考える進化理論の基本命題が「低い蓋然性を，高い蓋然性へと変換すること」であることからして，低い蓋然性を高い蓋然性へと変換する（広義の）メディアの出現・変化によってコミュニケーション・システム（＝社会システム）の構造が変わり，それに応じてコミュニケーションが作り出す意味内容も変わっていく――こういったプロセスが進化として捉えられるようになる。

4.6　二つの進化

　上記の「進化の循環性」と「進化と適応との関係の捉え直し」という二点は，社会の進化にかかわる論点である。そしてルーマンの考えでは，社会の進化にはさらに二つの下位問題がある。それは「理念の進化」（Ideenevolution）と「社会の部分システムの進化」である（Luhmann 1997＝2009：612）。

「理念の進化」とは，口頭コミュニケーションから分離・独立して成立した文字によるコミュニケーションの領域において，全体社会の進化と区別される固有の進化が見られるかどうかという問題を指す[21]。そういった進化が見られるか，見られないかで言えば，「見られる」というのがルーマンの考えである。ルーマンはこの「理念の進化」を，主としてヨーロッパにおけるコミュニケーション・メディアの変化とのかかわりにおいて論じている。すなわち，文字の発明と，活版印刷術の発明が「理念の進化」の画期である。文字によって抽象的なコミュニケーションが可能になり，理念というものが生じる。そして印刷物によってさまざまな本を並べて読むことが，特に過去のテクストと現在の情報との比較が可能になる。こういったことが，理念というコミュニケーション領域固有の進化を促したのだという。また，近代社会成立以降のマスメディアの発展も当然，「理念の進化」と大いに関係しているということになる。

他方，「社会の部分システムの進化」については，ルーマンは，機能分化した社会という近代社会像に沿って，機能分化した社会の各部分システム（＝機能システム）ごとの進化を論じている。

経済システム，法システム，芸術システム，科学システム，教育システム，宗教システム，政治システム，医療システム，マスメディア・システム，近代家族や「親密な関係」などの機能システムは，それら独自の「メディア」を発達させ，そうして非蓋然的なものを蓋然的なものに変換させることで，社会の中でそれぞれ独自のコミュニケーション領域として自らを確立し，固有の進化を遂げたと考えられている。また，法，経済，芸術，科学，教育，宗教，政治，医療，マスメディア，近代家族等々といった互いにまったく異なるように見えるものを，それぞれ機能分化した社会の部分システムとして捉えることで，その進化のあり方を比較して研究することも可能になるだろう。

以上のように，システム理論と進化理論が結びつくことによって，多種多様な社会学的個別研究の可能性が新たに開かれるのである。

5　結論と展望

本稿で行ってきた議論を踏まえると，「これからの社会学にとって社会の進

化とはどういったものでありうるか,どういったものであるべきか」という本稿の冒頭で立てた問題については,次のようにまとめられるだろう。

　まず,まだ洗練の途上にあって不十分な点も多いとはいえ,進化理論それ自体は社会学にとっても大きな意味をもちうる。ルーマンのように,社会というものをコミュニケーションからなるものとして捉え直した場合にはなおさらである。したがって,非学問的な先入観によって進化概念を捨て去ることは,社会学にとって生産的とは言えない。

　次に,コミュニケーション概念およびコミュニケーション・メディアの概念と結びついた社会学的な進化理論は,ルーマンが構築しようとした「社会の理論」の体系と不可分であり,また,ルーマン亡き後の「社会の理論」に多大なる貢献をもたらす可能性をもっている。

　最後に指摘したいのは,社会学的な進化理論を構想し,これを精緻化するという学問的営為は,ただ社会学の外部からの理論枠組の導入(インプット)だけでなく,社会学という限られた専門分野から進化の一般理論へと何らかの貢献(アウトプット)を果たそうという意図の下でなされるべきだということである。社会学独自の領域について進化理論を構想しようとした点に関しては,スペンサーもパーソンズもルーマンも同じだった。社会学的な進化理論が進化していく方向は,ルーマンの所説に沿うならば,「進化上の成果」(非蓋然性から蓋然性への変換)をコミュニケーションおよびコミュニケーション・メディアの側面から解明することに尽きる。ただし,ルーマン理論の難解さを考えると,コミュニケーション概念やシステム理論によらない社会の進化についての理論の展開も,あるいは何らかのきっかけで蓋然性が高まってくることもあるかもしれない。

　いずれも負けず劣らず重大な問題である。だがルーマンその人は,情報技術革命の行方と21世紀のコミュニケーション・メディア(特に流布メディア)の激変を見ぬままにこの世を去った。今後,ルーマンが到達した地点からバトンを受け継ぎ,コミュニケーションやコミュニケーション・メディアの変化を見極めて,その時々の状況にふさわしい社会学的な進化理論を作り上げていくという仕事は,今の時代そして未来の時代に生きるわれわれに残された課題なのである。

注

(1) 19世紀末ごろには「野蛮から未開へ，未開から文明へ」という文化の単線的進化を論じる文化進化論というものも存在していたが，この文化進化論は社会進化論とは区別される。文化進化論については，平野（2000：40-47）を参照のこと。

(2) 本稿では，ルーマンの所説に関して，社会システム理論（social systems theory）という一般的な呼び名ではなく，社会学的システム理論（sociological systems theory）という言葉を用いる。そのおもな理由として，次の二点が挙げられる。第一に，社会システム理論という日本語は社会学という専門分野とは直接関係のないところでも用いることができ，実際に用いられてもいるのに対して，本稿では社会学という専門分野に限定して話を進めたいと考えているからである。第二に，社会学におけるシステム理論がこれまで，社会学の外部（特に生物学）から導入された，「もともと社会学ではないもの」として理解されてきていることに対して異を唱えたいからである。まず，生物学の対象だろうと何だろうと，学問分野の境界を越えて適用可能でなければシステム理論ではない。社会学の守備範囲に入っているもの（コミュニケーション，社会プロセス，そして「社会」そのもの）も，システム理論は扱えるはずであり，社会学の立場からシステムの一般理論へと接近することもありうるはずだ。こういった考え方が一目でわかるよう，本稿ではことさらに社会学的システム理論という言葉を用いる。

(3) 単に進化について「論じる」のではなく，学問的見地から進化の問題を理論的に取り扱っているというニュアンスを強調するために，本稿では「evolution theory」に対応する日本語として「進化理論」という言葉を使う。なお，社会進化論に関しては，「social evolutionism」という原語に理論という含意はないので，従来通り社会進化論という日本語を用いた。

(4) 「大きな物語」については，リオタールの『ポスト・モダンの条件』を参照のこと（Lyotard 1979＝1989）。

(5) スペンサーは30代後半のときに『綜合哲学体系』の構想を発表してスポンサーを募って執筆を始め，78歳でそのすべてを完成させた。この『綜合哲学体系』全10巻のうち，第6巻から第8巻までが『社会学原理』である。

(6) スペンサーその人も，病弱で，生涯独身で，暮らしも裕福ではなかったが，83歳まで生き延びた。

(7) ダーウィニズムと名づけられているが，もちろん，ダーウィンが人の自然淘汰，ましてや優勝劣敗・弱肉強食といったことを主張していたわけではない。

(8) 教科書などでしばしば米国における社会進化論の推進者とされているウィリアム・サムナーやレスター・ウォードにしても，一概に社会ダーウィニストと決めつけることはできない。本間（1975）および，そこで批判的に紹介されている歴史家リチャード・ホフスタッターの著作（Hofstadter 1944＝1973）を参照。また，本間の文章とともにサムナーやウォードの論文が収録されている『社会進化論』（アメリカ古典文庫20，研究社）も参考になる。

(9) 天賦人権説などを掲げ，それこそ「進歩的な」啓蒙思想家としてスタートした加藤だっ

たが，後年は天賦人権説を否定し，スペンサーの社会進化論に影響を受けた自由民権思想を攻撃するに至っている。
(10) もっともスペンサーに関して言えば，若いころには進歩も「同質性から異質性への変化」として定義しており，進化と進歩をあまり区別していなかったようである（Spencer［1857］1911＝1970）。
(11) 『社会的行為の構造』においてパーソンズは，理性の産物である科学的知識の累積的増加プロセスからみる社会変動を社会の進化と呼んでいる。また，実証主義と合理主義という二大伝統の両方の観点から進化思想を検討してもいる。すなわち，進化的変動は「環境条件へのよりよい適応」として定義づけられており，合理主義的伝統にあっては科学知識の応用による適応であり，実証主義的伝統にあっては変異と選択を通じた間接的適応であると述べられている（Parsons 1937＝1976：198-199）。
(12) これら2冊をまとめた概要書の題名はそのものずばり，『社会の進化』（*The Evolution of Societies*）である（Parsons 1977）。
(13) 原書にはただ「differentiation」としか書かれていないが，邦訳『近代社会の体系』では「機能分化」と訳されている。
(14) この「inclusion」も，そのまま訳せば「包摂」となるが，邦訳『近代社会の体系』では「包括（再統合）」と括弧書きが付されて訳出されている。
(15) もっとも，パーソンズが当該文献（『近代社会の体系』）において考察しているのは前近代社会から近代社会への進化に関してなので，進化概念が発展や進歩といったものと明確に区別されていないのも無理はないのかもしれない。
(16) 『社会の社会』の冒頭でルーマンは，1969年のビーレフェルト大学への赴任に際し，自らの研究プロジェクトに「社会の理論」という名をつけ，これをスタートさせたと述べている（Luhmann 1997＝2009：v）。
(17) 『社会の社会』の邦訳ではルーマンの用いる「Gesellschaft」というドイツ語を「全体社会」と訳しているが，スペンサーやパーソンズとのつながりを考慮して，本稿では「社会」と表記することにする。
(18) ルーマンの言う「自己言及システムの理論」の内容について，本稿では紙幅の制限もあって十分に論じることができない。詳しくは赤堀（2006）を参照のこと。
(19) 進化が三つの段階的プロセスを経るということについては多くの論者の見解は一致している。だが，変異，選択（淘汰）に続く三つ目の契機に関しては，再安定化よりも保持（retention）という言葉の方がより多く用いられているようである。
(20) ただし，「理念の進化」についても「社会の部分システムの進化」についても，「どちらの問題に関しても，現在の知識状況は貧弱と言うのもはばかられるほどのものである」というのがルーマンの見解であった（Luhmann 1997＝2009：612）。
(21) 「理念の進化」については，ルーマンの死後に *Ideenevolution* と題した論文集が編まれている。この論文集には，社会階層の概念，近代科学の生成発展過程，合理性の理念，理念史といったテーマを扱った論文が収録されている（Luhmann 2008）。

参考文献

赤堀三郎,1998,「社会システムの二重の閉鎖性」『年報社会学論集』11:225-234.

――――,2006,「社会システム理論における自己言及パラダイムの由来」『東京女子大学社会学会紀要』34:61-79.

Darwin, Charles, 1859, *On the Origin of Species by means of Natural Selection, or The Preservation of Favoured Races in the Struggle for Life*, London: J. Murray.(=2009,渡辺政隆訳『種の起源』[上・下]光文社.)

平野健一郎,2000,『国際文化論』東京大学出版会.

Hofstadter, Richard, 1944, *Social Darwinism in American Thought, 1860-1915*, Philadelphia: Univ. of Pennsylvania Press.(=1973,後藤昭次訳『アメリカの社会進化思想』研究社.)

本間長世,1975,「社会進化論とアメリカ」,ウィリアム・グレアム・サムナー,レスター・ウォードほか,後藤昭次訳『社会進化論』研究社,5-24.

Luhmann, Niklas, 1990, *Essays on Self-reference*, New York: Columbia University Press(=1996,土方透・大澤善信訳『自己言及性について』国文社.)

――――, 1997, *Die Gesellschaft der Gesellschaft*, Frankfurt am Main: Suhrkamp.(=2009,馬場靖雄・赤堀三郎・菅原謙・高橋徹訳『社会の社会』法政大学出版局.)

――――, 2008, *Ideenevolution*, Frankfurt am Main: Suhrkamp.

Lyotard, Jean-François, 1979, *La Condition postmoderne: rapport sur le savoir*, Paris: Minuit.(=1986,小林康夫訳『ポスト・モダンの条件――知・社会・言語ゲーム』水声社.)

Parsons, Talcott, 1937, *The Structure of Social Action: A Study in Social Theory with Special Reference to a Group of Recent European Writers*, New York and London: McGraw-Hill.(=1976-1989,稲上毅他訳『社会的行為の構造』[1~5巻]木鐸社.)

――――, 1966, *Societies: Evolutionary and Comparative Perspectives*, Englewood Cliffs, NJ.: Prentice-Hall.(=1971,矢沢修次郎訳『社会類型――進化と比較』至誠堂.)

――――, 1971, *The System of Modern Societies*, Englewood Cliffs, NJ: Prentice-Hall.(=1977,井門富二夫訳『近代社会の体系』至誠堂.)

――――, 1977, *The Evolution of Societies*, Englewood Cliffs, NJ: Prentice-Hall.

Spencer, Herbert, [1857] 1911, "Progress: Its Law and Cause," Reprinted in *Essays on Education and Kindred Subject*, London: Dent.(=1970,清水禮子訳「進歩について」『世界の名著 第36巻 コント スペンサー』中央公論社,397-442.)

[コラム] 円環から考える『丹下左膳餘話 百萬兩の壺』(1935)と『人情紙風船』(1937)

　二匹目のドジョウは大抵いないもので、「ツー」が「ワン」を、コピーがオリジナルを上回ることは少ない。

　山中貞雄監督の『丹下左膳餘話 百萬兩の壺』(1935)と『人情紙風船』(1937)にも同じことが言える。前者は、百万両の在り処を示した「こけ猿の壺」を探す柳生源三郎（沢村国太郎）と、壺を持つ孤児・ちょび安（宗春太郎）を引き取った丹下左膳（大河内伝次郎）、お藤（新橋喜代三）の騒動を描いた人情喜劇。隻眼隻腕で変な喋り方の左膳に、その左膳を尻に敷くお藤、ダメ人間の源三郎と登場人物は現代風に言えば「キャラ立ち」している。嫌だ嫌だと言いながら帰り道を送って行ったり、子供は嫌いと言いつつちょび安を可愛がったりする左膳は「ツンデレ」で、そうした言動不一致の数々は次第に「フラグ」化し、繰り返しの「天丼」もある。70年も前の作品というと身構えてしまいがちだが、おかげで安心して笑うことができる。

　対する『人情紙風船』は、とある長屋を舞台に、生活苦から父が世話した侍に取り入ろうとする浪人・海野又十郎（河原崎長十郎）と、地元ヤクザに反抗する遊び人・新三（中村翫右衛門）のまるで正反対の二人の物語を描いたもので、通夜にかこつけて宴会をやったり、恩人の子を邪険に扱ったりと、『丹下左膳』とは打って変わって、吹けば飛ぶ「紙風船」のような人情を映した暗い作品になっている。極端に少ない映画音楽が、妻に嘘をついたり、雨の中立ち尽くしたりする又十郎の悲哀を伝えている。

　両作はシリーズものの連作ではないが、2本の糸を1本により合わせるという構成の大枠が共通している。『丹下左膳』では、源三郎と左膳の別々の話がちょび安と壺を介して一つにつながるし、『人情紙風船』では、又十郎と新三の話がお駒誘拐で一つに結びつく。また、前者のラストでは歌や的の仕掛けなどで序盤の矢場のシーンが再現されているが、後者でも海野夫妻の心中は、冒頭の武士の自殺につながっている。どちらもエンディングがオープニングの繰り返しになっており、1本になった糸が輪を作っているようなイメージを受ける。

　輪によって閉ざされた空間は、それ自体で完結しているため、物語が綺麗にまとまって見える。しかし、これは諸刃の剣で、それ故に観る者は空間のスケールに敏感にならざるを得ない。両作を比べると、『丹下左膳』はコメディらしいはちゃめちゃな設定やデフォルメされたダイナミックな演技によってフィルムを大きく使っているのに対し、『人情紙風船』のリアルさや抑揚のなさが形作っているのは限定的で静的な

空間である。確かにそれは作中の陰鬱な雰囲気を強めてはいる。だが，どれだけ手入れされていても，こぢんまりとした「庭」の印象が否めず，「チト，サビシイ」と感じてしまうのである。

園田昌也（そのだ・まさや：慶應義塾大学文学部2年，2009年度当時）

コラム 今，注目されるべき日本映画『丹下左膳餘話　百萬兩の壺』（1935），
『鴛鴦歌合戦』（1939）

　古き戦前の革新的な時代劇は，閉塞感漂う現代日本に新たな風を吹き込むきっかけを提示する。『丹下左膳餘話　百萬兩の壺』(1935)は山中貞雄が監督を務め，ニヒルな片目片腕の丹下左膳（大河内傳次郎）をコミカルかつ親しみやすいキャラクターとして描いた丹下左膳シリーズの作品の一つである。お藤（新橋喜代三）と幾度にもわたり言い争いながらも結局は丹下左膳が折れる様子や，ちょい安（宗春太郎）をかわいがる様子は印象的である。一方，『鴛鴦歌合戦』(1939)は巨匠マキノ雅弘（撮影時は正博）によって制作された日本で初めてのオペレッタ映画と位置付けられている。当時の流行の最先端であるジャズを歌い踊る時代劇は，「日本のオペレッタ映画」として当時から評価されていた。どちらの作品も近代日本を代表する時代劇として挙げられる不朽の名作である。

　二作品に共通して言えるのは，人情をテーマとし，時代劇という日本を象徴する形態をとりながら，独自の要素を取り入れることに成功しているという点だ。『丹下左膳餘話　百萬兩の壺』における，コミカルさや親しみやすさは，それまでの丹下左膳のイメージに囚われず，彼を人々に好かれやすいキャラクターとして再構築している。その変化の度合いは，原作者の林不忘から抗議を受け，公開直前に「餘話」という言葉を付されてしまうほどの大きなものであった。同様に『鴛鴦歌合戦』も，オペレッタという形式と時代劇というジャンルを融合させることにより，西洋風のモダンなジャズミュージックを日本らしい伝統的な形式と融合させ，再構築がなされているといえる。

　両作品が描かれた1930年代は，明治維新から始まる経済発展がひとつの区切りを迎え，1929年から始まる世界恐慌による経済的疲弊を背景に，第二次世界大戦の混乱へと突入していく大きな転換期であった。これに伴って資本主義一辺倒の社会システムや戦争重視の政策への疑問が世の中にあふれてくる。『鴛鴦歌合戦』の監督であるマキノ雅弘が山中貞雄の満州での戦死を知った時に，「そのような人を失って何が戦争だ」と述べていることからも，社会情勢への疑問の色が伺える。しかしながら，不安定な社会情勢は同時に新たな芸術を生むエネルギーとなる。そしていつの時代においても，人気のある映画はこのような人々の深層心理を掴むものであり，人々の心情を代弁する作品が世間で評価されるのは当然であるといえよう。両作品は，どちらも非常に高価な「ツボ」が鍵となり「お金では得られない幸せ」を描くストーリーとなっ

ている。これには経済志向の世の中に「まった」をかける民衆の心理が反映されているといえるだろう。

　一方，現代の日本社会はどのようなものかといえば，第二次世界大戦後の一連の復興も平成バブルの崩壊とともに，経済は低迷。日本では戦争こそないものの，社会に対する疑問や不安が渦巻く閉塞的な状態である。これは1930年代と相似の関係にあるといえるだろう。ゼロからスタートした社会は，規模の拡大と発展，その後，低迷と閉塞という道をたどる。この様相を小川（西秋）は「ひと，もの，情報，環境，科学，技術，それ以外の有機体からなる集合生命を，同時に異なったあり方で緩やかに再配列する変動のプロセス」としてこれが「二重らせん構造の時間という再秩序化のルール」に基づいて行われると説明している（小川（西秋）2010：45）。つまり「歴史は繰り返す」のである。

　両作品はどちらも近代の欧米文化を取り入れたものであった。すなわち，日本の文化特有のジャンルである時代劇や人情劇と，コミカルな印象やジャズといった欧米の文化を融合させたものであった。これにより両作品はポストモダンの特徴でもある「複合性」を持つ結果となった。確かに両作品は単純明快な二項対立や矛盾のなさを強調するモダニズムの特徴のみならず，お金だけが幸せでないとする考え方やひとつのジャンルに収めることのできない複雑さなど，ポストモダニズムの性格も有しているといえる。モダニズムでは物事の性質を二項対立のように一次元的に捉えるのに対して，ポストモダニズムでは物事の性質を多次元的に捉える。「二重らせん構造」とはこの物事を構成する多数の要素から二つの要素を取り出して，その相互関係と時間変化を三次元的に捉える考え方であるといえる。『丹下左膳餘話　百萬兩の壺』について，「丹下左膳という作品性」と「社会・文化の志向」という二つの要素を取り出して再考すれば，この作品が2004年に津田豊滋監督によって『丹下左膳　百万両の壺』としてリメイクされたのは，その二つの要素が現代において再び相似な関係となり，二重らせん上に交点を形成した，と捉えることができるだろう。また『鴛鴦歌合戦』のように，人情劇という日本らしい主張をオペレッタという新しい形式で再構築させるというスタイルは，映画以外にも，現代日本の社会において，経済・法律・文化などの様々な方面で注目されうるものである。

　現代の日本社会に対して，近代末期のこれらの名作は何を訴えているのだろうか。それは，グローバル化や経済低迷という近代と現代の共通の問題の中にありながらも，独自のアイデンティティを再認識し，表現する精神にあると筆者は考える。『丹下左膳餘話　百萬兩の壺』と『鴛鴦歌合戦』という二つの作品は日本人の心を代弁するとともに，新たな文化をも取り入れ，人々の進むべく道を示そうとしているのではないだろうか。閉塞から次の閉塞へ，時代が一

巡りした今，これらの作品群はもう一度注目されるべきだろう。

　　村上一歩（むらかみ・かずほ，慶應義塾大学商学部 3 年，2010 年度当時）

引用文献

小川（西秋）葉子・川崎賢一・佐野麻由子（2010）『〈グローバル化〉の社会学——循環するメディアと生命』恒星社厚生閣.

第3章　生物と文化の多様性

　山中伸弥博士のノーベル医学・生理学賞受賞を機に，生命，遺伝子といったものへの関心が高まっている。これらに関する知識を人類はこれまでにどのようにして蓄積してきたかを解説した「生命情報学」はまさに時宜にかなっている。

　今から約半世紀前，世界の文化は西欧もしくはアメリカ文化によって統一され，画一化されるという悲観論（「文化帝国主義論」）が横行した。しかし，非西欧諸国も，経済的・技術的手段を身につけるにつれて，自らの歴史体験，地理的条件等に合った独自の近代文化を発展させ，世界の文化を多様にするということを「国際文化政策」と「韓国の情報統制史」は示唆している。

　本章所収の2篇のケーススタディはいずれも，女性を排除しない真に民主的な秩序の可能性を，女性の身体性にさかのぼって考察している。「ハイブリッドとしての女性と民主主義」は，モノとしての女性の排除を前提としているH. アレントの公共性論を，主体とモノのハイブリッドからなるネットワークという構想によって乗り越えようとしている。「北の女性と南の女性」はネパールでのフィールドワークにもとづいて，飄々と生きる南の女性の北の女性とは異なる戦略を描いている。

1 生命情報学 bioinformatics

中川 草

　生命情報学（bioinformatics）とは，「ゲノムや遺伝子，蛋白質構造などの生命現象に関連する情報を扱う分野」である。バイオインフォマティクスという用語はポーリン・ホーフウェフとベン・ヘスパーによる造語で，元来は生命システムにおける情報処理を扱う学問分野を指していた。

■生命情報学の歴史

　生命情報学の歴史を紐解いてみると，その原点は1865年のグレゴール・メンデルの遺伝学の法則に行き着く。しかし，メンデルの発見は当時あまり反響を呼ぶことがなく，1900年に3人の学者によってそれぞれ独自に再発見されるまで世に広く知られることはなかった。メンデルの法則に基づいて遺伝継承と種の多様性を研究する学問分野を「遺伝学」とウィリアム・ベイトソンは定義づけた（1906年）。1909年にはウィルヘルム・ヨハンセンが細胞内で形質を伝達する物質を遺伝子と呼ぶことを提唱し，1920年にハンス・ウィンクラーが染色体に含まれる遺伝子の全体という意味で「ゲノム」という言葉を作った（その後に，生物が生きてゆくのに必要な遺伝子セットの全体，と木原均は再定義した）。実際に遺伝情報を保持する媒体がDNA（デオキシリボ核酸）という高分子であるという発見は1944年のオズワルド・アヴェリーらによる。そして，1953年のジェームズ・ワトソンとフランシス・クリックによるDNAの二重らせん構造の発見により，生物の遺伝情報の保存方法と複製の鍵，すなわちDNAからRNA（リボ核酸，DNAと似た高分子化合物）へと情報は転写され，それから蛋白質（アミノ酸）へと翻訳される，という生命情報の流れ，セントラルドグマ（中心的教義）が示された。DNAとアミノ酸が対応する遺伝暗号のコードが解明されたのは1966年であった。1977年にはDNA配列の簡便な解読方法がフレデリック・サンガーらにより開発され，DNAを中心とする生命情報が引き続き現在まで蓄積されている。

■生命情報学の発展

　DNAやアミノ酸配列の情報が世界各地で解読され配列データが増加するに伴い，それらを収集・編集して世界に提供するデータバンクの必要性が世界中で叫ばれるようになった。1980年4月，西ドイツ（当時）にてその役目を担うEMBL DNAデータバンク準備室が創設された。現在ではイギリスのケンブリッジ近郊にあるEBI（欧州バイオインフォマティクス研究所）にて活動を続けている。1982年には，アメリカのロス・アラモス国立所内に第二のDNAデータバンクGen-

Bank が設立され，1988年には NIH（国立衛生研究所）の中の NCBI（国立バイオテクノロジー情報センター）に移された。1986年には日本にも国立遺伝学研究所内に DDBJ（日本DNAデータバンク）が設立された。現在でもこれら三つのDNAデータバンクは連携し，世界中に無償で配列情報などを公開する活動を続けている。

また，同時に生命情報を解析する技術も開発されていた。任意のDNA，またはアミノ酸配列に対して，それと類似度の高い配列を検索するため，「動的計画法」を用いた「ニードルマン―ウンシュ法」が1970年に，それを基にして特に局所的に類似度が高い領域を見つける「スミス―ウォーターマン法」が1981年にそれぞれ発表された。現在でも広く用いられるDNA，もしくはアミノ酸配列の類似配列の探索プログラム BLAST もスミス―ウォーターマン法を一部用いている。このように，生命情報を解析する統計学的手法，アルゴリズムやコンピュータプログラムなどの研究開発がデータ量の増加と相まって進んでいる。

DNA 配列などの生命情報から何がわかるのだろうか。その答えの一つは分子進化学にある。1962年にエミール・ズッカーカンドルとライナス・ポーリングは，ヘモグロビン α 鎖（赤血球中に存在する酸素を運ぶ蛋白質）のアミノ酸配列を比較し，そのアミノ酸置換数が分岐年代と比例するということを発見した。この現象は分子時計と呼ばれ，後に木村資生によって提唱された「分子進化の中立説」により理論的に裏付けられた。この後，1967年にウォルター・フィッチとエマニュエル・マルゴリアシュは，酵母からヒトまでの20の生物種のシトクロム c（ミトコンドリア由来の遺伝子の一つ）のアミノ酸配列を比較し，平均置換数を元に樹形図を作成した結果，種の系統関係に非常に近い樹形図を得た。わずか100数個のアミノ酸の配列比較から種の関係性が明らかになったことから，当時はこの手法や結果に懐疑的な意見も多かったが，現在では広く受け入れられている。

■今後の生命情報学

2003年にヒトのゲノム配列のほぼ全ての配列の解読が宣言された。これは15年がかりで30億ドル以上かけた国際プロジェクトであったが，2012年現在ではヒトの個人ゲノム配列の解読は一般企業のサービスを用いて4400ドルでできる。これはDNAの塩基配列を読み取る装置，シーケンサーの技術革新によるところが大きい。実際に2012年6月現在にはDDBJには1410億を超えるDNAの塩基情報が登録されている。そのおよそ20年前，1992年に DDBJ/EMBL/GenBank のデータ共有が始まった当初は7780万塩基程度であったことを考えると，そのデータ増加量は凄まじい。DNA 配列以外にも蛋白質の立体構造，代謝産物の経時変化など，様々な生命情報は増加の一途をたどる。そのような"ビッグデータ"に対していかに対応していくのか，生命情報学の目下の大きな課題の一つである。

2 国際文化政策 international cultural policy

川崎 賢一

■文化政策の起源と展開

　社会学における文化政策は，国民文化，エスニシティ，ジェンダー等で広く使用される。重要な分野は，公共政策（public policy）としての側面であり，主に芸術文化政策（arts policies）の分野で使用されてきた。そして，近年文化産業・コンテンツ産業・ICT産業などと合流し，さらにポピュラー文化とも融合しつつある。元々の成立経緯と背景は複雑である。起源は近代以前の資本家・権力者等のパトロネージにあり，近代に入り，国家的な政策対象に変化してきた。しかし国家内的要因と国家間的要因がある。前者は国家内部での雇用対策や都市計画と結びつけて登場する。アメリカのニューディール政策はその起源で，同時にヨーロッパでは，第二次大戦後の都市的復興の際に文化的計画（cultural planning）と呼ばれた。後者は文化関係，後に国際文化交流（international cultural exchange）と呼ばれる分野に成長する。19世紀末から20世紀の前半に国際文化交流機関が次々に設立された。これがもう一つの起源である。

　その後，グローバル化が進行し，1980年代半ば以降プライバタイゼーション（民営化）が文化領域でも進められた。その際，国家の役割の重要性により三つのタイプが存在する。最初はアメリカ型で，民間主導型である。次に，中間型があり，中央政府と地方政府の役割の重要性やそのやり方により，多様なバリエーションがある（例：イギリス，フランス，ドイツなど極めて個性的であるし，日本もここに入る）。最後は，アジア型で，国家が文化政策に大きくかかわり，芸術文化活動ならびにインフラ整備も受け持つタイプである。ただ多くの場合は，言論統制や芸術的表現の制限を伴う。シンガポールは，成功例であり，他に韓国，中国，台湾，タイ，マレーシア等がある。

　芸術文化中心の文化政策に転機が訪れたのは，1990年代後半である。ポピュラーカルチャーを中心とする文化産業・コンテンツ産業が，重要な政策対象となってきた。1996年から97年にかけ，アメリカのクリントン元大統領の政策やイギリスのブレア元首相が提唱したクール・ブリタニア政策が最初であった。その後，東アジアや東南アジアでも類似の政策がとられるようになった。その中で有名なものは，韓国の金大中元大統領の提唱した太陽政策（1998）であり，中国では2001年に北京大学内に文化産業研究所が設置され，本格的な文化政策がとられるようになった。ちなみに，日本では2005年に小泉元首相がクールジャパン政策を

打ち出し，2010年以降に本格化した。ともかく文化政策は，文化外交・文化交流的側面が加わり，大きく転換しようとしている。

■国際文化政策：ユネスコを中心に

　国際文化政策は，国家レベルの文化政策を基盤として，20世紀後半より確立・展開しつつある。国際レベルでは，国家間の文化交流，トランスナショナルな文化政策（EU・ASEAN等）がある。また，グローバルには，ユネスコ（UNESCO）の半世紀以上にわたる活動がある。それでは，ユネスコの文化政策を概観しよう。ユネスコは，元々国際連盟下で，知的協力に関する国際委員会（ICIC, 1922年）とNGOの先駆けでもある教育に関する国際事務局（IBE, 1925）を母体とし，1945年に37か国により創立された。元々，教育・科学・文化を促進することで，平和と安全保障を支えることを目的としている（日本は，1951年に加盟した）。その活動には，①アメリカの文化的生産物の自由貿易的取り扱い（WTOなど）への一貫した志向が強いこと，②アメリカ対ヨーロッパ（特に，フランス文化），③先進国対発展途上国という，立場の違いが色濃く反映されていて，1980年に出されたマクブライド報告を機に，対立が表面化し，アメリカ・イギリスなどがユネスコを脱退することになった。

　その後，90年代に入り，関係改善が図られ，イギリスは1997年に，アメリカは2003年に復帰した。特に，松浦事務局長（1999-2009年）時代に，その改革が進んだ。画期的成果の一つは，2001年の第31回ユネスコ総会で出された「文化の多様性に関するユネスコ宣言」であった。全部で12条からなる宣言は，次の四つに要約される。①文化の多様性は人類共通の遺産である，②文化の多様性は確固たる文化多元主義を生み出す，③文化の多様性は開発の一つの要素である，④文化の多様性を守ることは人権の尊重と結びついている。また，9条では「創造性の触媒としての文化政策」が認められることになった。そして，2005年に，アメリカ等の反対にもかかわらず，フランスとアメリカ文化に一貫して悩まされているカナダ等を中心にして，「文化的表現の多様性保護条約」が圧倒的多数で可決された。37条からなり，文化政策もここできちんと定義され，国民国家以外にも文化政策がとりうると条文に盛り込まれた。その内容は，通常の文化政策よりも対象範囲が広く，〈柔軟性〉を特色としている（例：法・行政・財政の領域，芸術教育，文化交流，文化遺産，ファインアーツ，伝統芸術，メディアと文化産業等）。この後，関連の政策がとられるようになった（例：情報社会世界サミット（WSIS：2003年開始，4回開催），や2004年に創立され，現在32都市まで加入の広がった the Creative Cities Network（2004年開始，32都市が加盟），等）。

3 韓国における情報統制史
history of information control in Korea

尹　韓羅

　国が情報を統制する場合，一般的には，情報へのアクセスを制限するという手段が考えられるが，他方で，ある特定の情報を広く普及させる方法もある。何故なら，計画的に，ある知識や情報を人々に共有させることが，権力者にとって好ましい政治的，経済的，文化的状況を作り上げることになるからである。そのため，社会を支配する人々は，一般の人々に支配権力の正当性に対して疑いを抱かせるような知識や情報が普及することを防ぎ，逆に，既存の社会秩序を支えるような思想を普及させるために，書籍をはじめとするメディアを独占し，統制しようとして様々な方策を講じてきた。

　韓国の場合，1960年から1980年までの軍部政権下で言論に対する統制が厳しかった。軍部政権は同時期に，反政権的な性向のジャーナリストを大量に解雇すると同時に資金を提供することでメディアの報道内容に関与を強めた。特に，1980年にクーデターを起こした新軍部によって新聞・放送の合併が強要され「権言癒着」という構造が作られるようになった。政府は特に「報道指針」を通じてメディアの内容の詳細までコントロールしようとした。さらに，1980年には東洋通信，合同通信を合併した聯合通信を設立しニュースによる統制を強めた。韓国におけるこのような情報統制は古くから行われていた。朝鮮王朝時代（1392-1910年）には，儒教思想という情報を普及させるという統制方法を取り，国を支配していた。

■朝鮮時代における情報統制

　朝鮮王朝時代の情報（書籍）の流通は限られ，国が出版事業を独占し，書籍の出版と普及を管理していた。国家理念の儒教による文治主義を実現するために，高麗時代の科挙試験科目であった仏教を廃止し，儒教経典を試験科目として定めた。また，国王は臣下と共に儒教経典の内容を学習し，国の統治について論議する經筵制度も導入した。これらの制度的装置に基づき文治主義を実現させる上で好都合な情報を普及させる手段として書籍が使われた。

　その一例として，1786年から1808年まで西学関連書籍の輸入を禁止しながらも，その間，政府の指導下のもと，天文関連の西洋書籍は輸入し続けたことが挙げられる。農業国家である朝鮮では，伝統的な暦法の機能を果たすこと，つまり適期に農業を始めさせるために正確な日にちを民衆に教えることが帝王の神聖な任務とされていた。正確な暦を作成するため，既存の慣習や常識さえも覆し，政府主導で天文関連西洋書籍を輸入し続けたのである。

一方，書籍を重視する政策は，書籍発行への介入と統制という別の一面も持ち合わせていた。書籍は国を統治するための貴重な手段であるが故に，それを通じて普及する情報を国家の統制下に置こうとしたのである。その結果，朝鮮の全統治者は，どんな書籍を，誰が，どこで出版するかを決定し，該当する部署にその管理を委ねた。こうすることによって，各地方でどの書籍が，どれだけの量が流通しているかを把握することができ，その上で，書籍の需要と供給を調節しようとした。さらに，儒教の伝統に少しでも害を及ぼす内容が含まれている書籍が見つかった場合は直ちに没収し，流通を止め，時には燃やした。ところが，その後，政治構造の変化などによって情報流通経路が拡大したことで朝鮮政府による統制が行き届かなくなり，16世紀半ば以降には民間の手で発行された書籍が流通しし始めたのである。

■ コミュニケーション経路の拡大と情報統制の強化

　朝鮮の政治構造は国家理念である儒教思想，朱子学の認識論の基礎である性理学の理一分殊説が軸となっている。理一分殊説は，現実の「差（分殊）」を強調しながら，その差を全体的に融合，統一させる「一つ（理一）」を強調している。つまり，君王と臣僚または民が区別されることで，君王の地位が保障されたのだ。そのため，朝鮮時代を通じて性理学の解釈とコミュニケーション経路を誰が制覇するかによって政治構造及び政治コミュニケーション体系が左右された。

　主に君王の使臣選択権を恣意的に行使できる場合は，君王中心的な政治体制となり，政治的なコミュニケーションの体系は上意下達的に整備される。その反面，君王の使臣選択権が制限され，儒者の民意解釈権が強化する場合は，使臣中心の政治体系へと変化し，政治的コミュニケーション体系は下意上達的と変化する。

　要するに，統制下にあった書籍が民間に流通しはじめた背景には政治構造の変化が大きく関わっていたのだ。政治構造の変化に伴い政治コミュニケーションが君王→使臣→民衆への上意下達的コミュニケーション（トップダウン）から，使臣→王または民衆→王という下意上達的（ボトムアップ）コミュニケーションへと変化していく過程にて，多くのコミュニケーション経路が生まれた。そのため，支配されていたコミュニケーション経路は非支配層にも拡大し，非支配層は独自のコミュニケーション経路を通じて朝鮮政府に対抗する情報を流通させるまでとなる。そのため，支配側は非支配層を制圧するため，不適切な情報の弾圧を行った。このように情報を制覇することは統治の軸とされ続け，現代韓国の政治にも深くかかわっているのである。

第3章　生物と文化の多様性

キーワード　参考文献

1　生命情報学

Gojobori, T., Nakagawa, S., Clemente, J. C., 2009, "DNA Sequence Analysis," *Encyclopedia of Life Sciences,* New York: John Wiley & Sons.

Hogeweg, P., 2011, "The roots of bioinformatics in theoretical biology," *PLoS Computational Biology,* 7, e1002021.

木村資生，1988，『生物進化を考える』岩波書店．

Graur D., Li, W. H., 2000, *Fundamentals of Molecular Evolution, Second Edition,* MA: Sinauer Associates.

Mount, D., 2004, *Bioinformatics: Sequence and Genome Analysis, Second Edition,* New York: Cold Spring Harbor Laboratory Press.（＝2010, 岡崎康司ほか訳『バイオインフォマティクス　ゲノム配列から機能解析へ　第2版』メディカル・サイエンス・インターナショナル．）

小川（西秋）葉子・川崎賢一・佐野麻由子編著，2010，『〈グローバル化〉の社会学――循環するメディアと生命』恒星社厚生閣．

舘野義男，2008，『バイオインフォマティクス　生命情報学を考える』裳華房．

2　国際文化政策

文化庁，2006，「特集文化の多様性」『文化庁月報』No. 448：10-21．

後藤和子編，2001，『文化政策学――法・経済・マネジメント』有斐閣．

河島伸子，2009，『コンテンツ産業論』ミネルヴァ書房．

松浦晃一郎，2004，『ユネスコ事務局長奮闘記』講談社．

Schorlermer, S. von & Peter-Tobias Stoll eds., 2012, *The UNESCO Convention on the Protection and Promotion of the Diversity of Cultural Expression: Explanatory Notes,* New York: Springer.

佐々木雅幸・河島伸子・川崎賢一編，2009，『グローバル化する文化政策』勁草書房．

大澤真幸・吉見俊哉・鷲田清一編，2012，『現代社会学事典』弘文堂．

http://www.unesco.org/new/en/unesco/about-us/

3　韓国における情報統制史

Anderson, B., 1983, *Imagined Communities: Reflections on the Origin and Spread of Nationalism,* London: Verso.（＝1997, 白石さや・白石隆訳『増補　想像の共同体――ナショナリズムの起源と流行』NTT出版．）

Eisenstein, L. E., 1983, *The Printing Revolution in Early Modern Europe,* Cambridge: Cambridge University Press.（＝2001, 別宮貞徳監訳，小川昭子・家本清美・松岡直

子・岩倉桂子・国松幸子共訳『印刷革命』みすず書房.)

Guglielmo C. and Roger C., 1999, *A History of Reading in the West,* Cambridge: Polity Press in association with Blackwell Publishers.(＝2000, 田村毅他訳『読むことの歴史——ヨーロッパ読書史』大修館書店.)

本多周爾, 1997,「国家」『マス・コミュニケーション研究』50：111-118.

伊藤陽一, 1999,「メディアの歴史と社会変動」『コミュニケーションの仕組みと作用』大修館書店.

彭元順, 1991,『韓国のマス・メディア』電通.

尹韓羅, 2008,「朝鮮後期における書籍統制と民衆思想の関係についての一考察——西学及び東学の普及と統制を中心として」『KEIO SFC JOURNAL』慶應義塾大学湘南藤沢学会, 7(2)：56-66.

尹韓羅, 2012,「朝鮮後期における情報統制——西学の独占と統制」『メディア史研究』31, ゆまに書房：130-151.

第3章 ケース・スタディ 1

ハイブリッドとしての女性と民主主義
――身体の多元的秩序の形成のために

長野 慎一

1 目的・方法

　本稿は，身体が多元的に現れうる秩序を真の民主主義的なそれととらえることを出発点とする。その上で，諸関係の民主化に資する実践とは何かを構想したい。本目的の一環として，非民主的諸関係におかれうるモノの典型として，女性の身体に焦点をあて理論的に考察する。

　山下孝子（2011）の指摘の通り，女性と政治との関係を理論的に分析する文脈では，〈政治への参加資格を有する主体たる男性〉と〈政治から排除されモノとして貶められる位置にある女性〉との関係が主題化しうる。山下は，アクター-ネットワーク理論（Actor-network theory, ANT）を参照しつつ，女性をモノとして貶め排除することが，男性を主体とする民主政の可能性の条件になりうることを指摘している。本稿はこれらの問題構成を受け継ぎつつ，各々の身体が同等の価値で世界に存在しうるための対話のあり様を追究する。

　はじめに，H.アレント（Hannah Arendt）の政治概念を〈モノとしての女性〉との関係で論じ，その限界と可能性を確認する。この予備的考察の後に，〈モノとしての女性〉が，アレントがいう対話としての政治に出現する際の様態について，J.バトラー（Judith Butler）のパフォーマティヴィティ概念を参照しつつ論じる。ここでは，自らに不利な権力と文化の布置の中でモノとしての女性がモノとしての自己に関する対抗的発話を開始するときの様態はいかなるものかを問う（第3節）。さらにB.ラトゥール（Bruno Latour）（ANTの主要な論客）およびD.ハラウェイ（Donna J. Haraway）のハイブリッド概念をもとにして，物質としてのセックス自体の被媒介的性質を，自然，記号，社会関係，科学技術との関連で確認する。その上で，パフォーマティヴィティ概念を再定位し，対話をより開かれものにするパフォーマティヴィティの担い手としてハラ

ウェイがいう〈サイボーグ〉を位置づけなおす（第4節）。最後に，アレントのいう政治概念に立ちもどりつつ，諸関係の範域が国民国家に還元できない点を踏まえ，異質な要素の網目としてグローバルに広がるネットワークの民主化のあり方について素描したい（第5節）。

2 対話としての政治から排除される〈モノとしての女性〉

『人間の条件』では，古代ギリシアのポリスに関する分析を通して〈公的領域での活動としての政治〉の理念が追究される。それによれば，政治の名に値するのは，各人が還元不可能な「主体としての自己，他人と異なる唯一の人格としての自己」を，同等者として，相互に披瀝しあう集合的行いである。それは，各人が主人公を演じるユニークな「生涯の物語」が編み込まれると同時に，各人の生涯を越えて広がるより大きな物語の創出の作業でもある（Arendt 1958＝1994：65, 298, 302）。他方，公的領域から峻別されるべきは私的領域と呼ばれる。私的領域は，剥き出しの生命の衝動が支配する領域であり，公的領域で〈輝く〉ためには，そこに持ち込むべきではない〈暗い〉領域である。前者は「自分がだれであるかを示し，そのユニークな人格的アイデンティティ」（「何者」who）を演じあい「世界」を創造する共同の場であり，「肉体的アイデンティティ」（「何」what）を持ち込むべきではないところなのである（Arendt 1958＝1994：291-293）。

だが，このモデル化は輝ける領域の成立条件を看過する点で問題である。政治という活動自体が，その自己同一性の持続をかけて「肉体的アイデンティティ」の構築に関与している。第一に，自由に発話する主体としてアレントがいう政治に参加するためには，参加者は常に自己を〈モノとしての男性〉として呈示し合うことが義務づけられる。つまり，政治がその名に値するために政治はその役割の遂行に相応しい肉体的アイデンティティを必要とする。

同時に，語る男に相応しくあるために彼は生命の持続のために必要な労働から解放されている必要がある。そこで政治の語られない条件の第二の側面が露わになる。彼は彼の労働を肩代わりする他者を私的領域において言葉のない客体として扱うことが許容されているのでなければならない。〈モノとしての女

性〉であることは，〈彼女〉が私的領域に幽閉され〈彼〉のための労働を強制される根拠になりえたのである。なるほど，アレントは，物語を紡ぐ主体が公的領域に出現するための条件として，主体と客体の非対称的関係としての「暴政」（Arendt 1958＝1994：325-326）が私的領域でまかり通ることを指摘した。だが，政治が政治外の領域と見なした領域でまかり通る暴政を放置することによって暴政を再生産する点には無頓着なようだ。

　だからこそ「何者」（who）を「社会的なもの」の行政的管理の一環に還元してしまう近代的諸関係に対する批判は，各人が「何者」（who）かになるための対話は，己が「何」（what）であるのか，翻って「何」（what）でないのかを共同的に構築する活動でもあるという事実を前提として受け入れた上で，「何」の構築過程をいかに「暴政」から遠ざけ「政治」に基づかせるかによって立つべきである。アレントは，「リアリティを暴露するために用いられ」る「言葉」や「関係を樹立し新しいリアリティを創造するために用いられる」「行為」において発現するものとして，「権力」を概念化する（Arendt 1958＝1994：322）が，〈単一の普遍〉に還元不可能なモノの秩序形成に資するものとして，この「権力」を位置づけることをしなかった。そこで残された課題は，B.ホーニッグ（Bonnie Honig）が言うように，本質主義的な「何」の解釈に基づくアイデンティティ・ポリティクスを，アレントのごとく，警戒するだけではなく，「誰」と切り離せない身体の「多面性と複数性」の集合的な生成について論じることであろう。これを論じる位置にバトラーのパフォーマティヴィティ論がある（Honig 1995＝2001：211-215）。本稿では，さらにホーニッグが焦点を当てない概念「構成的外部」に着目し，〈モノとしての女性〉をいかに脱全体主義的に語りなおしうるかについて論じたい。このことをもって，モノに関する文化的資源がいかに非民主的に配分されうるか，さらに，非民主的に構築された政治領域に対する民主的な異議申し立てに際してモノの出現がいかなるものかを明らかにする。

3 〈モノとしての女性〉の非正統的な語り

3.1 マテリアリティとパフォーマティヴィティ

　バトラーの理論では，モノの自己同一性は〈行為遂行的な〉言語行為の結果，生じるとされる。「行為遂行的」(performative) は，言語哲学者 J. L. オースティン (John L. Austin) の造語であり，「発言を行うことがとりもなおさず，何らかの行為を遂行すること」を意味する (Austin 1962 [1975] = 1978 : 11)。彼女はこれをセックスという記号を軸に展開する身体に関する表象の分析に応用する。すなわち，〈それ自体の権利において自己同一的な指示対象が言語に先立って存在している〉との言語による措定行為が，件の指示対象を言語の外部（あるいは以前）の存在者としての地位に就任させる。

　さらに，過去から連綿と続く言語行為の集積体としての言説に照らして，適切に言葉を引用していることによって，件の指示対象について語る能力をもつ主体も成立する (Butler 1993: introduction)。同時に，パフォーマティヴィティは，自己同一的な領域のみならず〈これと相関的関係にある非―自己同一的な領域〉を成立させる運動でもある。つまり，〈語る主体〉に対して〈現れる物質〉のみならず〈現れない（あるいは，難い）物質〉が設定される運動である。そこで，バトラーは，実体としての物質と区別して，パフォーマティヴィティの結果として成立する物質の様相を指して，「物質性」(materiality) と呼ぶ。「物質性」は，自己同一的な存在者として実体化される物質を表す場合に使用されているだけではなく，そのようなものとして措定されずに，現前化を禁止されている物質の様相を表すためにも使用されている (Butler, 1993 : 34-35, 38 ; 長野 2011b)。

　では，モノの同一性が，パフォーマティヴィティの帰結であるとの命題が，モノと主体性の関係に関してもつ政治的意義とは何か。第一に，モノの所与性は，まさにそのようなものとして措定する行為に支えられる「暴政」（語る能力の欠如を基調とする）(Arendt 1958 = 1994 : 326) の持続のために，調整された言説の所産であるという可能性が露わになる。それは，既存のモノについての語りは「自然」の名を借りた文化的命令であるとの認識が生じうることを意

味する。もはやモノの既存の定義は主体の人生の行路を運命づける所与ではなくなるのである。第二に，このことは，語られていないがゆえに現れていないモノの可能的な世界を想起させる。結果，別様にモノとしての自己について語る可能性が，いまだ具体的にいかに語るか彼女の中で体系だった言葉になっていないにしても，やはり語りに参与する主体としての彼女に現前しうる。

3.2　構成的外部と行為遂行的矛盾（パフォーマティヴ・コントラディクション）
3.2.1　〈モノとしての女性〉について語ることの袋小路

とはいえ，既存の社会関係を可能にするためにモノとしての女性の表象が既存の文化の内側で特定の地位を占めているときに，モノとして存在するはずがない女性のある種の性質を言挙げすることには困難が伴う。この表象困難な領域こそ，パフォーマティヴィティの結果として語りえないものとされる領域，つまり「構成的外部」(constitutive outside) である (Butler, 1993 : 35, 39 ; cf. Derrida, 1972＝2002 : 95-96)。

バトラーは L. イリガライ (Luce Irigaray) をはじめとする他のフェミニズム研究者と同様に女性の身体を不在にするある種のヘゲモニーを措定する。そこでは，女性の身体は〈〈男性〉が己のセクシュアリティを確証するための他者という位置〉に留めおかれる。ゆえに，男性／女性を主体／対象，あるいは，精神／身体に対応させる構図は不正確である。というのも，女性の身体は，言葉の主体としての地位を奪う根拠と見なされるばかりか，〈男性〉を主体として位置づける言説の編成においては，正確には表象不可能なものとして，対象としてすら不在であるからだ。[4] 結局のところ，主体／対象の両側面で自己同一的であるのは，〈男性〉のみなのである (Butler 1990＝1999 : ch. 1, 1993 : ch. 1)。

語る主体にしてみれば，自らに先立つ言説の秩序に沿う形で，語ることが憚られる身体のあり様について，語りえぬものとして語ることで，真理を語る主体の地位を維持している。だから，語る主体としての地位を確実に約束する条件は，沈黙なのである (Butler 1993 : introduction and ch. 1 ; 長野 2011b)。しかし，これは〈女性〉にとっては袋小路である。アクセス可能な言説が，理念化された〈男性〉の身体を基準にするものであるならば，結局〈女性〉は語っていても，自己の身体について，語りえない。くわえて，沈黙への加担によ

り，語りの主体としても，対象（モノ）としても，自らの従属的な地位を再生産してしまう。コミュニケーションへの真の参加のためには，沈黙を破り，言説の編成の変更の契機を切り開く機会が必要となる。

3.2.2 〈モノとしての女性〉について語ることの可能性

だからこそ，「構成的外部」があたかも存在しているかのごとく語る「行為遂行的矛盾」（performative contradiction）が重要性を帯びる。これが政治参加の拡大にとって要となる理由は，正統な言説にあっては理解可能性の点で包摂困難な〈モノとしての女性〉に息づくマテリアリティの新しい布置を産む契機でありうるからだ（Butler 1990＝1999：207, 1993：53, 1997＝2001：140）。[5]

だが，沈黙を破ることは二つの意味でリスクを冒すことである。第一に，既存の言説の内部では，ポジティヴに（積極的または／かつ実証的に）証明することが困難なマテリアリティについて語ることを引き受けるからである。それゆえに，理解不可能な発話を行う者として見なされかねない。実際に，そのために文字通り物質的に抹消されてしまう場合がある。例えば，科学技術が真とみなすモノの秩序に属さないがゆえに不要な科学的審問の対象となる〈女性〉，あるいは，宗教上の理由で必要な医療技術的サービスを受けられずに危険な中絶を余儀なくされる，あるいは親族の名誉の名のもとに殺害される〈女性〉などを考えて欲しい。だからこそ，モノが新たな生命を得るか否かを握る力の半分は，聞き手の側にある。行為遂行的矛盾を冒す言葉に対して聞き手が，自らの語る能力としての同一性を支えているモノの秩序の理解が再編される可能性を受容する能力をもつかどうかこそが重要なのである。それは，D. コーネル（Drucilla Cornell）の言葉を借りれば「失う術」を習得する能力，すなわち，「自己性の境界」の崩壊を受け入れる能力（Cornell [1990] 1999＝2003：337, 357）である。

第二に，新たな発話もまた構成的外部の産出，つまり，脱物質化（語りえない物質の領域を産出すること）（Butler 1993：35）に加担することは免れない。つまり，対抗的発話のパフォーマティヴィティさえも原理的に暴政的側面をもつ。C. ムフ（Chantal Mouffe）（ラディカル・デモクラシー論者）が論じる通り，政治とは，政治的諸価値のヒエラルキーが決定不可能である場面で，決断を行

うことであり,だからこそ,政治的な決断は常に構成的外部の創出と不可分である（Mouffe 1993=1998：309）と考えるべきなのだ。ゆえに,政治を開かれたものにしておくためには,生成し続ける構成的外部の存在に対する感受性が必要である。モノの定義・秩序は暫定的な決定を行うことで偶発的な可能性を排除することで得られたものであるのだ。

〈行為遂行的矛盾を冒して行われる語り〉は,いまだにその価値が承認されていない身体が現れるときの作法であるので,モノの現れを肯定する民主政はその語りを否定してはならず,語らせることによって,多元的なモノの秩序の生成を促すのでなければならない。さもなければ,〈モノに関する公式の言説のもとで現行の秩序を追認する語り〉があるだけである。だからこそ,聞き手は失う術を習得する必要があるし,構成的外部としてのマテリアリティの馴致不可能性は歓迎されるべきなのである。それこそが,他でもない自ら身体のあり様を根拠に己に揮われる暴政を抑止し,自己の重要な基盤である身体に関する物語の作成に影響力を行使するべく,「政治の空間,行為遂行的な自由の（潜在）的空間」（Honig 1995=2001：212）に参加することを,what であると同時に who である全ての〈モノ＝者〉に保障するための条件である。

4 〈ハイブリッドとしての女性〉とそのサイボーグ化

4.1 〈ハイブリッド〉としての〈モノ〉とパフォーマティヴィティ

ラトゥールは,科学技術に焦点を当て,自然（モノ）,社会（「人間主体」）,文化（記号）の関係を論じる文脈で,主客二元論を廃し,記号論の観点から「ハイブリッド」（hybrid）と称される特殊な「行為者（アクター）」（actor）像を提示する。

彼が言うに,記号の作用の本質は,「媒介」（mediation）にある。媒介とは,翻訳・再定義・再配置・裏切りの遂行である。記号は,ある項と別の項を中立的に結びつけるメディアとは解されていない。第一に,記号は主体と主体の関係,モノとモノの関係,主体とモノの関係を「媒介」する。この諸関係の結合,つまりネットワークに属することで,主体もモノも,アクターとしての自己同一性を得ている。したがって,ネットワークに先立つ純粋な主体も純粋なモノ

も存在しない。存在するのはネットワークの内で，それを通じて同一性を得ている主体でありモノである（「準モノ」「準主体」）。第二に，モノや人間としての各アクター自体も記号として振る舞うと解されている。例えば，後述の通り，実験の道具は，読解されるべき記号である（Latour 1997＝2008：49-50, 93, 105-114, 139-142, 1987＝1999：203；川村 2008：95）。

　上記の理論を端的に表す寓話は〈実験〉である。実験では，「モノ」は，(a)「科学装置」による「証言」と(b)これを解釈する「紳士の小集団」により(c)人為的に構築される（Latour 1997＝2008：49-50, 58）。「科学装置」は，モノを観察者に対して表象する記号であると同時に，装置自体がもつマテリアリティでもって，観察者に中立的に伝達するはずであるモノ自体の世界に，新たな布置連関を生み出してしまう。観察されるモノの出現には，「紳士」たちからなる集合も一役買っている。それは，科学理論を理解し，装置（記号にしてモノ）を操作し，観察するモノがモノ自体として世に存在する所与であることを請け負う「紳士」の共同体である。

　だから，観察されるモノは，モノそれ自体ではなく，自然に対して，人工物，理論，人間が加わることで誕生したものなのであると，つまり，自然，文化，社会が交差するネットワークに身を置いてこそ自己同一的な存在者でありうると言うべきなのである。この異種混交的性格ゆえ，モノは「ハイブリッド」（Latour 1997＝2008：53）であり，しいえて言えば「準モノ」（Latour 1997＝2008：93）と言うべきなのである。

　同時に重要な点は，ハイブリッドがモノとしての性質のみならず，同時に主体としての性質も備えている点である。リヴァイアサン（主権者）がリヴァイアサンであるために，自らを「品物」「物品」の影響下におく必要があるという分析（Latour 1997＝2008：62, 202-203）が端的に示すように，「準モノ」は主体性をももつ。つまり，ハイブリッドは「準主体」でもあるのだ（Latour 1997＝2008：93）。「リヴァイアサン」を男性に「品物」「物品」を女性に読み替えてみれば，男性が行う政治がその実自らにとって客体でしかないはずの女性が特定の役割を遂行してくれることに依存している可能性（cf. 山下 2011）が想起されるだろう。

　さらに言えば，実験を行う紳士の集団がそのような地位に相応しい役割を遂

第3章　生物と文化の多様性

行し，〈科学の主体〉たりうるのも，彼らがその客体である〈科学装置〉や〈被観察物〉に依存している限りにおいてである（Latour 1997＝2008：ch. 2）。さらに彼の論に付け加えをするのであれば，紳士も主体であるばかりか準モノである点を強調しておきたい。理論を読み，聞き，語り，書く，そして，「科学装置」を操る，制御された身体（口，舌，喉，発声，表情，手，足，姿勢）は，規律・訓練の結果として誕生する準モノである。科学者は，特定の準モノである限りで，科学者に相応しい能力をもちうる者として同定されうるのである。したがって，ある種のモノであることで主体性を発揮しうると言うべきなのである。

　以上の議論を踏まえてパフォーマティヴィティ概念を再定位しておこう。第一に，科学装置の「媒介」に見るように，パフォーマティヴィティは，(a)物質的装置がメディアとしてモノを表すことを通じてそれに同一性を付与する作用，(b)物質的装置がモノとして自己に適合的なモノの秩序を生み出す作用として考えられる。第二に，「紳士」が示すように，パフォーマティヴィティは，装置について解釈し操作する権限を委譲された正統な位置（社会関係上の）にたつ主体の形成を前提することで成功する。第三に，パフォーマティヴィティの結果として自己同一性をえるモノはハイブリッドであると考えるべきである。第四にパフォーマティヴィティを担う各ノッドのうちモノらしくない行為者である主体（例，紳士）も準モノであるし，逆に主体らしくないモノも準主体としての性格をもつ。くわえて，ジェンダーの視点からいえば，各ハイブリッドが同等の資格で準主体性あるいは準モノ性を有しているわけではない点を強調しておかなければならない。各ハイブリッドが何かとリンクし何らかのネットワークに巻き込まれるに際して，女性として同定されるか男性として同定されるか次第で，行使しうる権力には相違がある。

4.2　〈サイボーグとしての女性〉の行為遂行的矛盾

　ANTに理論的に親縁関係にあるハラウェイは，20世紀後半の科学技術，政治経済，帝国主義を論じる文脈で，女性の身体について次のように分析する。

　　「女性(フィメール)」であることに，女性(ウィメン)を自然に結束させるべき何ものかがあるわけ

ではない。「女性(フィメール)」というカテゴリーにしてみても，極めて問題の多い性科学の文脈をはじめとする社会実践の中で構成されてきた高度に錯綜したカテゴリーなのであって，女性(フィメール)「である」という状態が存在するわけではない。　　　　　　　　　　　　　　　　（Hawaway 1991＝2000：297）

　ここで主題化されているのは，モノ自体としての女性ではなく，〈ハイブリッドとしての女性〉である。ラトゥールとの相違は，ハイブリッドが内属する諸関係（ネットワーク）には性支配が存在しうることを論じる点にある。
　科学技術の名を借りて行われる支配の厄介な点は，被治者の参与と同意の欠如した支配が自然の必然との名目でまかり通ることである（アレントでいえば「暴政」）。だからこそ民主主義の要請としては，各ハイブリッドがモノとしての自己を再帰的に再構築する術が集合的に保障されることが目指されるべきであろう。そのさい，再構築を保障する方法から科学技術を排除する必要はない。むしろ，科学技術があってこそ，モノとしての自己を自ら思い描くように持続させることが可能になる場合がある。[8]
　自ら選択したわけではないネットワークの諸位置に産み落とされる各ハイブリッドは，自らの身体に対する暴政を練り直す政治に参加する機会を与えるべきであるという観点から批判するべき事態は，科学技術が捉える自然であれ，そうではない知が捉える自然であれ，「『単一の自然』の専制主義」（川村 2008：317）である。[9] だからこそ，ハラウェイが言う「サイボーグ」というハイブリッドのある種の形態が重要になる。
　「サイボーグ」は，積極的に科学技術の結果としてのハイブリッド性を受容し，自己と他者（動物や人工物を含む）との現行の境界線を再定義し直し，モノ-モノ，記号—記号，その両項目の関係を再配置する，新しい形の主体性である（Haraway 1991＝1999：ch. 8）。ハラウェイ自身は「構成的外部」という概念を導入しているわけではないが，本稿ではサイボーグ概念をこれと統合して，バトラーがいう行為遂行的矛盾を科学技術論的次元で再定式するものとして提示したい。すなわち，サイボーグとは，ハイブリッドとして，構成的外部として抹消されたモノ性／主体性を語り，それを実現させようとすることで，ヒト，記号，モノの既存の編成を再編する契機を生み出す位置にある。そして，その

第3章　生物と文化の多様性　　95

ことを通じて「性別化された身体」(sexed body) (Butler 1990＝1999, 1993) が，ときに科学技術の積極的活用を通じて，多元的に現れうることを擁護すると。さらに，サイボーグの生命の持続は，〈モノが一堂に会する議会〉(Latour 1997＝2008：239-243) の成立の成否をはかる試金石であるとも主張したい。なぜならば，サイボーグは，バトラーがいうところの抹消されたマテリアリティを既存の記号 - 物質の秩序に突きつけるものであり，その存在を殺すか生かすかで，対話に対する参加資格の開放性がはかられるからだ。

5　ハイブリッド同士の永続的対話によるネットワークの民主化

5.1　ネットワークの非民主的性格

　思い返せば1970年代以降のいわゆる第二波フェミニズムのスローガン「個人的なことは政治的である」(The personal is the political) は，ミクロな社会関係は(a)アレントがいうところの暴政が生じる場であり，(b)ゆえに公的に議論するに値するとの命題を要約的に示すものであった (cf. 落合 2004：122-125)。その息吹の中で著された K. ミレット (Kate Millett) の『性の政治学』は，自然という観念を借りて女に特定の地位と役割を強制する広範な文化に対する批判的認識を理論化している (Millet 1970＝1985：esp. 69-124)。同時代人でありながら，〈いかに生かすかあるいは死にゆくままに放置するか〉という問題構成のもとで組織される権力について，歴史分析を行った M. フーコー (Michel Foucault) も，学校，診察室，住居などでふるわれる，国家に直接統制されない，やはりミクロな社会関係に拡散し「セックスの論理学」を軸に展開される「権力の技術」(「セクシュアリティの装置」) (Foucault 1976＝1986：102, 138〔引用者一部改訳〕) という観点を提出した。これらの実践的含意豊富な先行研究を踏まえれば，身体の現れ方に影響を及ぼす広義の権力関係（アレントであれば権力の名に値しないというであろうものを含む広義の権力関係）が生じる場として，二者関係などのミクロな社会関係，あるいは自己に対する自己の関係を挙げないわけにはいくまい。

　他方で，同様の権力関係が広範に広がる場面を考察する上で国民国家を超えたグローバルな文脈もやはり重要である。ミクロな関係を大幅に形成する国内

政府の諸政策とて国際政治の舞台からの影響を免れない。例えば，環境問題が国際政治の議題として浮上する中で，自然の敵としてイメージされる〈産みすぎる女〉像が，途上国の国内的な人口政策の動向に影響してきた点は周知の通りだ（萩原 2001：41, 2003：119-127；長沖 1996：esp. 128）。さらに，あるローカルな場での活動は別のそれらと，各国政府の制御を通り越して，直接に影響しあう場合がある（Giddens 1999＝1993）。小川（西秋）が言うように，例えば，特に女性の身体に有害な国境を越えて飛来する物質が存在するとしよう。その場合，公共空間にて女性は「移動」困難者として現れうる（小川（西秋）2003：142-143）。この例から明らかなことは，モノとしての公共空間とモノとしての身体の関係をいかに設定し創造するか次第で，女性のモノとしての相の性質も変容しうるということだ。むろん，モノとしての個々の自己が置かれる文脈から，ナショナルな水準の集合体が消失するわけではないが，その文脈が国民国家の範囲を超えていることも事実なのである。

　そこで，民主化が求められるべき集合生活を正しくイメージするために参照するべき概念として小川（西秋）の「集合的生命（collective (forms of) life)」（小川（西秋）2010）を挙げたい。それは，異質な諸要素がグローバル-ローカルに関わりあうことを通じて形成する非決定的なネットワークを，概念化するものと思われる。以下その要点を三つ挙げる。

(a) 国境を越えて展開する人間・情報・科学技術・動植物，さらには現前していない他者などの異種混交的な諸要素が，各々生命の資格で，密接に関係している全体としての集合（集合としてハイブリディティ）。
(b) 構成する各要素もまたハイブリッド（個としてのハイブリディティ）。
(c) 生命を秩序づける時間としてのサステイナビリティ／ノンリニアリティ。

（小川（西秋）2010）

　モノの多元主義の実現を民主主義の目標として設定し，その現前を求めて争う対話をその実現に至るための実践と捉える本稿の立場からは，特に最後の時間に関する論点が重要である。

　自己が思う身体の姿で生きる希望を声に出すこと，そして，それを実現するための社会関係や物質関係を利用できることが，全てのハイブリッドに同等に

第3章　生物と文化の多様性　97

保障されているわけではない。個々の言葉のやりとりを規制すると同時に可能にしている言説の編成，記号的側面と準モノを生む介入手段としての性格をあわせもつ科学技術の種類や量，各段階の統治者と被治者の関係／統治者同士・被治者同士の関係，無償労働の家内領域から市場に至る経済関係に至るまで，個々のハイブリッドが置かれている状況は異なる。すなわち，各ハイブリッドがモノとしていかに現れうるか，そのことが原因で，あるいは，そのことを目的として，いかに主体として現れうるかの持続可能性には大幅な格差がある。この格差の原因には，広義の権力関係の歴史的な結果としての今日の集合的生命のあり方が関わっている。

5.2　ノンリニアに生きる〈ハイブリッド〉同士の永続的対話

だからこそ，モノの世界は，民主政が実施されるべき道徳的・法的な領域として構想されなければならない。〈今〉〈ここ〉にある身体が巻き込まれているネットワークを再構築する可能性が同等に各ハイブリッドに配分されていなければならない。少なくとも，個々のハイブリッドがサイボーグとして出現しつつあるときに，利用できる身の回りの言葉やイメージ，科学技術，地位・役割の結びつきの様態が当のハイブリッドの生命にただちに死をもって報いるようでは，モノの多元的秩序は実現不可能である。むしろ，サイボーグの出現は，集合的生命，及びそれが内包するある種の各システムが，自己の持続のために非民主的に排除し続けている構成的外部に直面し，それまでの負債を清算する機会を当のシステムに与えるものと考えられる。

かりに各々のハイブリッドが単なる偏差に還元されず，特殊な生命としてサイボーグであることを要求しうる希望的状況があるとしよう。その場合，集合的生命はノンリニアな時間の噴出に直面することになるだろう[12]。なぜならば[13]，この状況下では各ハイブリッドが，モノとしての自己について，支配的な解釈を練り直し語る機会を享受し，時を通じて必ずしも同一ではない身体のマテリアリティの実現を求めて活動しうるはずであるからだ。したがって，単線的には進まない複数のライフコースが衝突や交渉を繰り返しながら絡み合うことになる。となれば，あまねく全てのハイブリッドの身体に適用可能な〈セックスの普遍的形式〉もあるはずもなく，集合的生命を全体的に統べる目的論的時間

は成立不可能となろう。[14]

　ミクロな関係からマクロな関係にいたるまで，現実には民主主義が実現しているとは言いがたい現状において，民主化の第一歩として受容するべき実践とは何か。これこそおぞましきものとして対話の席に着くことを拒絶されてきたモノを主体として語らしめること，すなわち，過去に置き去りにされたまま構成的外部のモノの声を伝達するサイボーグの発話に耳を傾けることである。その結果として生じるであろうことは，アレントが「何者」（who）について論じたように，個々の身体が，相手にもその他の何かにも還元不可能なユニークな主体として，それゆえ緊張関係をはらみつつ，互いの姿を語り合う永続的論争である。〈モノとしての女性〉の状況は，モノの民主化の源泉となりうる重要な一つの領域である。どの地域・世代に属すのであれ，〈女性〉が自己の身体について語り直すことは，〈女性〉をある位置にとどめ置くことで可能になってきた諸関係（文化／自然／社会）を突き崩すことを意味する。それは〈女性〉―〈男性〉の関係にとどまらず，〈女性〉―〈女性〉の関係，〈クイア〉とそうでないものの関係の間での論争をも含むものである。この論争を絶やさないことこそが，セックスをめぐって展開される権力関係を常に民主的なものにする方法であり，ジェンダーという領域からなしうるモノの多元的秩序形成への関与の仕方であると言えよう。

注
(1) 『人間の条件』によれば近代社会では，古代であれば私的領域に閉じ込められていた生命の必然を満たすことが，集合的関心事となり，いわば国家大に拡張された「国民的家族」が成立する。全体的家計として束ねられるこの諸関係（人，モノ，知）こそアレントがいう「社会的なもの」に他ならない。他方で，私的領域は親密な関係を満たす領域として社会的なものと対立的に再編されるという（1958＝1994：43-74）。むろんマルクス主義フェミニズムを知ったわれわれにとってみれば，社会的なものの運営が私的領域にて「主婦」という地位にある「女性」の搾取によって成立しうる点を，アレントの分析が見過ごしていることは容易に理解できる。
(2) この言語行為概念自体は，狭義の言葉のみならず，静的・動的を問わず，様式化された身体所作にも適用可能である。バトラーにおいてもそれを肯定する記述がある。例えば，バトラー（1990＝1999：245, 1997＝2004：ch. 4）。さらにこの視点を拡張して，パフォーマティヴィティの担い手を，その他の諸モノ一般に広げることも可能である。身体―モノ（身体とはさし当り区別されているモノ）の連鎖がもつパフォーマティヴィティについて

は，長野（2011a）。
(3) 言語の存在様態を，ズレを含む反覆引用の構造として，かつ，主体の成立をこの構造の派生として見なす点で，バトラーは，J. デリダ（Derrida 1990＝2002）に依拠。
(4) 〈女性〉の不在についてのバトラーの分析は，L. イリガライ（Irigaray 1974＝1985, 1977＝1987）に負うところが大。イリガライは，いわゆる女性器を象った比喩的表現〈ふれあう二つの唇〉でもって，〈男根（ファロス）〉というシニフィアンを中心に編成される言説とこのもとで実現可能になるマテリアリティの秩序に対抗する身体のあり方を探究。バトラーが，クイアな身体の再評価のために新機軸として打ち出す概念は，「レズビアン・ファルス」（Butler 1993：ch. 2）。ただし，「レズビアン・ファルス」は，レズビアンの男性化を擁護する概念であるというよりは，任意の身体部位が「ファルス」の役割を果たしうると論じるためのそれである点に注意してほしい。なお，クイアとは，本質主義を批判する文脈で，いわゆる LGBTI を指す場合にしばしば使用される。LGBTI は lesbian, gay, bisexual, transgender, intersex の頭文字をつなげた略称。本稿では具体的に言及する余裕はないが，LGBTI の各集合間／内でも経済的地位，権力関係における位置，自己のジェンダーやセクシュアリティの表現の容易さに相違がある。
(5) 例えば，それは，父系の論理に基づく子の生殖＝再生産（reproduction），あるいは，無償の家事労働のためのモノに還元不可能な女性の身体や，〈クイア〉な身体，すなわち，〈女性〉同士のセクシュアリティを生きる身体，〈女性〉〈男性〉の境界線を横断する身体などが考えられる。
(6) ムフの分析自体は国家などの制度化された政治を対象に行われている。だが，権力関係のネットワークが国家に還元されないことは身体と政治に関する理論では共通の出発点であろう（落合 2004；Millet 1970＝1985；Foucault 1976＝1986）。
(7) ラトゥールの「準主体」に対する川村（川村 2008：95）の脚注も是非参照してほしい。
(8) 自己のアイデンティティを持続させるために，中絶のための安全な施設や FTM（Female to Male）／MTF（Male to Female）のための必要な医療技術の提供はこの例になるだろう。
(9) 身体の自然それ自体への回帰を否定するこの観点を敷衍して考えれば，(a)〈女性〉と自然環境の一体性，あるいは(b)自然環境再生に適合的な原理（「感性，直観，全体的な思考」）の体現者としての〈女性〉，を措定するたぐいのエコロジー思想（萩原 2001：46-47）も，批判されるべきものである。
(10) これら自然それ自体ではなく文化や権力の相関物としてモノとしての身体の自己同一性をとらえようとするアプローチ（本稿で取り上げたバトラーやハラウェイもこの系譜）は当然のことながら身体を拒絶しようとするものではない。むしろ暗黙裡のうちに働き身体に関する無意識的な感覚を涵養する権力作用に対する参与や統御を求めるものなのである。
(11) むろん，〈女性の身体に有害な物質〉という言葉遣いはあくまで事態の統計的要約である点は忘れてはなるまい。〈女性の身体〉という語の指示対象も一枚岩でなく，ゆえにある〈女性の身体〉が求める外のモノとの関係，内に取り込むモノとの関係も多様である点は当然である。さらに任意の有害物質の影響が数の上では女性とよぶべき身体に集中する

としても，これと対になるものとして——ときに無用に敵対的なものとして——措定される〈男性の身体〉にもその影響がある場合，当然その生命が保護されるべきモノとして彼（ら）の身体もカウントされるべきである。肝要な点はいずれの性別の名で呼ばれようがモノとして，個々の身体が，同等に生きられることである。

(12) ノンリニアリティの説明については，山下（2010：258）を参照。それによると，ノンリニアリティ概念は，「人間や集団が時の流れの中でも同一であるという仮定や因果関係の直線的説明」にて表現される時間ではなく，「集団の同一性のゆらぎや，出来事どうしが双方向的に原因でも結果でもある関係，データ中で均一化できない要素が有する意味への着目，時間が同時に複数の意味を有する時間理解を示唆する」（山下 2010：258）。本稿では，ノンリニアリティを，構成的外部との関係において，自己同一的なものが，脱目的論的な再解釈の過程に巻き込まれるさいの時間のあり様を意味するものとして使用。

(13) これは，ちょうど，フェミニズム法哲学者 D. コーネルがいう「イマジナリーな領域」の平等な保護という主題とも重なる。彼女は，文化的強制のただなかで生まれる「性に関わる存在」（sexuate being）（セックスにかかわる一連のファンタジーに照らして自己の身体，セクシュアリティを生きている存在）が，自己イメージについて，自由に再想像＝再創造する心的空間を，道徳的・法的に付与されている必要性を指摘している（Cornell 1995＝2006：ch. 1）。筆者はこの見解に全面的に賛成である。ただし本稿では〈身体について相互に語り合わざるを得ない状況〉に焦点が当てられている。

(14) ここで，本稿が部分的に参照しているのは，オープン・システム・サイエンスの方法論である。それは，個々の要素を生きたまま非還元主義的に全体として運営するというものである（所 2009：8-12）。

参考文献

Arendt, Hannah, 1958, *The Human Condition*. IIL: University of Chicago Press.（＝1994, 志水速雄訳『人間の条件』筑摩書房.）

Austin, John. L., [1962] 1975, *How to Do Things with Words,* Cambridge: Harvard College.（＝1978, 坂本百大訳『言語と行為』大修館書店.）

Butler, Judith, 1990, *Gender Trouble: Feminism and the Subversion of Identity,* New York and London: Routledge.（＝1999, 竹村和子訳『ジェンダー・トラブル——フェミニズムとアイデンティティの攪乱』青土社.）

―――, 1993, *Bodies That Matter: On the Discursive Limits of "Sex",* New York and London: Routledge.

―――, 1997, *Excitable Speech: A Politics of the Performative,* New York: Routledge.（＝2004, 竹村和子訳『触発する言葉——言語・権力・行為体』岩波書店.）

―――, 1999, "Performativity's Social Magic," Richard Shusterman ed., *Bourdieu: A Critical Reader,* Oxford: Blackwell: 113-128.

―――, and G. C. Spivak, *Who Sings the Nation-State?: Language, Politics, Belonging,* London: Seagull Books London Limited.（＝2008, 竹村和子訳『国家を歌うのは誰

か?——グローバル・ステイトにおける言語・政治・帰属』岩波書店.)
Cornell, Drucilla, [1990] 1999, *Beyond Accommodation: Ethical Feminism, Deconstruction, and the Law*, Lanham, M. D.: Rowman & Littlefield Publishers, Inc. (=2003, 仲正昌樹・岡野八代・望月清世・久保田淳・藤本一勇・郷原佳以・西山達也訳,『脱構築と法——適応の彼方へ』お茶の水書房.)

———, 1995, *The Imaginary Domain: Abortion, Pornography and Sexual Harassment*, New York: Routlege. (=2006, 仲正昌樹・遠藤かおり・高原幸子・堀江有里・塚原久美訳『イマジナリーな領域——中絶, ポルノグラフィ, セクシュアル・ハラスメント』御茶の水書房.)

Derrida, Jacques, 1972, *Positions*, Paris: Minuit. (=2002, 高橋允昭訳『ポジシオン』青土社.)

———, 1990, *Limited Inc*, Paris: Éditions Galilée. (=2002, 高橋哲哉・増田一夫・宮崎裕助訳『有限責任会社』法政大学出版局.)

Foucault, Michel, 1976, *Histoire de la sexualité vol. 1: La volonté de savoir*, Paris: Gallimard. (=1986, 渡辺守章訳『性。歴史Ⅰ——知への意志』新潮社.)

———, 1984, ≪L'éthique du souci de soi comme pratique de la liberté≫, Defert Daniel et Edwald François, ed, 1994, *DITS ET ÉCRITS IV*, Paris: Gallimard. (=2002, 廣瀬浩司訳「自由の実践としての自己への配慮」渡辺守章・蓮實重彦監修, 小林康夫・石田英敬・松浦寿輝編『ミシェル・フーコー思考集成Ⅹ 1984-1988 倫理／道徳／啓蒙』筑摩書房, 218-246.)

Fraser, Nancy, 1997, *Justice Interruptus: Critical Reflections on the "Postsocialist" Condition*, New York: Routledge. (=2003, 仲正昌樹監訳『中断された正義——「ポスト社会主義的」条件をめぐる批判的考察』御茶の水書房.)

Giddens, Anthony, 1990, *The consequences of modernity*, Cambridge: Polity Press. (=1993, 松尾精文・小幡正敏訳『近代とはいかなる時代か?——モダニティの帰結』而立書房.)

萩原なつ子, 2001,「ジェンダーの視点で捉える環境問題」長谷川公一編『環境運動と政策のダイナミズム』有斐閣, 35-64.

———, 2003,「フェミニズムからみた環境問題——リプロダクティブ・ヘルスの視点から」桜井厚・好井裕明編『差別と環境問題の社会学』新曜社, 117-138.

Haraway, Donna. J., 1991, *Simians, Cyborgs and Women: The Reinvention of Nature*, London: Free Association Books; New York: Routledge. (=2000, 高橋さきの訳『猿と女とサイボーグ——自然の再発明』青土社.)

Honig, Bonnie, ed., 1995, *Feminist Interpretation of Hannah Arendt*, PA: The Pennsylvania State University. (=2001, 岡野八代・志水紀代子訳『ハンナ・アーレントとフェミニズム——フェミニストはアーレントをどう理解したか』未来社.)

Irigaray, Luce, 1974, *Speculum de l'autre femme*, Paris: Minuit, Gillian C. Gill taras, 1985, Speculum of Other Woman, New York: Cornell University Press.

―――, 1977, *Ce sexe qui n'en set pas un,* Paris: Minuit.（＝1987, 棚沢直子・小野ゆり子・中嶋公子訳『ひとつではない女の性』勁草書房.）

川村久美子, 2008,「訳者解題　普遍主義がもたらす危機」B. ラトゥール『虚構の近代――科学人類学は警告する』新評社, 257-320.）

Latour, Bruno, 1987, *Science in Action: How to Follow Scientists and Engineers through Society,* Cambridge, MA: Harvard University Press.（＝1999, 川崎勝・高田紀代志訳『科学が作られているとき――人類学的考察』産業図書.）

―――, 1991, *Nous n'avons jamais été modernes: Essai d'anthropologie symétrique,* Paris, La Découverte, Porter, C., trans., 1993, *We have never been modern,* Cambridge, MA: Harvard University Press.（＝2008, 川村久美子訳『虚構の「近代」――科学人類学は警告する』新評論.）

Millet, Kate, 1970, *Sexual Politics,* Doubleday.（＝1985, 藤枝澪子・横山貞子・加地永都子・滝沢海南子訳『性の政治学』ドメス出版.）

Mouffe, Chantal, 1993, *The Return of the Political.* London; New York: Verso.（＝1998, 千葉眞・土井美徳・田中智彦・山田竜作訳『政治的なるものの再興』日本経済評論社.）

長野慎一, 2011a,「パフォーマティヴィティ概念を再構築する――バトラーのブルデュ批判を越えて」第59回関東社会学会大会報告原稿.

―――, 2011b,「唯物論者としてのバトラー――女性というセックスの物質性をめぐって」『年報筑波社会学　第Ⅱ期』3・4号合併号.

長沖暁子, 1996,「南の女・北の女と生殖技術」上野千鶴子・綿貫礼子編『リプロダクティブ・ヘルスと環境――共に生きる世界へ』工作舎, 98-137.

仲正昌樹, 2001,『〈法〉と〈法外なもの〉――ベンヤミン，アーレント，デリダをつなぐポスト・モダンの正義論』御茶の水書房.

落合恵美子, 2004,『21世紀家族へ――家族の戦後体制の見かた・超えかた　新版』有斐閣.

小川（西秋）葉子, 2003,「解説：グローバライゼーションと免疫不全の臨床美学――リスク環境の共有化におけるアレルギー文化とサステナブルな〈生〉のスタイル」M. フェザーストーン『消費文化とポストモダニズム』下巻, 恒星社厚生閣.

―――, 2010,「サステナビリティとノンリニアリティ――グローバルな秩序形成における集合的生命の時間」小川（西秋）葉子・川崎賢一・佐野麻由子編『〈グローバル化〉の社会学――循環するメディアと生命』恒星社厚生閣, 25-54.

仙波由加里, 2008,「少子化対策と特定不妊治療費助成事業」舘かおる編『テクノ／バイオ・ポリティクス――科学・医療・技術のいま』作品社, 180-195.

所眞理雄, 2009,「オープンシステムサイエンスとは何か」所眞理雄編『オープンシステムサイエンス――原理解明の科学から問題解決の科学へ』NTT出版, 3-17.

上野千鶴子, 1990,『家父長制と資本制――マルクス主義フェミニズムの地平』岩波書店.

若林章孝・小池渺渺・森岡孝二, 2007,『入門・政治経済学』ミネルヴァ書房.

山下孝之, 2010,「ノンリニアリティ，非線形性（nonlinearity）」小川（西秋）葉子・川崎賢一・佐野麻由子編『〈グローバル化〉の社会学――循環するメディアの生命』恒星社

厚生閣, 258.

―――, 2011, 「物・政治・フェミニズム」慶應義塾大学メディア・コミュニケーション研究所プロジェクト月例研究会（2月）報告原稿.

第3章 ケース・スタディ 2

北の女性と南の女性——相対化と判断停止

佐野 麻由子

1 はじめに——第二次的観察と「意味世界」への接近

　社会学は，(1)社会とは何かという問い，(2)社会秩序はいかにして可能か[1]という問いを探求する学問である。そこでは，社会に埋めこまれた一員でありながら，「社会をモノのように見る」ということは，いかにして可能か。社会をありのままに捉えること，換言すれば，自律的存在として捉えるにあたっては，何が必要な視点なのかが問われてきた。

　近年，動いている社会，生きている人間をありのままに捉えることを試みる学問的潮流の一つにネオ・サイバネティクス[2]がある。ネオ・サイバネティクスは，事象に対峙する研究者の観察には，「盲点」が存在することを指摘し，一元的観察に対置される多元的観察を提起する。また，行為者を，「世界を観察する心」をもつ自律的存在と位置付け，"それぞれの意味世界をもつ行為者の観察の仕方を観察する"ことを求める（Kneer and Nassehi 1993＝1995：78）。ネオ・サイバネティクスの流れをくむニクラス・ルーマン（Niklas Luhmann）は，(1)過去の体験に準拠して世界を観察し行為する，(2)そこでの観察は環境と自己の双方に向けられるという自己組織的行為者像を提示している。ひとつの視点が，「社会現象」を描写するにあたっての"点"であるとするならば，他の視点を加えることによって，その輪郭が浮かび上がるといえよう。

　本章では，ある社会現象には複数の異なる角度からの説明がありうる，こうした研究蓄積や議論の積み重ねが社会事象の輪郭を描出するという立場にたち，ネパール地域研究を通してみえた行為者像を構築主義的ジェンダーにおける行為者像に対置する。ここでは，構築主義的ジェンダー論における行為者像を北の先進国社会での現実を示すものとして，ネパールの事例にみられる行為者像を南の途上国社会の現実を示すものとして位置づける。最後に，途上国社会の

第3章　生物と文化の多様性　　105

現実から導いた「判断停止」という戦略をジェンダー秩序からの解放の戦略に加える。

2　構築主義的ジェンダー論の視点

2.1　構築主義的ジェンダー論の論点

　性別カテゴリーと特定の行動とを結びつけるパターンが維持されるメカニズムおよび変革の可能性について論じ注目を集めたアプローチの一つに構築主義的ジェンダー論がある。構築主義的ジェンダー論は，「ジェンダーの実体」は前言語的な存在ではなく，制度や言説実践の効果として生じるという認識にたつ（Butler 1990＝1999；上野 2001：iii）。そして，「男」「女」を差異化することの権力性や政治性に焦点をあてる。

　その論点として，次の5つを挙げることができる。すなわち，(1)ジェンダー秩序における行為者は，「男性」，「女性」という統一身体をもつと認識する，(2)ジェンダー秩序における行為者は，統一身体像と結び付けられた役割や理想像への同一化が動機づけられ，行為を遂行する，(3)統一身体像への同一化が動機づけられての行為の反復によってジェンダー秩序が構造化される。ただし，行為の反復にも身体と役割や理想像とを分離する偶発的な契機が存在する（Butler 1990＝1999），(4)カテゴリー化・差異化は「男性」「女性」の権利・義務・役割と不可分に結びついている，(5)ジェンダー秩序の構造化を断つ，すなわち，個々の行為者に可能なジェンダー秩序からの「解放の糸口」は，行為者が自己のもつ「統一身体像」を批判的に捉えることにある。社会的・文化的状況における女性の行為への規定が「女という身体」をもつゆえに課せられたものだとすれば，行為者は身体との分離を常に意識することを通して，外在的規定因への主体の還元から解き放たれる。

2.2　ジェンダー秩序と身体

　性別カテゴリーと特定の行動とを結びつけるパターンは，ジェンダー秩序と呼ばれる（江原 2001）。ジェンダー秩序から見えてくるのは，社会には，各性別にふさわしいとされる役割と義務，振る舞いがあり，それを遂行することが

期待されること，それは，ジェンダー規範を逸脱した者に課せられるサンクションを通して，あるいは，そのパターンを個人が内面化することで維持されてきたことである。

　自我と身体との関係に焦点をあてた構築主義的ジェンダー論(4)のアプローチでは，男性，女性としての身体経験や身体的根拠が意識の外にある不変なものとして行為者に認識されることにより，ジェンダー秩序が堅固なものとなる点が指摘されている。行為者は日常において，自我と身体との違和を感じることなく生活しているが，日常の営みにおいて見出される身体経験や身体的根拠は，言語や認識活動を通してのみ，そのようなものとして存在すると認識されているにすぎない（Butler 1990＝1999；上野 2001：iii）。「女」，「男」の身体と「女」，「男」の自我をもつ統合的な自己であることに疑問を持たずに生活できるのは，統一身体像のイメージの次元が存在の次元を覆ってイメージどおりの存在であるかのように思わせる「誤認」という作用によるのだ。(5)この視点によれば，如何ともしがたい情動や本能の表れとして身体に現れるものも，実は「誤認」という作用により「ごく自然」に行為が遂行された結果なのである。

　女性であること，男性であることの「身体的根拠」は，支配する側の正当性の道具として，被支配者側もまた，それを変革できないものとして受容してきた。「ジェンダー」という言葉を用いて差別是正を求めたフェミニストたちが，セックスがジェンダーの根拠である点を当初，問題視しなかったことをみても，その拘束力の強さがうかがえるのである。例えば，ボーヴォワール（Simone de Beauvoir），ファイアーストーン（Shulamith Firestone）らは，平等は男性との同一性と同義であると考え，女の身体が機能的に男の身体に同化していくことを求めた（荻野 2002：9；41）。やがて，彼女たちは否定できない女の身体的特徴や意のままにならない生殖機能を桎梏と考え，身体を意志によって完全に制御できるようになることが解放であると考えたのである（荻野 2002：6）。この例から浮かび上がる身体の拘束力は，男性と対等になれない理由を女である身体的根拠に向けさせ，構造的矛盾についての判断を停止させる点に表れている。

　同様のことは，彼女たちとは逆に女性の生殖機能を男には許されない特権とする文化派フェミニストについても言える。彼女たちは，女であることを特権

視することが，権力への抵抗策であり，男性との平等化の道程であるとした（荻野 2002：8-10）。この例から浮かび上がる身体の拘束力とは，マジョリティである男性のロジックを継承し男性と同じ位置に女性を配置換えするに留まった点にある。両者ともに自己のあり方を「生殖機能」という「外在的な既定因に還元」してしまっていたのである。いずれにしても，男性は権利や機会均等の獲得において，自分自身の身体と自己を切り離す痛みも，統一身体像を確認することで優越性を保持するような自己への固着からも構造的に解放されていた。

2.3 「カテゴリー化・差異化」のもつ政治性の解決法：認識・発想の転換

まず，カテゴリー化・差異化の政治性を変革する一段階として，認識・発想の転換が挙げられる。たとえば，構築主義的ジェンダー論の論客であるバトラーが強調したのは，行為者が自己のもつ「統一身体像」を批判的に捉えることであった。社会的・文化的状況における女性の地位や行為の規定が，「女という身体」をもつ故に課せられた行為の制限だとすれば，常に身体とイメージ（社会的・文化的地位）の分離を意識しなければならない。半ば強いられたイメージへの同一化は相対化によって回避されるのである。また，バトラー（Judith Butler）は，相対化という意識的な行為の変革はもとより，反復行為が起こす不整合の中にも身体とイメージ（社会的・文化的地位）とを分離する偶発的な契機を見出している。「存在論的な場所というものが，そもそも何によっても占められることがない場所である」ために，自然を具現化することなどできない。同様にジェンダーも「自然」として具現化できるものではないし，演じきれるものではない。だからこそ，ジェンダーを演じる度に，演じきれないことによる，あるいは「本物」に近づくための過剰な演出による「攪乱的な笑い」の可能性が惹起される。ジェンダーという幻影を打ち砕く「分裂や自己風刺，自己批判」の偶発的な可能性が行為の中に秘められている。

新田と加藤は身体と役割・義務・権利の結合を解体するために，差異の根拠を問うことを求める。新田（2004）は，差異を理論化する立場として「身体感に安住する」よりも，身体と自己との「違和感への感受性」を重視する（新田 2004：175）。違和感への感受性にすぐれることが，差異との対峙をより可能な

ものにするという立場である。

　加藤（1996）は，性を再生産し正当化する根拠に対して常に問いつづけることを主張する。それが，「性」という差異の再生産を内部から瓦解することにつながるという立場である。

> 〈性〉を再生産する正当化──フィードバックというループを内部から瓦解させること。具体的には次々に持ちだされる正当化の根拠に対して，どうしてそれが根拠になるのかを，あくまでも問いつづけるのだ。
> 　　　　　　　　　　　　　　　　　　　　　　　　　（加藤 1996：12）

　竹村（2003）は，現在自明とされていることを脱構築すること，すなわち歴史的に辿り「権力操作の痕跡を浮かび上がらせる」ことを求める。

> 　脱構築がおこなうのは，性的差異を構成しているにもかかわらず，表面上はかき消されている権力操作を，その痕跡を辿ることによって浮かび上がらせることである。　　　　　　　　　　　　　　（竹村 2003：114）

　それは，「偶発的な制度や慣習の集合体」がどのように「社会的な本質」として認識されるに至ったのか，その過程を問うことを求めているのだ（竹村 2001：240）。こうすることにより，還元不可能だと思われていた性的差異が「多様な言説実践の場」，「人為的なフィクション」，「文化慣習」であることが明らかになる（竹村 2001：114）。

　長年，強固な拘束力を保持してきた身体的根拠についてはどうだろうか。それは，観念としての身体に回収できない「身体の物質性（身体の成分組成）の実在」として位置づけられる（加藤 2001：165）。認識し行為する自己は身体があってこそ，そのように振舞うことができる。しかし，認識し行為する自己を組成する「身体の物質性（身体の成分組成）の実在」は，実は観念化され得ないものである（加藤 2001：165）。ひとたび，言語を媒介して認識されたもの，それはもはや「身体の物質性（身体の成分組成）の実在」そのものではない。例えば，検査結果として提示される身体的根拠や痛みなどの身体経験も認識活動により構築されるという意味で，ともに「観念としての身体」なのである（加藤 2001：161-166）。

江原 (2002) は，P. ブルデュー (Pierre Bourdieu) の「ハビトゥス」概念に依拠して，「ハビトゥスとしてのジェンダー」というアプローチを提示し身体経験の自明性を解体する（江原 2002：133）。ハビトゥスは，社会構造と行動を媒介する概念である。これに依拠することで，江原もまた，社会構造と行動を媒介とする結節点として身体を位置づける。ハビトゥスは当人にほとんど意識されることなく，身体知覚や動作経験，感情と結びつき半自動的に作用する。例えば，不妊治療の女性が友人の赤ちゃんを見た帰り道に涙があふれるといった感情や情動においても「ハビトゥスとしてのジェンダー」が見出される（江原 2002：107）。したがって，身体経験の根拠として物質としての身体が見出される必要はないのだという（江原 2002：108）。加藤と江原は，意識によっては変えにくい意識の外にあると思える身体経験や身体的根拠自体が「社会的・文化的に構築されている」という発想の転換を促がす。意識の外にあると思える身体経験や身体的根拠は，実は「人間社会において意味あるもの」として構築されたにすぎない。日常の営みにおいて見出される身体経験や身体的根拠はカテゴリー化されることを通じてのみ，そのようなものとして存在し認識されることが示された（上野 2001：289-291）。

　　　本質主義に対する言説は，身体の差異の存在を否定する必要はない。身
　　　体の多様性は存在する。ただしそれはカテゴリーによってのみ，人間社会
　　　に意味のある差異となる。　　　　　　　　　　　　（上野 2001：289-291）

以上で，みてきたように人々を長年，拘束してきた身体的根拠は「観念としての身体」という認識の転換によって相対化され，その根拠の正当性は問われることとなった。そして，意識的に変更できるものとして提示されることになった。

2.4　「解放の方向性」：「速さがもつ原動力」

　これまでみてきたように，構築主義的ジェンダー論は，男性，女性の役割・義務・権利の固定化および非対称性に対しては「統一身体像の脱構築」と相対化という姿勢を提示した。また，身体的根拠に対しては，「観念化された身体」あるいは「ハビトゥスとしてのジェンダー」として意識的に拘束から逃れる姿

勢を提示した。たとえ，行為遂行における偶発的なジェンダー秩序の変容の可能性が想定されていても（Butler 1990＝1999），現状に留まることは構造による規定を意味する。構造から完全に逃れることはできないとしても，「ハビトゥスとしてのジェンダー」を保持しつづける限りにおいて，あるいは現状に留まる限りにおいてそれは権力に搦めとられることを意味する。従って，外在的規定因に自己を委ねず，常に自明としていた統一身体像に違和をもちつづけるべきであり（新田 2004），「統一身体像」をずらし解体するために奇-形を生む「パロディ的反復」を行う努力をすべきなのである（Butler 1990＝1999）。あるいは，「次々に持ちだされる（ジェンダーの）正当化の根拠に対して，どうしてそれが根拠になるのかを，あくまでも問いつづける」べきであり（加藤 1996：12），「ハビトゥスとしてのジェンダー」は可能な限り捨てられる努力を行うべきなのである（江原 2002）。

上述した各論者に通じる「解放の方向性」を強いてまとめれば，差異が固定化し定着することを回避し続ける「速さがもつ変動への原動力」，あるいは構造に搦めとられまいと次々と追い手を払い「疾走することがもつ変動への原動力」への期待と言える。各論者は，次々と持ち出されるジェンダーの拘束に対し，行為ごとの継続的なずらしを求めているのである。

3 行為者の視点に依拠した際の自己と身体

3.1 ネパールの生理規範

では，行為者の視点に依拠した際に何が見えてくるのか。身体と女性にふさわしいとされる振る舞いが結びついてる顕著な例として，ネパールの生理規範を扱う。生理規範とは，生理中の女性を穢れた存在とみなし，穢れの伝播を防ぐため他者接触や日常の生活参加，宗教生活参加などを禁じる規範である。

本稿での事例およびデータは，2003年9月〜12月，2004年1月〜3月，同年6月〜8月の期間に国立P大学と国立T大学の女子学生を中心に123人を対象に106の有効回答を得た質問紙調査および同期間内に行った女性44人からの聞き取り調査から得られたものである。両調査の協力者は主としてカトマンズ在住者によって構成される。

上記の質問紙調査では，女性回答者の79％が生理中に家族の規範に従っていることがわかった。具体的には，寺院参拝・宗教儀礼の禁止（85％），台所の出入りの禁止（53％），冠婚葬祭行事への出席の禁止（22％），男性家族成員との接触の禁止（4％）を遵守すると言う[7]。なぜ，彼女たちは生理規範を遵守するのか，「性差からの解放」という点から彼女たちの行為をどのように解釈できるのか。聞き取り調査の結果もあわせて次の知見が得られた。

3.2　生理規範はどのように維持されているのか：三つの行為類型
　生理規範の実践として，①サンクションを伴うものとして意識され憂憤を示しつつもある種の諦念から規範に従う消極的実践，②ほとんど意識しないままそれを遂行するハビトゥス的実践，③積極的な意味付けを伴いながらそれらを遂行する積極的実践がみられた。

3.2.1　消極的実践：逸脱へのサンクション
　質問紙調査では，82％の人が生理規範を「好きではない」と回答し，生理規範に不快感を示した。その理由として，「生理は生物学的な理である」だけでなく，「生理規範は女性差別・女性に対する暴力である」，「屈辱を感じる」等，規範の差別性が挙げられた。他方で，生理規範は，A．家族や周囲の人々による規範の強制／逸脱に課せられるサンクション，B．逸脱に課せられるサンクションの内面化を通して維持されてきた。

A．家族，周囲の人々による規範の強制
　家族との接触や共食，宗教儀礼への参加を制限する生理規範に憂憤を示しつつもある種の諦念からそれに従う理由として，家族や他者による制裁が大きく作用していることがうかがえた。生理規範は，年長の女性家族成員に教導される場合が多い。K.Dさんは，生理の女性が宗教儀礼に参加したときの波紋について次のように述べている。彼女たちによれば，生理中に親戚などが参加するフォーマルな宗教儀礼に参加することは他者の怒りを買うことである。従って，「穢れている」と言われることを恐れて宗教儀礼には参加しないと言う。

K.D さん（20代・ネワール・オフィス勤務）

K.D　生理のときは，叔母たちが怒るので宗教儀礼には行きません。ごく親しい身近な人々の集まりには行きますが，親戚など多数の人が来る席には行きません。もし，生理の人が来たと知れば，かれらは怒りながら「生理の人が触っている」というからです。

筆者　自分が穢れていると思いますか。

K.D　穢れているとは思いません。周囲の人に穢れていると言われることや説教をされることが嫌なのでしかたなく従います。

B．サンクションの内面化による心的な規制

　サンクションはそれとして意識されず，他者への配慮というかたちで動機づけられることもある。Sn.S さんは，自身が女性であっても生理中の人が自身を触れば悲しい気持ちになる。故に自分も生理規範を遵守し，他者の気持ちを配慮すると述べている。

Sn.S さん（30代・ネワール／ヒンドゥー教徒・自営業）

Sn.S　七日間まで宗教儀礼の場にいてもいけないし，家にいてもいけない。

筆者　それはなぜなのでしょう。

Sn.S　罰があたります。もし，生理の人が宗教的儀礼にきたらその場に居合わせた人の願が壊れてしまいます。

筆者　では，生理の人はわかっていて，行かないのですね。

Sn.S　他の人の気持ちを考えてわざと行くようなことはしません。もし，生理中の人が宗教的儀礼のときに私に触れたら心の中が冷たくなります。私は入浴して，金，マサラで身を清めなければなりません。生理の人はこうなることをわかっています。

　また，規範の逸脱へのサンクションは，規範に違反した際の「罪の意識」や「罰（ばち）への畏れ」として現れる。時にそれは，目に見えない力として身体に作用する。

T.K さん（10代・ネワール・高校卒業資格取得浪人）

T.K　私の家の一番上には大きい神様がいます。もし，生理の穢れが消え

ていないのに，知らずに触れてしまったら，夜皆が寝ているときにひとりでに台所の皿が落ちて，金縛りにあいます（と言って首を締める真似をする）。

3.2.2　無意識的（ハビトゥス的）実践

先の消極的実践のように生理規範は苦痛や反発，逸脱への恐れを伴いながら女性に遵守される一方で，その文化的な意味が当人にほとんど意識されることなく自明の慣習として無意識的に遵守されることもある（ハビトゥス的実践）。

3.2.3　積極的実践：休息の獲得と自己実現的側面

生理規範の遵守に肯定的な意味づけを付与するのが，積極的実践である。生理規範の肯定的な意味づけとして，A．休息としての生理規範，B．宗教的な自己実現としての生理規範という側面がある。

A．休息としての生理規範

生理規範に対しては回答者の8割が不快感を示しているが，例外として休息としての生理規範については支持するという人もいた。

大学教員のN.Dさんは，宗教的な根拠を逆手にとり休息としての生理規範を正当化する。彼女は，宗教的な禁忌があるからこそ，女性たちが堂々と生理中に休息をとることができるし，皆も納得するのだと述べている。

> N.Dさん（40代・ブラーマン・大学教員）
> N.D　生理中は，米など乾燥している食物なら触ってもよいです。台所に入りません。娘，夫，使用人がつくります。自分でつくる際は，使う分を家族にとってもらいます。礼拝はしません。夫や義父に触れてはいけません。
> 筆者　なぜですか？
> N.D　宗教が休息をとらなければならないと言います。（宗教が）「○○してはいけない」と言えば，仕事を休むことができます。科学的な理由だけでは，皆納得しないでしょ？

B．宗教的な自己実現としての生理規範

　女性たちは生理中の台所の出入り，共食や接触の規制を不快としていたが，宗教儀礼の自重については自己実現，神への尊敬を表す行為として積極的に遂行されていることがわかった。ここで注目すべき点は，回答者の73％が科学的な知識に依拠して生理中の自己の不浄性を否定する一方で，92％が寺院参拝・宗教儀礼を自重している点である。[8]

　寺院参拝・宗教儀礼の自重は匿名性の低い家庭内の文脈を除き，台所の出入りの禁止，男性家族成員への接触の禁止等に比べ極めて個人的な問題となる。それにもかかわらず，遵守する理由として列挙されたのは，「家族が許さない」，「規範を破れば社会的に排除される」といった他者からの強制や幼少時の社会化だけでなく，宗教や文化の尊重という理由である。以下では聞き取り調査の結果をみていきたい。聞きとり調査の結果においても，信仰に関わる部分では生理規範の相対化や距離化を停止する姿勢がみられる。

　女性学を学んだP.Mさんは台所の出入りを禁じる生理規範に対して家族に変更を迫った。その結果，生理中の台所の出入りや食物の接触の規制は，廃止されたのだと言う。他方で，生理中の寺院参拝・宗教儀礼の自重は，神への敬意を示す自らの意思によるものだとする。彼女は，規範に違反することによる「罰（ばち）」も自身の穢れについても否定するのである。

　　P.Mさん（20代・ネワール／仏教徒・NGO勤務）
　　筆者　（自宅で宗教儀礼をしないという発言に対して）生理中は寺院参拝しますか。家の外ならば寺院参拝しても誰もお説教する人がいないから大丈夫だと思いますが。
　　P.M　行きません。行こうと思いません。気持ちがそうさせます。
　　筆者　罰があたるということを信じますか。
　　P.M　罰があたるとも，自分が穢れているとも思いません。信仰と密接にかかわっています。
　　筆者　神への敬意ということでしょうか。
　　P.M　言うなれば，敬意に近いと思います。

　同じく女性学を学んだV.AさんとSr.Sさんは，生理規範における矛盾を

指摘する。V. A さんは，台所の出入りは禁じるが，同じ場所にある食材は共有する点に生理規範の一貫性のなさと無根拠さを見出すのだ。Sr. S さんは，未婚の女性のつくった食事を食べないという規範を事例に，一部の規範は「女性を苦しめるために設定されたもの」として批判的に検討する。また，他国において生理規範が存在しないことも，規範に違反しても罰があたらないことを理解している。その上で，先達・年長者が維持してきた規範を遵守する必要性や尊敬の念から，生理中の寺院参拝・宗教儀礼の自重を肯定する。

 V. A さん（20代・マガール・主婦）と Sr. S さん（20代・リンブー・NGO 勤務）
 筆者 生理規範は差別だと思いますか。
 V. A 差別でしょう。台所に入ってはいけないとか。でも，矛盾的なのは台所に入ってはいけないのに，そこにある調味料を使った料理は皆が食べることです。生理規範の話はネパールだけの事柄だと思います。
 筆者 罰があたるということを信じますか。
 V. A 信じません。他の国の女性は生理規範を遵守していないのですから。でも，遵守しなければいけません。目上の人が言っていることなのですから。
 筆者 ヒンドゥーの影響でしょうか。
 Sr. S 私たちは宗教儀礼だけしません。それは，尊敬のためと言うだけです。ブラーマンは未婚の娘が作った食事は食べない。息子のつくったものを食べる。私はこの慣習は，嫁を苦しめるためにつくった規範だと考えています。

 学生時代に反政府運動に身を投じ，現在 NGO の代表を務める D. G さんもまた，生理中の寺院参拝や宗教儀礼の自重に関わる「超越的な存在」に対しそれ以上追及することを避ける。彼女は，生理規範や産穢の規範の一部が「ナンセンス」であると認識しているのにも拘らずに，である。超越的な力（super power）の話というのが，寺院参拝・宗教儀礼の自重の理由なのである。

 D. G さん（54歳・ブラーマン・NGO 代表）
 筆者 生理規範の遵守についてはどのように考えますか。

 D.G ブラーマン，チェットリに共通して見られます。ブラーマンにおいては，生理中や産後は触れることができません。家畜小屋においたりします。ナンセンスです。
 筆者 生理中，女性は寺院参拝・宗教儀礼をしない方が良いと考えますか。
 D.G 文化の一部です。私たちの心の中に強い信仰があります。超越的なもの（superior）に対して躊躇があります。生理中に寺院に行くことは怖くありませんが，行こうと思いません。百％の女性が（生理中に）台所に入って食事をつくりますが，宗教儀礼はしません。超越的な力（super power）の話だからです。

　男性との接触や女性の穢れ観を助長する生理規範について批判的な意見をもつ高学歴女性であっても，信仰としての生理規範を維持するという姿は先に見たとおりである。時に科学的知識は，信仰の遵守の手段として活用される。生理の滞留や停止は別の問題を生起するが，行為を制約する要因としての生理を制御したい。そんな女性の願いを叶えたのが，生理の科学的知識と薬であった。後述するR.SさんやM.Sは，結婚式という人生において重要な宗教儀礼の際に生理を遅らせる方法について言及する。R.Sさんによれば，人によっては儀礼の四日前に薬を服用するのだと言う。

 R.Sさん（ネワール／ヒンドゥー教徒・主婦）
 R.S 結婚式に生理があたりそうだと思ったら，4日前に薬を飲んで延ばします。お寺に4日間入ってはいけないし，先祖に触れてはいけないからです。あなたには新しい話でしょう。

　大学教員のM.Sさんからも，同様の話しを聞くことができた。結婚式のような重要な宗教儀礼の日程は祭祀と相談して決める。従って，生理があたりそうでも，別の日程の候補があればそれを選ぶことができる。万が一の場合は，儀礼前に薬を飲んで生理を遅らせると述べていた。生理の科学的知識は，「穢れ」という認識を排除するのではなく，聖なる文脈にあわせて自己の穢れを一時的に排除する（遅らせる）ために使用されることとなったのである。

M.Sさん（ブラーマン・大学教員）
Sn　　生理中は寺院参拝しません。怖いです。7日間法事にも行きません。
M.S　前もって祭祀に日程を相談しながら生理を避けることができます。何か大きなプログラムがあるのに娘が生理になりそうなときは生理を延ばします。

以上，生物学的知識に依拠して生理＝穢れという捉え方を否定し，生理規範を差別として批判しながらも，生理中の寺院参拝・宗教儀礼を自重する高学歴女性の矛盾的な態度とその理由付けについてみてきた。ここでは，女性たちによる生理規範のもつ差別性の相対化は経験的に認識できる人間間の関係に留まるが，決して相対化という営みから外れているわけではない点に留意したい。

3.3　判断停止という選択

次に，注目したい点は，高学歴で女性学の素養のある女性たちが，生物学的知識に依拠して生理＝穢れという捉え方を否定し，生理規範を差別として批判しながらも，生理中の寺院参拝・宗教儀礼を自重するという矛盾的態度である。

構築主義的ジェンダー論に依拠すれば，次のような解釈が想定される。すなわち，判断を停止し差異を受容する姿勢は，構造による拘束を意味する。人間間の穢れの伝播を相対化する一方で，神との関係においては判断を停止する彼女たちの行為は，統一身体をもつという「信仰モードに従っての演技」（Butler）の結果である。「なぜだかわからないが，生理中の寺院参拝を拒絶する」という態度は，無意識的に生理中の寺院参拝を自重するという点で「ハビトゥスとしてのジェンダー」の表れ，あるいは，神という外在的な規定因に自己の存在を委ねているにすぎない。判断を停止し差異化を受容する姿勢は，構造による拘束を意味するものである。それは直接的・間接的に男女の不平等な資源配分にも帰結するという解釈である。

他方，本稿で強調したいのは，次の点である。相対化のもつリスクおよび相対化を止める「判断停止」のもつ可能性である。ジェンダー秩序の解体においては行為者に恒常的な相対化，すなわち，自己の統一身体像を客観化し違和に敏感になることが求められる。しかしながら，ある飽和点を越えると相対化は，

自己のおかれた状況認識へのコミットや事象への「関与」を要求する。それが過度の事象への固着を生み，次なる行為の妨げとなることもある。例えば，かつて女性解放・男女平等を模索する過程で，女性の生殖機能を嫌悪するに至ったフェミニストも，逆に女性性を賞賛し過度に愛着を示したフェミニストも結果的に生殖機能に固執することになった（荻野 2002）。これは，女性差別の構造的な陥穽の所産ではあるが，「なぜ，男性と同じ地位が獲得できないのか」という点に深く関与した結果とも言える。フェミニズムも意図的に演じるべきものだとすれば，それは恒常的な関与を要求するものでもある。「信仰モードに従った演技」に亀裂が生じ，女が演じきれないということに気づく可能性があるのと同様に，「フェミニストを演じきれない」と気づいたときの衝撃のリスクも否定できないのではなかろうか。

　このような場面において状況に身を任せてみるという意味での「判断停止」は，自己の置かれた状況への過度の固着からの「解放」を意味する。相対化を止め「外在的規定因」に自己を委ねることで，「状況をあるがままに受容する」ことが可能となる。そして，行為者は現実に許される新たな選択肢を練ることが可能となる。このような場面において状況に身を任せてみるという意味での「判断停止」は，自己の於かれた状況への過度の固着からの「解放」を意味する。日常には，自己を外在的規定因に委ねるという意味で少なからず「本質主義的」に振舞わざるを得ない状況が存在する。それは，権力への屈服というよりはむしろ，現実に直接対峙する姿勢の証左である。たとえ，即時的な解決には至らないにしても，着実な一歩を踏み出したことになるのだ。

　以上から，本稿では，構造に搦めとられまいと間断なく外在的規定因をはずし，差異が定着することを回避し続ける構築主義的ジェンダー論の方向性を「疾走することのもつ原動力」として位置づけた。それに対する新たな解放の原動力として，ネパールの女性たちの姿から導かれた「留まることのもつ原動力」を提示した。

4　結びに代えて——再び「意味世界」

　現実に生きる人々の意味世界に接近して見えたものは，実践の三つの類型お

よび「判断停止」の戦略であった。後者については，構造に搦めとられまいと間断なく外在的規定因をはずし，差異が定着することを回避し続ける「相対化」だけではなく，判断を停止するという行為者の側面を我々に印象付ける。伝統と近代，フェミニズムと信仰という異なる力学の中で引き裂かれずに「飄々と」生きるネパールの女性たちの姿から次の点を導くこともできる。すなわち，現実と理想との間で，あるいは権力や異なる力学の間で自己が引き裂かれることによる苦悩を停止し，現実を受容する。そして，その地点から可能な変革の手段をやり繰りする姿である。このような彼女たちの姿勢は，差異の固定化を回避する脱構築，認識的な転換，相対化に特徴付けられる構築主義的ジェンダー論の解放の方向性から抜け落ちる視点を提示する。それは「権力が構築した一時的な差異」に還元し解決することにはない「差異を受容し変革する」という可能性である。

注
(1) 「個人には主体的な選択の自由があり完全に自分の利益を追求できるのに闘争が生じることなく社会秩序が成立しているのはなぜか」という問いが社会学の起点と言える。
(2) 西垣は，生命科学，情報工学，心理学，社会学，哲学，倫理学，文学，教育学，経営科学，精神医学にまたがる知の学際的な複合体を指すことばとして位置付けている（西垣 2010：40）。
(3) このパターンは，家族，職場，学校，社会的活動，法律（民法，刑法），諸制度（商業サービス施設，病院制度，福祉・社会保障制度，税制），儀礼（冠婚葬祭），メディアといった社会のさまざまな場面で見られる（江原 2001：199）。
(4) 構築主義的ジェンダー論を，差異の固定化を回避するための準拠点の非措定（未決状態の連鎖），言語や認識活動の重視しながら差異の根拠を問い，権力操作の痕跡を浮かび上がらせる脱構築の二点に特徴づけられる研究・実践の総称として使用する。
(5) Butlerは「わたしたちが内的特徴とみなしているものはわたしたちが何らかの身体行為をとおして予想し，うみだしているもので，極端にいえば自然化された身振り（ジェスチャー）の幻覚的な結果である」と述べる（Butler 1999＝2000：72）。
(6) 加藤がいうところの本質主義（加藤 1995：202）。
(7) その他に，食事の支度の禁止や野菜，果物，植物や種に触ることの禁止，生理中に家を離れる別屋の慣習（チャウパリ）等が挙げられた。
(8) なお，生理中に寺院参拝すると回答した人は9人。その理由として「生理だからといって信仰をとめることはできない」，「生理は自然の理だから」が挙げられた。

参考文献

Butler, Judith, 1999, "Preface in Gender Trouble" (=2000, 高橋愛訳「『ジェンダー・トラブル』序文」『現代思想』(28-14): 66-83.)

―――, 1990, *Gender Trouble: Feminism and the Subversion of Identity*, New York and London: Routledge. (=1999, 竹村和子訳『ジェンダー・トラブル――フェミニズムとアイデンティティの攪乱』青土社.)

―――, L. Ernesto and Z. Slavoj, 2000, *Contingency, Hegemony, Universality: Contemporary Dialogues on the Left*, New London and New York: Verso. (=2002, 竹村和子・村山敏勝訳『偶発性・ヘゲモニー・普遍性――新しい対抗政治への対話』青土社.)

――― and C. Drucilla with C. Phengand G. Elizabeth, 1998, "The future of Sexual Difference: An Interview with Judith Butler and Drucilla Cornell," *Diacritics*, 28-1. (=2000, 板場純子訳「性的差異の未来――ジュディス・バトラー, ドゥルシラ・コーネルとのインタビュー」『現代思想』1 (28-14): 126-153.)

江原由美子, 2001, 『ジェンダー秩序』勁草書房.

―――, 2002, 『自己決定権とジェンダー』岩波書店.

加藤秀一, 1995, 「ジェンダーの困難――ポストモダニズムと〈ジェンダー〉の概念」井上俊・上野千鶴子・大澤真幸・見田宗介・吉見俊哉編『ジェンダーの社会学』岩波書店, 189-208.

―――, 1996, 『性現象論――差異とセクシュアリティの社会学』勁草書房.

―――, 2001, 「構築主義と身体の臨界」上野千鶴子編『構築主義とは何か』勁草書房, 159-188.

木村忠正, 2012, 『デジタルネイティブの時代――なぜメールをせずに「つぶやく」のか』平凡社.

Kneer, Georg and A. Nassehi, 1993, *Niklas Luhmans Theorie Sozialer System*, Munchen: Wilhelm Fink Verlag. (=1995, 舘野受男他訳「ルーマン社会システム理論」新泉社.)

西垣通, 2010, 「ネオ・サイバネティクスの源流」『思想』1035: 40-55.

新田啓三, 2004, 「ポスト人間身体への展望――自己愛と暴力のアイロニー」『現代思想』32 (7): 164-178.

荻野美穂, 2002, 『ジェンダー化される身体』勁草書房.

佐野麻由子, 2005, 「近代化の過程における女性の汚穢――生理規範の変容を事例にして」『若手支援のためのワークショップ報告書』お茶の水女子大学21世紀COEプログラムF-GENS Publication Series No. 10: 59-73.

―――, 2006, 「身体経験にみるジェンダー秩序とその変容――ネパールの女性解放の端緒として」立教大学大学院社会学研究科2005年度博士論文.

竹村和子, 2000, 『フェミニズム』岩波書店.

―――, 2001, 「『資本主義社会はもはや異性愛主義を必要としていない』のか――『同一性の原理』をめぐってバトラーとフレイザーが言わなかったこと」上野千鶴子編『構築主義とは何か』勁草書房, 213-253.

―――,2003,「『いまを生きる』"ポスト"フェミニズム理論」竹村和子編『思想読本"ポスト"フェミニズム理論』作品社,106-117.

常田夕美子,2011,『ポストコロニアルを生きる――現代インド女性の行為主体性』世界思想社.

上野千鶴子,2001,「はじめに」上野千鶴子編『構築主義とは何か』勁草書房,i-iv.

―――,2001,「構築主義とは何か――あとがきに代えて」上野千鶴子編『構築主義とは何か』勁草書房,275-305.

コラム　内的世界と外観——『アラビアのロレンス』（1962）

　『アラビアのロレンス』（1962）は一般的にヒューマン・ドラマ，もしくは歴史映画というジャンルに分類して差し支えないだろう。イギリスの将校，ロレンス（ピーター・オトゥール）率いるアラブ軍がオスマントルコを破るまでの物語を描いているからである。本作はほとんどが実写で撮影されたものであるため，背景や小道具なども徹底的に現実的な印象を鑑賞する人に与える。しかし一見モノトーンで変哲のないように思われるこの映画は，実は宗教的なメタファーを多大に含んでいるような気がしてならない。

　序盤のロレンスは軍司令部からの作戦を受け，意気揚々とアラブへ向かう。この時彼は陸軍らしいベージュの軍服をまとっている。軍人としてのアイデンティティを保持しており，ロレンスの人格が不動であった頃の象徴として軍服が描かれているのである。しかし，一人のアラブ人を救い，純白の民族衣装に着替えたロレンスはその衣装に象徴されるように，内面を変遷させていく。任務よりも一アラブ人の人命を尊重したのである。ここで情熱的でまじめなイギリス陸軍人であるロレンスはいなくなってしまったのである。しかし，ほどなくその純白は砂漠によって汚されていくのである。自ら救ったアラブ人を処刑しなければ

ならなかった彼の葛藤を暗示しながら。そしてその汚れは消える事はない。物語が進むにつれ，彼は次々と命を奪う場面に遭遇する。付き人である子供を安楽死させること，撤退中のトルコ兵に対する虐殺など，血なまぐさい事件が続く。ところがそんななか，ロレンスはふとした拍子にトルコ軍の捕虜となってしまう。そして汚れた衣服を脱がされ，ムチ打ちの刑を受ける。鮮血が飛び散る描写こそなかったものの，やはり見ている人の頭の中には血の赤色が思い起こされるのである。

　ここで，ロレンスに関してひとつの宗教的なナラティヴが成立しているように思う。人命を救助し，部族の生殺与奪の権利を与えられたロレンスはまるで神であるかのような純白の衣服をまとう。しかし生命を奪うという行為にだんだんその純白は染まっていき，ある段階で罪と罰を受ける。そして彼のイメージカラーは血の赤と変わり，懺悔の意味を持つ，といった具合である。

　懺悔とは本来神への回心，帰依を意味するはずだが，ロレンスには作用したのだろうか。否，彼はあろうことかアラブ民族を見捨ててイギリスの陸軍に戻ってしまうのである。彼の一番の理解者であったアリ（オマー・シャリフ）と別れるときに放った言葉，「人は自分の出来る事しか出来な

い」が印象的である。つまり，ここでロレンスはもとの唯物的な軍人へと戻ってしまったことがわかる。そしてそのことは意外な場面で強調されることとなる。それは，ロレンスが戻ったイギリス陸軍の本隊の駐屯していた壁画であった。それはアラベスク様式の文様で描かれていたのである。その文様は幾何学的と言われ，科学を古代から象徴する意味を持っている。つまり，神が絶対であった古代において科学を主張したものなのである。そんな文様は，まさに神の領域とは決別したロレンスの内面を表していると言っても過言ではないだろう。彼の内的世界において，「神は死んだ」のである。そして冒頭に導かれるように，彼は死ぬこととなる。

　このようにロレンスの劇的な内面の変化が小道具の色などによって象徴される一方，全く変化しない，一定のコントラストで描かれるものがある。「空」である。劇中の空は一貫して青空を貫き通す。砂嵐の場面でも，である。この対比は，人間の内面という極めて個人的な事柄が衣服や壁画といった人工物で表されるのに対し，いわゆる「神」の超自然性，人間との無関係性が空の一貫性に描かれているように思う。地上で何が起ころうとも，空＝天では何の異常もない秩序，シニカルな厭世的世界が描かれているのである。

　植民地時代とナショナリズムの高揚を背景にした『アラビアのロレンス』はただ単に歴史をモデルにしただけでなく，当時の複雑な宗教関係とおのおののアイデンティティに関する問題をメタファーとして描写していると私は思うのである。それを視覚化して暗示していることが，映画としてこの作品が大成したことのひとつの大きな意味なのだろう。

亀井裕城（かめい・ゆうき，慶應義塾大学文学部2年，2009年度当時）

コラム 江戸の貧乏長屋における差別と表象のストラテジー
——『丹下左膳餘話 百萬兩の壺』(1935),『人情紙風船』(1937)

　いつの時代にも差別はつきものである。そしていつの時代でも差別される者は，立場の逆転を狙って様々なストラテジーを行使する。不朽の名作と言われる二作品を通して，それを示す。

　『丹下左膳餘話 百萬兩の壺』(1935)は，百萬両の在り処が示されていると小藩に伝わる「こけ猿の壺」をめぐる物語。その小藩の出で，江戸に嫁いできた源三郎（沢村国太郎）はその壺が貴重なものだと知らずにくず屋に売ってしまう。結局その壺は，矢場に丹下左膳（大河内傳次郎）と共に住んでいた親無し子，ちょび安（宗春太郎）の元に渡る。壺をめぐって起こる出来事を描いた人情喜劇。

　『人情紙風船』(1937)は，江戸時代の貧乏長屋が舞台。浪人の海野又十郎（河原崎長十郎）は仕官の口を頼りに父の知人，毛利三左衛門（橘小三郎）のもとに何度も足を運ぶが相手にされない。常に武士らしく毅然とふるまう又十郎であるが，精神的に追い詰められていき酒に手を出す。紙風船作りの内職で夫を支える妻のおたき（山岸しづ江）は絶望の中又十郎を刺す。

　どちらも差別をテーマに扱った作品ではないが，共通して差別の表象が描かれている。

　まず『人情紙風船』の市（阪東調右衛門）は盲目という差別の表象を持つ。市は盲目であるがゆえに，長屋の男に煙管を盗まれたり，食べ物を横取りされたり，くじ引きをさせてもらえなかったりと，何かと差別されいじめられる。しかし市は実にしたたかで，「これでも見えんと思っとるか」と言って，食べ物を奪い返してしまうし，煙管も修理させて奪い返す。市は見下されるだけの存在ではなく，逆に見返して他人をあざ笑ったりもする。劇中で市は，盲目は劣っていることを意味しないことを行動で示す。

　一方，『丹下左膳餘話 百萬兩の壺』には二人組のくず屋が登場する。くず屋というのは江戸時代では非常に社会的地位の低い人々であり，現在は放送禁止用語にもなっている。そのような差別される人物，くず屋の茂十（高勢実乗）がこの作品でどのように描かれていたかというと，先の映画とは対照的に，いかにも滑稽という描かれ方をしている。おそらくメイクによって，目元には隈があり，眉毛は垂れさがっている。服の着方もだらしなく，表情はチャップリンを思わせるひょうひょうとした風である。そんな茂十がこけ猿の壺を金魚鉢代わりに子供にあげてしまうシーン。子供が「おじさん，これホントは何入れとくもの？」と尋ねる。それに対して茂十は「そ

第3章　生物と文化の多様性

れはねぇ、金魚を入れるもんじゃねぇんだよ。ホントはね、塩せんべい入れるもんだよ」と言った後「なんちゃって」という風な変顔をする。言っていることはナンセンスで、全く上手いこと言ってるわけではない。しかしこの滑稽でアホな感じは私たちの差別心をくすぐり、微笑ましく思えてくる。『人情紙風船』の市とは対照的に、このくず屋は差別の表象を全うし、私たちを笑わせる。差別の表象を甘受し、差別を「笑いごと」にしてしまう。

市は差別の表象に対して、「見返す」ことにより真っ向から対抗した。それに対し、くず屋の方は差別の表象を受け入れて全うし、笑いとばすという方法で差別の表象を無効化させようとした。それぞれがそれぞれのストラテジーをもって、差別に立ち向かっていったのである。

早崎順一郎（はやさき・じゅんいちろう、慶應義塾大学文学部2年、2011年度当時）

第4章　まちづくりとまちおこし

　第4章では，地域に関係する人々が集う場として，イベントを通じたコミュニティ形成を扱う。ここで取り上げる，都市における空間メディア，地域情報化，フィルム・コミッション，音楽空間，メディア・イベントという五つのキーワードは，いずれも地域内外の人々の交流を促進して地域コミュニティを活性化させるための仕掛けとして，近年各地で取り組まれている。これらをはじめとする人々の交流で生み出されるのが，会社などの既存の組織での人間関係とは異なる，社会規範や相互の信頼を基にして醸成される人間関係であるソーシャル・キャピタルである。ここでは，その形成過程のケーススタディとして健康なまちづくりを取り上げる。人々がどのような問題意識をもち，どのように集い，そして，どのように課題の解決に向けて取組を進めていくのかを知り，それが特定の地域だけにとどまる事象ではなく，グローバルな視点で捉えるべきものであることを読み取っていただきたい。

1 都市における空間メディア
urban development and media　　　　　田浦 俊佑／御手洗 綾子

■都市政策とイベントメディア

　一都市のみで独立した政体を構成する都市国家と，そこでのイベントメディアの役割について考察するのが本稿の目的である。ここでは中国の特別行政区であるマカオと香港を比較対象とする。マカオは，カジノに代表されるレジャー産業と，ポルトガルに影響された文化的特徴で知られる。香港は，中国の他の地域にはない経済的な自由や情報・表現の自由が許されており，観光産業に大きな力点が置かれている。

■各都市のイベント／キャンペーンと都市政策

　マカオと香港を比較すると，都市政策とイベントの結びつきにはそれぞれのパターンが存在することが分かる。

　マカオでは，その特徴である都市空間そのものをイベント化している。これは，直接的に政府が国民生活に介入しようとするのではなく，逆に日常の生活空間がもつ文脈はそのままに，それらがイベント的に意味づけされやすいような都市構造を目指す方法である。このような空間全体が文脈を備えたイベントの集合となっている構造は，ディズニーランドが代表格である。ディズニーランドとマカオは，ディズニーランドはウォルト・ディズニーのファンタジー世界観，マカオはポルトガル文化の影響を受けた世界観で都市が構成されている。さらに，入園／入域の際に自動車を放棄すること，また前者におけるアトラクション施設／後者におけるカジノ等の観光施設への入場に貨幣を必要としないこともあり，空間的な類似性が認められる。マカオでは，政府がディズニーランドと意図して街を設計したのではなく，ポルトガルの影響を受けた特異な文化により，日常そのものがイベントとしての空間演出機能を有しているという特徴に加えて，ラスベガスを目指そうとした政府の戦略が重なったことで，「空間のイベント化」として成功したのである。しかしラスベガスは「イベントの分散的な配置」に成功したに過ぎない。コンベンションや，ショッピング，アトラクション，ショービジネス等様々な集客装置を場内に多数配置してはいるものの，総体としては何の文脈も持ち合わせていない。両者を見比べると，マカオがラスベガスと同じ道を歩もうとすることの不当性は示される。

　こうしたディズニーランド的な「イベント化された都市空間」とラスベガス的な「イベントを配した都市空間」の違いを考えてみると，都市空間におけるイベ

ントのあり方に関する限りでは，香港はラスベガス的な特徴を持っている。香港は，元々イギリスの統治下にあったことから，高度な自由を享受し，デモや各の種屋外イベントが盛んであり，また，多くの劇場やショッピング・サイト，ナイトスポット等が存在して，イベントが配置された都市空間としては非常に魅力的である。しかし，そこには都市空間としての統一された世界観は読み取れず，香港は，劇場やコンベンション，ホテル，ナイトスポット等の他に，2005年秋にオープンした香港ディズニーランドを擁した，ラスベガス型の「イベントを配置して都市空間」になっているといえる。

■ 政策によって生じる都市空間の差異

　これら二つの都市政策とイベントの関係パターンを概観して言えることは，都市空間に合ったイベントを選択することの重要性と，都市空間をイベント化することの難しさである。行政の画一的な政策手法への固執や，都市空間に現れる表面的な事象を基に策定された都市政策では，潜在的に可能であるはずの都市空間の発展を阻害しかねないとも言えるのである。都市のメディアへの対応に関しても，多くの場合は「一般論」という枠の中で規定され，画一的なため時に非難を受けながら修正の時を待っている。だがそうした「一般論」の多くは，既存の規範に基づいた見方である。しかし本論で取り上げた2つの都市圏は，現在は西洋諸国の都市と同等の経済・社会システムを構築してはいるものの，その発展の過程では明らかな違いが見られる。それが各々の都市空間の差異を生み出すことにつながっており，ゆえに都市政策におけるイベントメディアの扱われ方にも相違が生じるのである。

2 地域情報化 informatization of community

高田 義久

　地域情報化とは，インターネットなどの情報通信技術（information and communications technologies: ICT）基盤を媒介として，地域社会を支える住民，地方自治体，企業，NPOなどの多様な主体間で情報と知識の共有を図ることで，地域社会の抱える課題解決を図り，さらには地域社会の活性化を導くことである。

　地域においてICTを活用した取組の範囲は多岐にわたるが，丸田一（2007）は，地方自治体における情報システム整備などの電子自治体の構築を「自治体内部の情報化」，地方自治体が遠隔教育，遠隔医療などのICTサービスを地域に提供することを「自治体が行う地域の情報化」として，さらに，住民，NPOなどの「自治体以外の主体が行う地域の情報化」を加えた。そして，前2区分を「行政情報化」とし，後2区分（「自治体が行う地域の情報化」は重複）を「地域情報化」とした。

　従来は，行政が地域情報化の主体であったため，上記の区分の「行政情報化」を地域情報化と指すことが多かったが，近年はNPOなどによる取組が活発化していることから，地域情報化の主体を行政だけと捉えるのではなく，対象範囲を，広義では上記の3区分すべてを含み，狭義では地域社会への影響が限定的な地方自治体内部の情報化（電子自治体）を含まないと解せよう。

■地域情報化の経緯

　郵政省（当時）が地域における通信基盤整備・情報流通を支援するテレトピア構想を打ち出した1983年以降，各省庁から，地域における様々な情報化構想が打ち出されたことが，日本における地域情報化の端緒である。

　これらの整備主体は行政であり，地方における情報産業振興・立地支援，あるいはICT基盤整備を主な目的としていることもあり，この時期の地域情報化構想は，「国土開発計画や（中略）産業政策の一部としてとらえるのが適切だと言える」（大石 2011）との指摘もある。

　一方，1990年代中旬からのインターネットの普及により，地域においてICTの活用が容易となり，また，1998年に特定非営利活動促進法（NPO法）が制定されるなど，NPOという新たな活動主体が認知されるようになると，地域においても行政以外の主体による地域情報化活動が現れるようになってきた。

　2000年代以降は，動画などの大容量データを高速で送受信できるブロードバンド通信，どこでも情報ネットワークとつながることのできるモバイル通信などの

ICTサービスが技術的進歩を遂げて，利用コストも低下したことにより急速に普及した結果，一部の条件不利地域を除いて，それらの先進的な通信サービスが利用できる状況になった。

■地域情報化の新たな展開

このようなICTサービスの普及により，地域情報化の焦点はICT基盤の整備から，ICTを利活用した地域の課題解決，地域活性化に移り，地域においても行政だけでなく，住民，NPOなどの新たな主体が地域情報化に取り組む動きが全国各地で起こっている。

丸田一（2006）は，このような地域における新たな主体が取り組む地域情報化を「情報技術で知的にエンパワーされた住民等が，地域において，アクティビズムを発揮し，プラットフォームの設計やイメージの具体化などによって，共働型[*]社会を形成するプロセス」と位置付けている。

　　＊「共働」とは「協働」（collaboration）の意味に加えて，説得・誘導型の相互作用である「共」の概念を含んでいるとする（丸田 2006）。

現在，日本においては，地縁・血縁といった地域における既存のコミュニティが縮小する一方，都市部をはじめとして人々の流動性が高まることで，地域内での新たなコミュニティの構築が進みづらい状況にある。また，地方自治体の財政状況が厳しいことから，地域において求められる公共サービスをすべて提供することはできず，新たな担い手が求められている。

そこで，地域における新たなコミュニティや「新しい公共」の役割を担うソーシャルビジネスなどの事例が登場しており，これらの活動を円滑に進めるためにICTが利活用されている。先進事例としては「彩（いろどり）事業」（徳島県上勝町），「住民ディレクター」（熊本県など），「インターネット市民塾」（富山県など），地域SNS「ひょこむ」（兵庫県）などが挙げられる。

このように，地域においてICT基盤を構築するのみならず，ICTを利活用することによる地域の情報発信やコミュニケーションの充実を通して，新たな人的ネットワークやコミュニティが形成されることにより，地域社会の絆の再生を図ることができる。

このような地域情報化活動は今後も進展するであろうが，継続して活動を行うためには，十分な人的・資金的リソースが必要であるところ，自立に向けた取り組みが求められる。

3 フィルム・コミッション
film commission

嶋 香織／田中 まこ

　フィルム・コミッションとは，映画，テレビドラマ，CMなどのあらゆるジャンルのロケーション撮影を誘致し，実際のロケーションをスムーズに進める非営利公的機関である。多くが都道府県や区市町村など自治体に組織されており，国内ばかりでなく国際的なロケーション誘致・支援活動の窓口として，地域の経済・観光振興，文化振興に大きな効果を上げている（ジャパン・フィルムコミッション 2011）。もとはアメリカで生まれた制度であり，映画の撮影時，とくに公共施設や政府管理の道路，橋等を利用するときに映画制作チームと地域の間に入り，地域の理解を得る調整役として動いていた（菅谷ほか 2009）。また，フィルム・コミッションには「映画やテレビ番組などの映像制作やロケーションを誘致して，幅広く支援する」という機能がある。

■日本における経緯と要件

　日本では，2000年に大阪ロケーション・サービス協議会（現・大阪フィルムカウンシル），神戸フィルムオフィス，北九州フィルムコミッション，横浜フィルムコミッションが相次いで設立された。約10年経過した現在では全国に広がり，その数はジャパン・フィルムコミッションに加盟している団体数だけでも90を超えている。主な運営主体は自治体や外郭団体，NPO，商工会などである。フィルム・コミッションに似た組織は乱立しているが，フィルム・コミッションの3要件として，(1)非営利公的機関であること，(2)撮影のためのワンストップサービスを提供していること，(3)作品内容を問わないことが挙げられる。撮影隊と金銭の授受を行わない関係を保つため資金援助やタイアップ協力はしないことになっている。また，撮影に関する一元的な窓口を担い，ロケーション情報の提供や，公的施設等を利用する際の許認可調整を行う。作品の内容をFCが評価することになるため，フィルム・コミッションは全ての依頼作品を支援し，撮影の内容や規模によって優遇・拒否することはない。ただし，ロケ地の使用については管理者によって断られることがある（ジャパン・フィルムコミッション 2011）。

■日本における展開の意義

　フィルム・コミッションの展開の意義は2点ある。映像文化の発展と経済効果である。映像文化の発展の観点では，全国各地でのロケーション支援により日本という地の多様な「地域」が活かされると，映像作品に多様性が生まれる。ロケーションの選択肢が広がればそれだけ作品の質を高めることが可能になる。

経済効果の観点からは,「直接的経済効果」と「間接的経済効果」の2点が考えられる。「直接的経済効果」とはその地域に撮影に訪れるスタッフなどが宿泊や食事をし，その地域でお金を使っていく効果である。「間接的経済効果」とは映像作品がその地域で撮影されたことをもとに観光客が訪れるものであり，地域活性化や観光振興につながる（菅谷・中村 2002）。

　地方分権化が進み地方自治体の自立が求められる昨今では地域産業を発展させる観光振興が重要な課題である。佐賀県武雄市で撮影された「佐賀のがばいばあちゃん」をはじめ実際にヒット映画がロケ地に多くの観光客を呼び込むというケースはいくつもあり，地方自治体を潤している（中村・前野 2008）。ロケーション誘致は，地元の資源を発信し観光産業を促進させる地域産業の一つとして重要視されているのである。

　また，こうしたロケーション誘致を経て地域の住民が地元の資源を再確認し，地域アイデンティティが醸成される効果もある。ロケーション誘致は，文化振興と経済効果を含む地域活性効果を狙って多くの自治体でまちづくりの一環として取り組まれている。

　こうした地域におけるロケーション誘致，地域資源を活かした映像作品制作は国レベルでも支援されており，文化庁の芸術振興施策「明日の日本映画のための施策」で掲げられているほか（菅谷ほか 2009），経済産業省の知的財産戦略本部の設置，観光庁のスクリーン・ツーリズムプロジェクトなどにより国家戦略として効果が期待されている。

　しかしながら，留意すべき点がある。地域活性化の観点からすると，ロケーション誘致が必ずしも持続的な地域活性に結びつくとは限らない。いくらロケーション誘致で地域が潤っても，一部の映像制作関係者やフィルム・コミッション関係者だけで盛り上がっているだけではその地域の住民の気持ちを置いていってしまう可能性がある。それでは地域で撮影を行うのに住民の理解を得ることが困難になり，ロケーション誘致・支援や地域発展が一時的なものに終始してしまうと考えられる。いかに住民と関係を築きながら持続的な映像作品の制作支援ができるのか，フィルム・コミッションをはじめとした地域のロケーション支援組織の在り方は常に見直す努力が必要である。

4 音楽空間　sound　space

粟谷 佳司

　音楽はある「空間」を前提としている。ここでは,「音楽空間」というメディア環境について,メディアとしての社会空間論を構想している J. バーランドの議論と,M. ド・セルトーの「ユーザー」,鶴見俊輔の「限界芸術」論から考えていきたい。

■メディアの社会空間

　社会学者 H. ルフェーヴルは,「社会空間」によって従来まで数学や物理学に属する空虚なものと考えられていた自然的な「空間」から「社会空間は社会的生産物である」というように,それが社会的に生産されるところに注目していたが,バーランドは,M. マクルーハンや H. イニスなどのメディア,コミュニケーション論,ルフェーヴルを中心とする空間論を援用しながら,メディアがさまざまな力（イデオロギー的,経済的,美学的）が錯綜する「社会空間」のなかで存在するものであるという指摘を行っている。そして,そのような空間のなかでイデオロギー的,経済的,美学的な意味や実践がどのように作用するのかという「文化的な生産」を,「空間の構成」という観点から捉える。

　ここで音は,私たちの身体を空間的にとりまく環境（サウンドスケープ）になるために,メディアはそのテクノロジーやそれが消費される「空間」そのものをも含みこんだ社会編成のなかで存在する。バーランドはルフェーヴルの議論を受けて,空間が経済や美的なものも含みこんだメディア装置を唯物論的に媒介したものであると定義する。そして,ここからマクルーハンやイニスなどの読み直しを図るのである。これが「音楽空間」として含意されるものである。

■表現文化とテクノロジー

　現代の音楽空間は,アーティフィシャル（人工的）に作られた空間である。だからテクノロジーと親和的なのだ。例えば,ミュージシャンの小山田圭吾は,アコースティックギターを録音に使うことによって自然の音を空間に再現しているのだが,そこにはテクノロジーが介在している。ここでは音響空間において,アコースティックに響くように「自然」が構築されているのである。人工音響空間はレコーディングという技術とともに,実は当初からシミュラークルであった。これはレコーディング技術が,初期の記録から加工へ変化していった過程からも考えられる。現在においては,テクノロジーは専門家のもとにあるのではなく,私たちの身近なものになった。音楽ソフト「初音ミク」,ボーカロイドといわれ

るこの音楽制作ソフトによって，私たち「ユーザー」は「初音ミク」に自由に音楽を歌わせることができる。そして「ニコニコ動画」のようなインターネット・サイトによって「ユーザー」がそこへ投稿するという現象が生まれている。

■ユーザーと限界芸術論

ここで「ユーザー」について述べておこう。

私たちは日常において何気なく「ユーザー」という言葉を使っているが，セルトーはそこに新たな意味を込めている。セルトーは「ユーザー」ということによって，単なる商品の消費者ではない人々の「生産」活動を「使用者（ユーザー）」に見たのである。

そして，ここで取り上げたいのが，鶴見俊輔の「限界芸術論」の議論である。鶴見は芸術を「純粋芸術」「大衆芸術」「限界芸術」に分類している。

鶴見によると，「純粋芸術」は「今日の用語法で「芸術」と呼ばれている作品」であり，「大衆芸術」は「この純粋芸術にくらべると俗悪なもの，非芸術的なもの，ニセモノ芸術と考えられている作品」である。そして「限界芸術」は「両者よりもさらに広大な領域で芸術と生活との境界線にある作品」と定義づけている。つまり，「限界芸術」は「純粋芸術」や「大衆芸術」よりも人々の生活の領域にある活動を含みこんでいるのである。

「純粋芸術」「大衆芸術」「限界芸術」については，次のように述べられている。

「純粋芸術は専門的芸術家によってつくられ，それぞれの専門種目の作品の系列にたいして親しみをもつ専門的享受者をもつ。大衆芸術は，これまた専門的芸術家によってつくられはするが，制作過程はむしろ企業家と専門的芸術家の合作の形をとり，その享受者としては大衆をもつ。限界芸術は，非専門家によってつくられ，非専門的享受者によって享受される。」（鶴見 1967：7）

もちろん鶴見が「限界芸術論」を書いた当時は，コンピューターがこれほどまでパーソナルに普及するとは想像されていなかったのだが，彼が「限界芸術」の特徴として挙げている主に「非専門家」によって活動が行われているというところは注目されるだろう。これは，セルトーのいう「ユーザー」の「生産」という議論と同じようなところで思考しているのである。

■表現文化のテクノロジーへ

このような昨今の「ユーザー」が顕在化している音楽空間は，ニコニコ動画やYouTubeなどのテクノロジーと連動しながら「ユーザー」自身が発信するという表現文化を生み出している。現在のデジタル化されてきているメディア文化を語るうえで，音楽空間はテクノロジーの発展と連動しながら鶴見のいう「限界芸術」とも関連する文化を生み出しているのである。

5 メディア・イベント media event

福間 良明

■歴史の生中継

D. ダヤーンと E. カッツは,『メディア・イベント』(*Media Events: The Live Broadcasting of History*, 1992, 邦訳は1996年) の中で, この概念を提起している。同書は, メディア・イベントを「テレビに固有な物語のジャンル」であり,「非日常で祭礼的な視聴経験」と定義している。平たく言えば,「通常放送を中断し, ほとんどのチャンネルで同時生中継される臨時特番」と「それを共有して見る多数の人々の経験」であり,「歴史の生中継」である。

同書は, これを三つに類型化している。すなわち,「制覇型」(人類にとっての飛躍的な出来事, アポロ11号の月面着陸中継など),「競技型」(大統領候補者の討論会, 五輪中継など),「戴冠型」(王族・著名人の結婚式中継など) の3タイプである。

これらは, 必ずしもテレビ局が主催するイベントではないが, これらのイベントが大々的に報じられる中で, 祭礼的な社会状況が生み出され, 人々のある種の共通経験が創出される。この種のメディア儀礼は, 日常とは異なる荘厳さを醸成しながら, 社会統合の意識や共時的な社会意識を創り上げる。

■日本におけるメディア・イベント研究

ダヤーンとカッツのこの議論は, 日本のメディア史研究においても, 大きなインパクトを与え, 皇太子成婚パレード (1959年), 東京五輪をはじめとしたオリンピック中継, 浅間山荘事件 (1972年) がこの視点から論じられてきた。

また, カッツらの議論を参照しつつ,「企業としてのマスメディアによって企画され, 演出されるイベント」を考察したものとして, 津金澤聰廣編『近代日本のメディア・イベント』(同文館, 1996年), 津金澤聰廣・有山輝雄編『戦時期日本のメディア・イベント』(世界思想社, 1998年), 津金澤聰廣編『戦後日本のメディア・イベント』(世界思想社, 2002年) の共著三部作がある。ここでは, 新聞社主催の展覧会, 文化事業, スポーツ・イベントがメディア研究の方法で扱われた。また, アメリカ博覧会や原子力平和利用博覧会等も扱われており, 博覧会をメディア史研究に位置づける端緒となった点でも, 意義があろう。

■記念日の社会的構築

これら「イベント」とは別に, 記念日が構築されるプロセスについても, メディア・イベント論の延長で多く議論されるようになった。佐藤卓己『八月十五日

の神話』(ちくま新書,2005年)はその代表的なものであろう。同書は,ポツダム宣言を受諾した日(8月14日)や降伏文書に調印した日(9月2日)ではなく,なぜ,そして,いつから,玉音放送が流された8月15日が「終戦記念日」としてみなされるようになったのかを解き明かしている。

　戦後の初期においては,じつは8月15日はさして記念される日ではなく,むしろメディアでは,9月2日がマッカーサーによる戦勝記念声明とあいまって,大きく扱われていた。それが8月15日にシフトするようになるのは,占領終結から数年を経た1955年ごろからである。占領下の言論統制の箍が外されたことで,「降伏」を記念する必要はなくなり,玉音放送を通じた「終戦の儀式」への国民的な参加の記憶が創出・想起されるようになった。これは,単に記念される日が変わったというにとどまらない。「終戦」を記念することによって,「敗北」「降伏」に至ったプロセスや要因を思考することが遠のいてしまう。こうしたポリティクスが,「終戦記念日」の構築過程に浮かび上がっていた。

　この議論に刺激を受ける形で,東アジアにおける「終戦記念日」のズレを考察した佐藤卓己・孫安石編『東アジアの終戦記念日』(ちくま新書,2007年)のほか,広島・長崎での原爆被災日の言説変容を扱う研究も生み出されるようになった(福間良明『焦土の記憶』新曜社,2011年など)。

■議論の広がり

　もっとも,見方を変えれば,日本におけるメディア・イベント研究は,ダヤーンとカッツの問題関心とややずれている側面がある。テレビやラジオを扱いながら,「制覇型」「競技型」「戴冠型」という理念型で「歴史の生中継」の力学を検証することは,さらに進められてしかるべきであろう。だが,他方で,概念規定からゆるやかにずれたり逸脱しながら,議論や研究が進展することも少なくない。これまでの研究蓄積に伴い,メディア・イベント概念は,ある種多義性を帯びている。そこで広がった射程から,記憶の生成や歴史認識の力学をいかに読み解いていくのか。メディア(史)研究の今後のテーマであろう。

キーワード　参考文献

1　都市における空間メディア

Gu, Z., 2004, "Macau Gaming: copying the Las Vegas style or creating a Macau Model?," *Asia Pacific Journal of Tourism Research*, 9(1).

Hudson, C., 2004, "Romancing Singapore: Economies of Love in a Shrinking Population," Asian Media and Culture School of Applied Communication, RMIT University.

西山マルセーロ，2002，「中国特別行政区における旧西洋植民地歴史遺産保護政策に関する研究～マカオ返還に際歳する街並み保護政策と都市将来像の策定に関する評価を中心に～」『日本建築学会北陸支部研究報告集』45：21-24．

小仲珠世，2006，「他民族社会におけるメディア——シンガポールの多文化理解／共生に関する考察」『国際開発研究フォーラム』32：75-87．

杉谷滋，1992，「シンガポールと香港——二つの都市国家経済」関西学院大学『経済学論究』46(1)：19-40．

周剣雲，1999，「返還後の香港メディア　報道の自由と自主規制の狭間で」『人間科学』第51：81-103，関西大学大学院．

田浦俊佑，2009，「都市政策としてのイベント／メディア」慶應義塾大学メディア・コミュニケーション研究所2008年度小川葉子研究会修了論文．

高木裕宜，2005，「ディズニーランドのマネジメント——ポスト・近代的管理と組織への一考察」『経営論集』15(1)：119-129．

World Bank, 1996-2006, "World Development Indicators" Online. http://www.worldbank.org/

山田洋，2002，「二言語教育の重要性と限界——シンガポールの英語改善運動をめぐる考察」『ソシオサイエンス』8：315-329．

2　地域情報化

林茂樹・浅岡隆裕編著，2009，「ネットワーク化・地域情報化とローカルメディア」ハーベスト社．

國領二郎・飯盛義徳編，2007，『「元気村」はこう創る』日本経済新聞出版社．

丸田一，2006，「いま・なぜ・地域情報化なのか」丸田一・国領二郎・公文俊平編著『地域情報化　認識と設計』NTT出版．

―――，2007，『ウェブが創る新しい郷土』講談社現代新書．

大石裕，2011，『コミュニケーション研究　第3版』慶應義塾大学出版会．

総務省，2010，『平成22年　情報通信白書』．

3 フィルム・コミッション

国土交通省総合政策局観光地域振興課・経済産業省商務情報政策局文化情報関連産業課・文化庁文化部芸術文化課，2005,「平成16年度国土施策創発調査 映像等コンテンツの制作・活用による地域振興のあり方に関する調査 報告書」(2011年10月31日取得) http://www.mlit.go.jp/kokudokeikaku/souhatu/h16seika/12eizou/12_2.pdf

神戸フィルムオフィス，2011,「神戸フィルムオフィスとは」(2011年10月31日取得) http://www.kobefilm.jp/other/about.html

中村彰憲・前野大喜，2008,「地域映像コミュニティ政策と内発的発展における外来要因の役割に関する一考察——佐賀県武雄市テレビドラマ誘致事業の事例を中心に」『アート・リサーチ』8：45-55.

菅谷実・中村清，2002,『映像コンテンツ産業論』丸善.

菅谷実・中村清・内山隆，2009,『映像コンテンツ産業とフィルム政策』丸善.

特定非営利活動法人ジャパン・フィルムコミッション，2001,「概要｜ジャパン・フィルムコミッション」(2011年10月31日取得) http://www.japanfc.org/about/purpose.php

4 音楽空間

Berland, J., 2009, *North of Empire,* Durham and London: Duke University Press.

M. ド・セルトー，山田登世子訳，1987,『日常的実践のポイエティーク』国文社.

H. イニス，久保秀幹訳，1987,『メディアの文明史』新曜社.

H. ルフェーヴル，斎藤日出治訳，2000,『空間の生産』青木書店.

M. マクルーハン，栗原裕・河本仲聖訳，1987,『メディア論』みすず書房.

Szemere, A., 1992, "Bandits, heroes, the honest, and the misled: exploring the politics of representation in the Hungarian uprising of 1956," Grossberg, L. et al. eds, *Cultural Studies,* New York and London: Routledge.

鶴見俊輔，1967,『限界芸術論』勁草書房.

5 メディア・イベント

D. ダヤーン／E. カッツ，浅見克彦訳，1996,『メディア・イベント』青弓社.

福間良明，2011,『焦土の記憶』新曜社.

佐藤卓己，2005,『八月十五日の神話』ちくま新書.

————・孫安石編，2007,『東アジアの終戦記念日』ちくま新書.

津金澤聰廣編，1996,『近代日本のメディア・イベント』同文館.

————編，2002,『戦後日本のメディア・イベント』世界思想社.

————・有山輝雄編，1998,『戦時期日本のメディア・イベント』世界思想社.

第4章 ケース・スタディ

オープンシステムサイエンスの視点からみたソーシャル・キャピタルと健康なまちづくり
——福島原発事故後の除染問題を事例に

浦野 慶子

1 健康なまちづくりにおけるソーシャル・キャピタルの隆盛と時代的要請としてのオープンシステムサイエンス

ソーシャル・キャピタルは，規範や信頼のもとに築かれた社会関係を総称する概念で（Coleman 1988；Putnam 2000），1980年代後半以降，世界中で研究されてきた（浦野 2006）。日本においては内閣府が（株）日本総合研究所に委託した調査の研究成果である「平成14年度 内閣府委託調査ソーシャル・キャピタル：豊かな人間関係と市民活動の好循環を求めて」が2003年に刊行されて以降，ソーシャル・キャピタル概念が広く知られるようになった。ソーシャル・キャピタル概念は傘の概念であるため，研究者によって定義が異なる場合が少なくないが（浦野 2006），内閣府の報告書ではソーシャル・キャピタルを「信頼に裏打ちされた社会的な繋がりあるいは豊かな人間関係」と述べ（内閣府 2003），実証分析の結果，日本においても犯罪発生率の抑制や出生率の向上など市民生活のさまざまな側面でソーシャル・キャピタルが重要な役割を果たしている可能性を指摘している（内閣府 2003）。現在，日本をフィールドにしたソーシャル・キャピタル研究がさまざまな分野で展開されている。

ソーシャル・キャピタル研究のなかでも健康なまちづくり分野においては，ホスピス（市原 2011），交流サロン（星野・桂・臼井 2010），地域SNS（葛西 2009）などを取りあげ，ソーシャル・キャピタルが地域の活性化や健やかな地域生活の拡大につながり得ることを明らかにしてきた（浦野・宮垣 2011）。アメリカでは，2005年8月にルイジアナ州やミシシッピ州などアメリカ南東部を襲ったハリケーン・カトリーナによる災害以降，平時におけるソーシャル・キャピタルの役割だけではなく，災害時におけるソーシャル・キャピタルの貢献可

能性をテーマにした研究も発達してきたが (Hawkins and Maurer 2010)，日本においても2011年3月に発生した東北地方太平洋沖地震および福島第一原子力発電所事故（以下，福島原発事故と略記）をきっかけにソーシャル・キャピタルと災害に強いまちづくりをテーマにした研究がこれまで以上に展開されている。しかし，エネルギーや気候変動などをめぐる諸問題がグローバルに進展し，想定外のリスクが常態的に発生して災害が高度化・複雑化している今日（浦野 2012），そうした問題を地域単位で個別に解決するのはむずかしく，全容の把握に努めながらどう解決していくかが課題となっている（所 2009）。近年ではグローバルなレベルでさまざまな事象が複雑に絡み合った諸問題を動的に把握しつつ，解決を目指す新しいサイエンスのかたちとしてオープンシステムサイエンスが提唱されている（所 2009）。そこで本稿では，健康なまちづくりにおけるソーシャル・キャピタル概念をオープンシステムサイエンスの視点から再検討することを目的とする。最初に，日本におけるまちづくりとまちおこしの文脈を概観したうえで，ソーシャル・キャピタル概念が明らかにしてきた点と課題を整理する。そのうえで，オープンシステムサイエンスの視点を導入した事例研究として福島原発事故によって放出された放射性物質の除染問題を取りあげ，最後にオープンシステムサイエンスの視点を導入したソーシャル・キャピタル概念の貢献可能性と今後の展望について議論したい。

2 日本における「健康なまちづくり」と
ソーシャル・キャピタル

　健康なまちづくり概念は，「ヘルスプロモーションのためのオタワ憲章」（以下，オタワ憲章と略記）で提唱された健康都市概念の枠組みを引き継いでいる（Kenzer 1999）。1986年にオタワで開催された第一回ヘルスプロモーション会議での成果をふまえ世界保健機関（WHO）は健康都市を「健康を支える物的および社会的環境を創り，向上させ，そこに住む人々が相互に支え合いながら生活する昨日を最大限活かすことのできるように，地域の資源をつねに発展させる都市」と定義し（WHO Regional Office for Europe 1997；国際保健医療学会 2008），参加型アプローチによる持続可能な成長を通じて実現することが目指

されている（浦野 2008）。2003年には WHO の西太平洋地域事務局（マニラ）に各国の政府関係者，研究者，NGO など賛同者が集まり，健康都市連合（Alliance for Healthy Cities, 以下 AFHC と略記）が発足した（AFHC 2011）。その後，日本においても AFHC 日本支部が発足し，4都市（千葉県市川市，沖縄県平良市，静岡県袋井市，愛知県尾張旭市）が参加した。2012年10月現在，日本支部には29の自治体が参加している（AFHC 2011）。

　日本における「健康なまちづくり」や「まちおこし」の隆盛には，こうした近年の世界的な潮流より以前の，明治期から連綿と続く都市部への人口集中および非都市部の過疎化と高度経済成長期に特に深刻化した公害という独自の経験が関係している。明治維新以降，日本は急速に近代化を押し進め，さらに第二次世界大戦後の1950年代半ば以降，世界に類を見ない高度経済成長を遂げてきた。国家主導のインフラ整備は経済発展に必要な機能を備えた都市の発達を促したが，その表裏一体をなすものとして公害による甚大な被害が各地で発生し，同時に都市部に人口を吸い取られた農村部は過疎化が深刻化するようになっていった。日本における健康なまちづくりの隆盛は，こうした生活環境破壊や公害問題に対して始められた住民運動（似田貝・松原 1976）が契機となっていることは強調しておくべきことである（浦野 2008）。また，昨今では地域ブランド構築戦略の一環として都市でもさかんに行われているまちおこしについてもその発端は高度経済成長による都市の人口集中と農村の人口流出が契機となっていると言える（浦野 2012a）。

　こうした背景から健康なまちづくりをテーマとしたソーシャル・キャピタル研究にはソーシャル・キャピタルの動態をたんに観察するだけでなく，都市化によって近隣の人間関係が希薄になりつつある地域や過疎化によって生活機能の脆弱化が進む地域に住む人々がソーシャル・キャピタルをいかにして（再）醸成しそれを活用することによって健やかな地域生活を拡大させるかという問題が重要な研究課題のひとつとなっている。具体的なソーシャル・キャピタルの醸成方法については，ソーシャル・キャピタルの提唱者のひとりであるロバート・パットナム（Robert D. Putnam）も早期から言及しており，パットナムの所属するハーバード大学ケネディ公共政策大学院のサワロセミナーで発表された「ソーシャル・キャピタル醸成ツールキット」のなかでは，近隣住民同士

で声をかけあいパーティーやピクニックをしたり一緒にウォーキングをしたりすることで互いを知り，信頼感を少しずつ培う方法などが提案されている（Saguaro Seminar 2006）。日本では稲葉（2011）がソーシャル・キャピタルの醸成するための施策として，自治体が地域住民の諸活動を支援したり地域の人々が交流できるような場を提供したりすることを提案している。筆者が参加した「コ・モビリティ社会の創成」プロジェクト（文部科学省　科学技術振興調整費　先端融合領域イノベーション創出拠点の形成　平成19年度採択）においても，東京都奥多摩町に住む有志を対象に食事会を開催し，その折に健康な食生活についてのミニ・レクチャーを提供したり町内を一緒にウォーキングしたりする機会を設けることによって交流を深めソーシャル・キャピタルが醸成されていく過程を観察してきた（金子・玉村・宮垣 2009）。さらに，情報コミュニケーション技術（ICT）を活用することによって，同じ地域に住みながらもこれまでほとんど面識のなかった人々同士，交流を深めることによって地域に根差したソーシャル・キャピタルが醸成され，地域問題への解決に貢献し得ることも指摘してきた（浦野・宮垣 2011）。健康なまちづくり分野においてソーシャル・キャピタル概念は，規範と信頼を基盤とした社会的ネットワークの豊穣化によって政府や市場と連携して社会を動かすだけでなく，政府や市場に依らない地域で地域の諸問題を解決するちからを高め，地域再生・復興の原動力となり得ることを明らかにしてきた（金子・玉村・宮垣 2009）。

3　ソーシャル・キャピタルの課題

　本節ではソーシャル・キャピタル研究が直面している諸課題について述べていきたい。第一の課題は，ソーシャル・キャピタルの政策的可能性である。先述したように，近年ではソーシャル・キャピタルの動態を定量的に評価し分析するだけではなく，ソーシャル・キャピタルをよりよいかたちで醸成し，それを活用する政策実践を模索する研究も発達しつつある。米国では2000年代初頭からソーシャル・キャピタルの醸成を政策に活かす試みが行われてきた（浦野 2008）。たとえば米国では10年毎に「Healthy People（健康な人々）」という米国市民の健康にかかる国家目標を発表していているが，2001年に出された「健

康な人々2010」では健やかで住みよいまちづくりを推進することを通じて目標として掲げられている健康指標の達成を目指すことが強調され，その手引きとして「健康なコミュニティにおける健康な人々：健康な人々2010を用いたコミュニティ・プランニング・ガイド」が刊行されている (CDC 2001)。この手引書では，ソーシャル・キャピタルの視点を積極的に導入し，地域住民，政府，教育機関の連携を通じて人々がより高い QOL を獲得し，健やかな生活を維持・増強させていくことの重要性を指摘している（浦野 2008）。一方，日本においてもソーシャル・キャピタルを醸成させるための具体的な施策が提唱されている（稲葉 2011）。今後はソーシャル・キャピタルを定量的に分析するだけではなく，ソーシャル・キャピタルの政策的可能性を模索し，国レベルの政策に積極的に組み込んでいくことがより一層，重要になってくると思われる。

　第二の課題は，ソーシャル・キャピタルの災害時における貢献可能性と不平等問題である。アメリカでは1995年にイリノイ州の州都を襲ったシカゴ熱波や2005年にルイジアナ州など東南部を襲ったハリケーン・カトリーナを契機に災害とソーシャル・キャピタルをテーマにした研究が発達してきた。シカゴ熱波の研究では，クラブや教会など地域団体への参加が高い高齢者のほうがそうでない高齢者よりも死亡率が低かったことが明らかにされ（Klinenberg 2002），ソーシャル・キャピタルが災害時に生命をも救うことに貢献することが指摘されてきた（Cannuscio, Block and Kawachi 2003）。一方，ハリケーン・カトリーナの事例では，社会経済的な資源と政治的権力の乏しいエスニック・マイノリティが多く住むコミュニティでは連邦政府および地方政府へのアクセス，情報をはじめとするさまざまな資源の欠乏，不信頼など低ソーシャル・キャピタル状態におかれ，災害による被害がさらに深刻化する過程が報告されてきた（Brunsma et al. 2007）。平時から培われたソーシャル・キャピタルは熱波やハリケーンなどの緊急災害時に大きな資源となり得るが，その一方で平時からソーシャル・キャピタルの醸成が阻害されてきたコミュニティでは緊急災害時にソーシャル・キャピタルという貴重な資源を活用することができない。ハリケーン・カトリーナでは，社会経済的な不平等とソーシャル・キャピタルの不平等が折り重なるなかで起きた悲劇がクローズアップされた。近年では，カトリーナ災害の復興段階において地域住民，地方政府，市民団体などが連携してソ

ーシャル・キャピタルの醸成に腐心している過程も報告されているが（Hawkins and Maurer 2010），社会経済的な不平等とソーシャル・キャピタルの不平等をめぐる構造的な問題やソーシャル・キャピタルの不平等に起因する災害時の脆弱なコミュニティの問題など，不平等や負の側面にも十分に目配りしたうえで，そうした問題への対策を考える必要がある。

　第三の課題は，グローバル化による地域問題の複雑化である。これまで健康なまちづくり分野におけるソーシャル・キャピタル研究は，市民が信頼を基盤にした社会的ネットワークを広げ，人種／エスニシティ，社会階層，文化，宗教などのバックグラウンドの壁を越えて連携を深めることを通じてまちづくりを主体的に推進することの重要性を明らかにしてきた（Schneider 2004）。さらに近年では，災害とソーシャル・キャピタルに関する研究も発達しつつある。こうした研究の多くは特定の地域を対象にした事例研究が多く，地域の固有性に特徴づけられたソーシャル・キャピタルと地域問題をめぐる短期・中期的な過程を把握する研究が少なくない（浦野・宮垣 2009）。そのため(1)グローバルなレベルで進展する諸問題とどのように関係しているのか，(2)問題がどのように変動していくのか，(3)ソーシャル・キャピタルの生成／衰退するプロセスなどを十分に検討してきたとは言えない。冒頭で述べたようにエネルギーや気候変動などをめぐる諸問題がグローバルなレベルで進展する今日，地域の抱える諸問題を地域単位で個別に捉える視点から，グローバルな文脈のなかで問題を動的に捉える必要に迫られている。

4　オープンシステムサイエンスの視点

　グローバル化の進展によってさまざまな問題がこれまでにない規模で複雑に絡み合うため，問題を地域単位で切り取ろうとすると世界全体のなかでその問題がどのように位置づけられるかを把握することはできない。また，地域問題を個別に解決したとしてもそれが地球全体でみたときに必ずしも公益をもたらすとは限らない（所 2009）。これに対して，オープンシステムサイエンスは，人文科学，社会科学，自然科学といった既存の学問領域を超えてグローバルな規模で進展する諸問題を解決することを目指し，(1)これまで個別に扱われてき

た問題を複雑に絡み合うサブシステムで構成された全体システムに起因する事象の一部として捉え，(2)問題の定義，条件，領域が常に変化することを前提に(3)理想を掲げるだけではなく現実的に実行可能で持続可能な解決方法を運営することを提案する（所 2009）。そのため，オープンシステムサイエンスは，「一時点におけるシステムの状態を理解したり，ひとつの現象を切り出してその時間的な変化を理解したりするのではなく，常に全体を把握しながらその時間的な変化を理解し，常に対応し，持続させていく」（所 2009：9）という視点を重視し，解決にあたっては「問題を生きたまま，あるいは実用に供しているまま問題を解決する」（所 2009：8）ことが重要であることを強調する新しい方法論を提起する（所 2009）。問題解決においては従来の科学技術分野では十分に採用されてこなかった「運営」を重視し，変化し続ける事象や問題に対して持続可能なシステムづくりを目指すものである（所 2009）。元来，ソーシャル・キャピタルはプロセスの概念であったにもかかわらず，実際の調査研究においては一時点での断面調査が多かった。しかし，オープンシステムサイエンスの視点を導入することによってエネルギーや生物多様性などをめぐる諸問題が地球規模で深刻化するなかで，そうした問題の動態およびソーシャル・キャピタルの生成と衰退に着目しつつ，ソーシャル・キャピタルの政策的可能性を広げることができると考えられる。次節では，福島原発事故のなかでも目下進められている除染問題を事例に考えていくことにする。

5　事例研究──福島原発事故後の除染問題

　2011年3月に発生した東北地方太平洋沖地震に起因する，世界最大規模の原子力事故である福島原発事故では，水素爆発などによって，大気，土壌，海水，地下水などへ大量の放射性物質が放出され，国内外に広がったとされる。こうした事態を受けて2011年8月には経済産業省が「除染に関する緊急実施基本方針について」および「市町村による除染実施ガイドライン」という二つの通達を出した（経済産業省 2011）。さらに2012年1月には環境省と福島県が福島市栄町に除染情報プラザを設置し，除染情報の発信や専門家の派遣を行っている。
　「除染に関する緊急実施基本方針について」では，(1)福島第1原子力発電所

から半径20キロ圏内の「警戒区域」と，(2)半径20キロ以遠で，原発事故以降も居住を続けた場合に１年間の積算被ばく線量が20ミリシーベルトに達する可能性のある「計画的避難区域」を国が直轄で除染を行うことを決めた（経済産業省 2011）。この二つの区域は「除染特別地域」と呼ばれ，福島県楢葉町，富岡町，大熊町，双葉町，浪江町，葛尾村及び飯舘村の全域並びに田村市，南相馬市，川俣町及び川内村の区域のうち警戒区域又は計画的避難区域であったことのある区域が該当する（除染情報プラザ 2012）。除染にあたっては，国際放射線防護委員会（ICRP）の2007年基本勧告および原子力安全委員会の「基本的考え方」をふまえて，自然被ばく線量および医療被ばく線量を除いた追加被ばく線量が最終的に１ミリシーベルト以下になることを目指している（経済産業省 2011）。子どもは成人に比べて放射能の影響が大きいため，作業工程において保育施設，教育施設，公園など子どもが長時間過ごすと考えられる生活環境の除染を率先して進めることが指示されている（経済産業省 2011）。一方，１年間の追加被ばく線量が１〜20ミリシーベルトの間の地域では「行政機能は域内にあり住民も居住しており，個別事情や住民のニーズを把握しているコミュニティ単位での計画的な除染が最も有効である」として各市町村がガイドラインを策定し，それに基づいて除染を進めることとしている（経済産業省 2011）。

　これを受けて１年間の追加被ばく線量が１〜20ミリシーベルトまでの間の地域における除染について，各市町村は除染にかかるガイドラインを出している。例えば平成23年９月に福島市が出した「福島市ふるさと除染計画」では公共施設や道路などは原則として国・県・市が直轄で除染を行い，空間放射線量が2.5マイクロシーベルト以上の住宅または高校生以下の子どもあるいは妊婦がいる2.0マイクロシーベルト以上の住宅については市が直轄で除染を行うこととしている（福島市 2011）。それ以外の放射線線量が比較的低い施設および周辺環境については国，県，企業，市民，ボランティアの協働による除染が掲げられている（福島市 2011）。

　除染情報プラザのウェブサイトにある「福島再生」というコーナーでは福島の再生復興を目指した除染活動が紹介されており，その後の除染活動の実態を把握することができる。たとえば，環境省は除染特別区域である福島県大熊町の農業協同組合関連施設，田村市の集会所，楢葉町の公的施設，富岡町の公的

施設，葛尾村の宿泊施設，南相馬市の教育施設，川俣町の教育施設，常磐自動車道（浪江町，双葉町，富岡町）などの生活再建に必要な施設や道路などの除染を進めていることが報告されている（除染情報プラザ 2012）。さらに，ボランティアによる取り組みとして，郡山市青年会議所が除染ボランティアを募集し，開成山野球場のスタンドを100人に及ぶボランティアで洗浄したことが報告されている（除染情報プラザ 2012）。「福島再生」では紹介されていないが，それ以外にもコープふくしまや福島市社会福祉協議会ではそれぞれ独自に除染ボランティアを募集し，除染特別区域外の小学校などで除染活動を行ってきた。福島市社会福祉協議会では2012年4月に福島市内にある弁天山公園や大波城趾の除染を目的としてボランティアを募集し，除染活動を行った。同協議会の報告をみると大波城趾の除染活動には地域住民57名と全国から集まったボランティア102名の合計159名が参加したとあり（福島市社会福祉協議会 2012），除染活動は地域住民だけではなく全国各地から集まったボランティアとの協働で進められていることがわかる。一方，コープふくしまでは2012年5月に伊達市立富成小学校およびその周辺を除染することを目的として50名の除染ボランティアを募集したが，これに対して申込者多数のため締め切ったという報告があり（コープふくしま 2012），こちらも地域住民だけでなく全国各地から除染ボランティアが集まっている様子がうかがえる。さらに福島に地縁のない団体も除染活動を展開しており，青年海外協力隊茨城県OV会および栃木県青年海外協力隊OB会は2011年7月から福島県南相馬市を中心に放射線量の測定や除染活動を行っている（青年海外協力協会 2012）。今後も国，県，市町村，市民，ボランティアが協力してまちの除染を各地で続けるものと思われる。

　カトリーナ災害をフィールドにしたソーシャル・キャピタル研究の知見を適用すると，今後，原発事故以前からソーシャル・キャピタルが高い地域や原発事故以降にソーシャル・キャピタルの醸成を積極的に進めている地域ほど市民と国内外のボランティアが協力し合って効率よく除染作業を進めていくことが予想される。しかし，この問題を従来の研究が用いてきたソーシャル・キャピタル概念から捉えることに関して三つのリスクが潜んでいる。第一に，世界に類をみない深刻な原発事故に起因する問題であるにもかかわらず，単なる地域の生活環境問題のひとつとして問題を矮小化されるリスクである。原発事故を

契機に世界各地で原子力エネルギーをめぐる議論が巻き起こっており、そうしたグローバルな議論の動向のなかにこの事故を捉える必要がある。「市町村による除染ガイドライン」にあるように、1年間の追加被ばく線量が1～20ミリシーベルトの地域では市民やボランティアが協力して除染作業を進めることが期待されており、それによって実際に地域に住む人々のQOLを著しく向上させると考えられるが、問題を単なる生活環境問題に矮小化することなく、世界各地で活用されている原子力エネルギーをめぐる問題のひとつとして捉え、世界全体でこの問題に取り組む必要がある。第二に、ソーシャル・キャピタルの高い地域ほど除染作業が効率よく進んでいることが定量的に証明できた場合、ソーシャル・キャピタルを活用すれば除染にかかる社会的コストを節減できるという論調に巻き込まれるリスクである。パットナムの研究では、ソーシャル・キャピタルの高い地域ほど社会の効率性が高まることが明らかとなったが（Putnam 2000）、除染にかかるコストをめぐる問題についてソーシャル・キャピタルを活用した効率性向上の議論に矮小化するべきではない。東日本の復興および災害に強いまちづくりへの取り組みに対して、ソーシャル・キャピタルが果たし得る役割は大きく、ソーシャル・キャピタルの醸成は重要課題のひとつとなっているが、原子力エネルギーをめぐるグローバルな問題として今一度捉える必要がある。第三に、ソーシャル・キャピタルの醸成が何らかの理由で阻害され、除染作業が効率よく進んでいない地域が発生した場合、除染が進まない責任を当該地域の人々やボランティアに帰属させるリスクである。除染問題の責任はエネルギー行政をつかさどる政府と原子力発電所を運営している電力会社に帰属するものであり、同時に原子力エネルギーを活用する各国が協調して取り組むべき問題である。地域によって除染作業の進行状況に差が発生した場合には、ボランティア以外の別の解決方法を考案し、地域間による差を是正する必要がある。

　次にこの問題をオープンシステムサイエンスの視点を導入しながら考えていきたい。オープンシステムサイエンスの視点を導入することによって第一に、除染をめぐる問題の定義や条件がつねに変化することを前提にしながら問題解決を目指すことが可能となる。現在、東京電力は収束に向けた工程を着々と進めていると発表しているが、余震など新たな地震の発生のリスクやそれによる

新たな原発事故発生のリスクも抱えているのが現状である。今後の状況によっては，経済産業省のガイドラインで定義された除染の定義，条件，範囲などが変化し得る。オープンシステムサイエンスの視点を導入することで，除染問題はこうした不確定要素の多い状況の最中にあることを前提にすることができる。

　第二に，除染問題を地域の生活環境問題に矮小化することなく，世界各地で活用されている原子力エネルギーが抱えている問題のひとつとして捉えることができる。ソーシャル・キャピタルは内部結束型，橋渡し型，連結型に分類されるが（浦野 2008），オープンシステムサイエンスの視点で従来以上に焦点があてられるのは橋渡し型と連結型である。福島県外に活動拠点を置くボランティア団体などは橋渡し型ソーシャル・キャピタルと考えられ，先述した青年海外協力隊茨城県OV会および栃木県青年海外協力隊OB会はそれに該当するだろう。さらに，オープンシステムサイエンスでは国内だけではなく海外からのボランティアもソーシャル・キャピタルに含むことを想定する。海外から義捐金を送る個人や団体，国際NGOである特定非営利活動法人ジェンなどを通じて海外からボランティア活動に参加する人々（特定非営利活動法人ジェン 2012），Italian Friends for Japan など被災地の母子を一定期間，保養させるために海外に招待する支援プロジェクトなどもすでにある（イタリア政府観光局 2011）。連結型ソーシャル・キャピタルについては各市町村の多くは海外の市町村と姉妹都市提携を結んでいるが，原発事故を契機に姉妹都市的な交流が始まる可能性がある。また，地域住民や地方自治体の呼びかけに応じてさまざまな情報や資源を提供する海外の公営企業なども出てくる可能性もある。バックグラウンドの壁を超えてグローバルなつながりが醸成されつつあり，こうした新しいつながりの持つちからをより積極的に検討することが可能となる。

　第三に，地域によって除染達成度の差が生まれた場合にその責任を地域住民やボランティアに帰属させることなく，いかにしてソーシャル・キャピタルの醸成が構造的に阻害されているのかについて検討し，原子力エネルギーを活用する国と地域が協調して取り組むべき問題として捉えることができる。オープンシステムサイエンスの視点を導入することによって，不確定な状況を前提としつつ，除染問題をたんなる地域の生活環境問題としてではなく世界中の国々で活用されている原子力エネルギーの抱えるリスク問題の一つとして捉え，グ

ローバルなかたちで醸成されつつある信頼やつながりの持つ潜在可能性に焦点を当てつつ，ソーシャル・キャピタルの醸成をめぐる不平等問題にも着目することが可能となると考えられる。

6　持続可能なイノベーションをめざして

　日本における健康なまちづくりは，高度経済成長期に特に深刻化した生活環境破壊や公害問題に対して始められた住民運動（似田貝・松原 1976）を契機に隆盛してきた。近年では，WHO が推進している健康都市運動に呼応した健康なまちづくりが世界各地で取り組まれているが，福島原発事故を契機として新しい健康なまちづくりのあり方を模索することが求められている。日本における原子炉の数は米国や仏国に次いで世界で三番目に多いと言われているが（IAEA 2010），日本列島は地震活動期に入ったと言われており，目下，余震も含め大きな地震に見舞われるリスクだけでなく，地震よる新たな原発事故発生のリスクにも直面している。本稿では，福島原発事故による除染問題を事例に取りあげたが，この問題は東日本だけの問題ではなく，日本全体が直面している喫緊の問題の一つとして捉える必要がある。さらに，テロなど人災によって引き起こされる原発事故のリスクもあるため，地震がないと言われてきた国々においてもこの問題は決して対岸の火事ではなく，世界各国が協調して取り組むべき課題である。オープンシステムサイエンスを導入したソーシャル・キャピタル概念は，福島原発事故に起因する除染問題を旧来の住民運動や生活環境問題としてではなく，原子力エネルギーをめぐるグローバルな問題として把握し，複雑に絡み合う諸条件や新たな地震発生のリスクなど不確実な状況を前提にしつつ，グローバルなかたちで醸成されつつある信頼やつながりがもたらす効果を複眼的に捉えることが可能となる。今後は，エネルギーのありかたを国内行政レベルのみならず，グローバルなレベルで議論し，従来，地域問題とされてきた健康なまちづくりをそうした文脈のなかで捉える必要があることを最後に強調しておきたい。

参考文献

Brunsma, David L., O. David, and J. S. Picou, eds., 2007, *The Sociology of Katrina: Perspectives on a Modern Catastrophe*, New York: Rowman & Littlefield Pub Inc.

Cannuscio, Carolyn, J. Block, and I. Kawachi, 2003, Social Capital and Successful Aging: The Role of Senior Housing, *Annals of Internal Medicine*: 139(5_Part_2): 395-399.

Center for Disease Control and Prevention, *Healthy People in Healthy Communities*, 2001.

Coleman, James S., 1988, "Social capital in the creation of human capital," *American Journal of Sociology*, 94 (Supplement), S95-S120.

福島市社会福祉協議会, 除染活動ありがとうございました！
(http://www.f-shishakyo.or.jp/new/josenhoukoku2/view,2012.9.1)

福島市, 2011,「福島市ふるさと除染計画」.

Hawkins, Robert L. and K. Maurer, 2010, "Bonding, Bridging and Linking: How Social Capital Operated in New Orleans following Hurricane Katrina," *British Journal of Social Work*, 40(6): 1777-1793.

星野明子・桂敏樹・臼井香苗, 2010,「『まちづくり』の現場　超高齢化地域におけるソーシャルキャピタルの醸成——京都市古川町商店街に展開する『すこやかサロン』」『保健師ジャーナル』66(2): 124-129.

IAEA. Nuclear Technology Review 2010, GC(54)/INF/3.
http://www.iaea.org/About/Policy/GC/GC54/GC54InfDocuments/English/gc54inf-3_en.pdf

市原美穂, 2011,「宮崎をホスピスに——人をつなぐ文化とまちづくり」『保健師ジャーナル』67(2): 114-118.

稲葉陽一, 2011,「社会関係資本をどう醸成するのか——政策対象としての視点」『連合創建レポート』24(11): 12-15.

イタリア政府観光局, 福島原発被災者支援プロジェクト Italian friends for Japan.
http://www.enit.it/ja/sediestere/asia/tokyo/comunicati/630-sede-tokyo-home-comunicati.html

除染情報プラザ, http://josen-plaza.env.go.jp/

金子郁容・玉村雅敏・宮垣元編著, 2009,『コミュニティ科学——技術と社会のイノベーション』勁草書房.

葛西純, 2009,「青森ソーシャル・キャピタル・サービス niconico の実践」『まちづくり』24: 88-91.

経済産業省, 2011,「除染に関する緊急実施基本方針について」.

————, 2011,「市町村による除染実施ガイドライン」.

健康都市連合日本支部, http://japanchapter.alliance-healthycities.com/

Kenzer, Marina, 1999, "Healthy Cities: a guide to the literature," *Environment and Urbanization*, 11(1): 201-220.

Klinenberg, Eric, 2002, *Heat Wave: A Social Autopsy of Disaster in Chicago*, Chicago: Chicago University Press.
公益社団法人青年海外協力協会，地域実践者の活動紹介．
　　https://netcom.joca.or.jp/modules/contents/2012/07/?cat=121&id=15305,2012.9.1
国際保健医療学会，国際保健用語集「健康都市」．
　　http://wiki.livedoor.jp/jaih/d/%b7%f2%b9%af%c5%d4%bb%d4
コープふくしま，放射能除染ボランティア活動報告．
　　http://www.fukushima.coop/report_josen/index.html,2012.9.1
内閣府，2003,「平成14年度　内閣府委託調査ソーシャル・キャピタル——豊かな人間関係と市民活動の好循環を求めて」．
似田貝香門・松原治郎，1976,『住民運動の論理』学陽書房．
Putnam, Robert D., 2000, *Bowling alone: The collapse and revival of American community,* New York: Simon and Schuster.
所眞理雄編著訳，2009,『オープンシステムサイエンス——原理解明の科学から問題解決の科学へ』NTT出版．
The Saguaro Seminar, Social Capital Toolkit（Version 1.2）
　　http://www.hks.harvard.edu/saguaro/pdfs/skbuildingtoolkitversion1.2.pdf,2012.9.1
Schneider, Jo A., 2004, "The role of social capital in building healthy communities," Policy paper produced for the Annie E. Casey Foundaton.
Semenza, Jan C., C. H. Rubin, K. H. Falter, J. D. Selanikio, D. Flanders, H. L. Howe, and J. L. Wilhelm, 1995, "Heat-related deaths during the July 1995 heat wave in Chicago," *New England Journal of Medicine,* 335(2): 84-90.
特定非営利法人ジェン，活動内容，宮城．
　　http://www.jen-npo.org/active/miyagi.html2012.9.1
浦野慶子，2006,「ソーシャル・キャピタルをめぐる保健医療社会学の研究展開」『保健医療社会学論集』17(1)：1-12.
―――，2008,「多文化・高齢社会におけるソーシャル・キャピタルの醸成と健康なまちづくり」，渡辺秀樹・有末賢編『多文化多世代交差世界における市民意識の形成』慶應義塾大学出版会．
―――，2012a,「東京都小金井市における地域ブランド戦略の可能性——価値共創型イノベーションを目指して」『帝京社会学』25：45-56.
―――，2012b,「高度化・複雑化する災害とナースプラクティショナー——アメリカの現状と今後の展望」『International Nursing Review　日本版』156：89-94.
浦野慶子・宮垣元，2009,「ソーシャル・キャピタル——概観と今後の課題」『ESTRELA』181：18-21.
浦野慶子・宮垣元，2011,「情報コミュニケーション技術とソーシャル・キャピタルをめぐる研究展開——健康なまちづくりへの適用を目指して」『情報処理センター年報』13：115-125.

World Health Organization Regional Office for Europe, 1997, "Twenty steps for developing a Healthy Cities project," 3rd Edition, EUR/ICP/HSC, 644(2).

コラム　金魚が奏でる百萬兩のメロディ
——『金魚鉢』(1896),『丹下左膳餘話　百萬兩の壺』(1935),
『小さな恋のメロディ』(1971) の比較

　金魚の形をした光が，画面から零れていた。1964年，カンヌ映画祭において巨匠フリッツ・ラングは，光に驚嘆した。1896年にリュミエール兄弟が自然光によって撮影した初期のサイレントショートフィルム『金魚鉢』(1896) に出会ったのである。まだ映画文法自体が存在していなかった真っ白なフィルムに，金魚が泳いでいる。金魚は画面一杯の金魚鉢の中を泳ぎ，水が金魚鉢を無視して漂うように，光がひそやかに画面のそこかしこから零れていた。

　写真家マリオ・ジャコメッリは「白，それは虚無。黒，それは傷痕だ」(Giacomelli 2009) と言った。リュミエールの金魚は，虚無に満ちた未踏の雪原に，人間が映画という手段によって初めて到達した際につけた傷跡かのように，フィルムの上に刻まれていた。そして金魚は，降り注ぐ陽光と混じり合い，フィルムからぼくら目掛けて飛び出したのだ。この瞬間，映画は零れる光を知ると同時に溢れる音を求め始めた。爾来，金魚は光と影の燦めきの中で，じっと音楽を待ち続けていたのに違いない。

　リュミエールの金魚は，ちょび安（宗春太郎）が隣のくず屋から貰ったこけ猿の壺に入れられた。金魚鉢に比べると少し暗いが，実はこいつが百萬兩の在処が塗り込められた，百萬兩の壺なのだ。山中貞雄の『丹下左膳餘話　百萬兩の壺』(1935) で，リュミエールの金魚は，音と出会う。それは単なる BGM ではない。金魚鉢の中で金魚が戯れ踊っていたように，映画という鉢の中で華麗に踊る音楽だ。孤児になったちょび安を愛でるお藤（新橋喜代三）が三味線片手に『お藤の唄』を歌うとき，金魚は，どれくらいうっとりしたか知れない。

　ちょび安の壺から抜け出た金魚は，今度は英国のくず屋の手から，メロディ・パーキンス（トレイシー・ハイド）の手に渡る。脚本を務めたアラン・パーカーの処女作『小さな恋のメロディ』(1971) において，馬の水飲み場を華麗に泳ぎ，可憐な少女の手に触れた金魚は，ビージーズの名曲の数々に乗ってカラーフィルム以上に色づいた映画の中を泳ぎ回る。まるでお藤と丹下左膳（大河内傳次郎）の二人のように，素直で仲の良いメロディとダニエル・ラティマー（マーク・レスター）が「結婚」するとき，映画という世界の中で，光と音の結婚式が行われていたのだ。

　映画が誕生して以来，時代も国境も，そしてスクリーンさえも越えるグローバリゼーションは，常に映画芸術に纏わりついていた。金魚が奏でる百萬兩のメロディに耳を傾けるとき，ぼくらはフリッツ・ラングの耳を借り，リュミエールの声を聴く。悲

劇と喜劇のメトロノームの間を揺れる人間のいじらしい優しさが,映画の世界で鳴り響き,現実の世界にも滲み渡る。そのときぼくらは,リュミエールが捉えた金魚鉢の光が,あの燦めくフィルムから抜け出し,音楽となって,百萬両の壺と小さな恋に泳ぎ着いたことを知るのだ。

須田 浄（すだ・じょう,慶應義塾大学法学部3年,2012年度当時）

参考文献
Giacomelli, Mario, 2009, *The Black Figure Is Waiting for the White*, Contrasto.

第 5 章　グローバル市場

　第 5 章は，グローバル化と市場，消費，コンテンツに関わる様々なキーワードについて解説する。「擬似市場・準市場」は，市場原理を導入して設計された行政の制度的構造であり，国家の関与は公平性に限定されたものであり，サービスは民間が行い，医療・福祉，教育から国際協力の分野にまで広がりがあるという。「階層消費」は，異なる社会階層における消費行動について社会学者の所論から解説し，このような消費は階層に局所的ではあるが影響があるとしている。「クール・ジャパン」は，グローバル化と関連しながら日本のポップ文化が海外で評価されている現象であり，それはエキゾティシズムやオリエンタリズムとは異なる，江戸時代以降の庶民文化の世界的な展開であるといえるものという。「消費者生成メディア（CGM）」は，消費者が発信者となることのできる WEB2.0 時代のプラットフォームであるとし，その現代における動員力について解説している。「カンヌ国際クリエイティビティ・フェスティバル」は，劇場 CM の進行を目指して創設されたその歴史から，CM の実例も交えながら解説している。そして，ケーススタディとしてカナダの文化研究からグローバライゼーションの諸問題について考察した論考を配した。

1 擬似市場・準市場 quasi-market

佐野 麻由子

■擬似市場・準市場

　擬似市場・準市場（以下，準市場）は，公平性，平等性を担保しながらも，効率性，競争といった市場原理を導入して設計された行政の制度的構造を指す（Le Grand 1993, 2007＝2010：38）。左概念は，ロンドン大学経済政治学院（LSE）教授のJ．ルグランによって提唱された。ルグランは，2003年から2005年にかけてブレア首相の上席政策顧問として公的サービス改革を推進した人物としても知られる。ブレア首相が提唱した「第三の道」は公的サービスに市場的競争原理を持ち込んだサッチャー流の福祉改革とも，大きな政府に示される社会民主主義型福祉体制とも区別される「市場の効率性を重視しつつも国家の補完による公正の確保を指向する」政策として位置付けられている（Giddens 1998＝1999, 2004＝2009：389）。

　イギリスでは，医療・福祉，教育などの公的サービスにおいて準市場が導入された。従来の制度的構造との違いは，(1)公的サービスの提供者と供給者との分離による公的サービスにおける効率性の補完，(2)公的サービス受給者の消費者としての能動的側面の強調による公的サービスの質の向上にある（Le Grand 1993, 2007＝2010）。旧来のサービス供給においては，国家の独占的供給形態がとられてきた。しかし，準市場では，国家の関与は公的サービスにおける平等性や公平性の担保，公的サービスの支出にかかる財政の制御，公定価格の設定に留まる。そして，サービス供給は自律的な民間組織に一任されることにより，サービスの効率的な実施が期待できるという。また，従来は，利用者である人々に学校や医療・福祉機関等の公的サービス供給者を選択する余地はなく，公的サービスの質の低下が指摘されていた。しかし，準市場においては公的サービス供給者間で競争が生じ，標準以下のサービス供給施設は改善や閉鎖を余儀なくされる等サービスの質の向上が期待できるという。

■国際協力における擬似市場・準市場

　日本では準市場概念は，医療・福祉，教育などの研究領域で言及されることが多い。しかし，それを市場的効率性と国家的公平性や平等性をあわせもつ制度を示す概念として広く位置づければ，今日の国際協力の動向にも議論の幅を広げることができる（準市場と国際協力については小川（西秋）・佐野（2008）でも述べている）。国際協力の現場での準市場は，次のような事象に表れている。すな

わち，これまで行政を主たる担い手としていた途上国の生活水準の向上，貧困削減分野へのオーナーシップをもった民間企業や社会的企業の積極的な参加である。ここでの参加は，従来のようなトップダウンの業務委託とは異なり，官民市民の間の連携によってなされることが理想とされている。行政主導の事例としては，官民連携によるBOPビジネス推進が例示できる。BOPビジネスとは，世界経済のピラミッドの底辺に位置づけられる貧困層（Bottom of the pyramid, BOP）を対象にし，市場を介して多様なニーズに応えようとするビジネスを指す。たとえば，途上国の貧困層特有の栄養摂取の問題を解決するような食品やマラリアの感染を防ぐための蚊帳の低価格での販売が知られている。アメリカ国際開発庁（USAID）は，2001年に官民が連携して援助を行うGlobal Development Alliance（GDA）を設立し，約680件のプロジェクトを実施している。他方，市民主導の事例としては，収益を社会的課題の解決に再投資する社会的事業を例示できる（Martin and Osberg 2007: 35; Gregory 1998）。バングラデシュの貧困層に無担保で小額の融資を行うグラミン銀行は，社会的事業の先駆的事例として言及されることが多い。

■ **新しい市場における可能性と課題**

　国際協力の現場でみられるこれらの動きは，二つの相反する視点から評価が可能であろう。すなわち，行き過ぎた市場主義の修正という評価と市場主義のさらなる拡大という評価である。

　仮に，BOPビジネスや社会的事業が投資家の私的利益の最大化ではなく，社会的課題の解決を目指す動きだとすれば，K. ポランニの述べるところの文化的規制を外れた自己調整的市場を再び文化的規制に埋め込む動きとして評価することができよう。また，社会的事業は財政基盤の弱い市民団体にとってオーナーシップの確立と持続可能な資金調達の両立を可能にするモデルとなりうるだろう。他方で，BOPビジネスや社会的事業についてはより慎重な評価を求めることもできる。資本主義が継続的な資本獲得のために常に市場を開拓するものだとすれば，新しいビジネスの機会として今まで見向きもされなかった貧困層に焦点が移るのも不思議ではない。また，社会的事業は，市場の制度的同型化の圧力の表れとして批判的にみることもできる。したがって，社会起業家やBOPビジネスの評価においては，それが，サービスを必要とする人々のニーズに応答的であるという点，私的利益の最大化よりも公共の福祉の追求を目的とするという点に加えて，社会的排除の解消において果たす役割にも注目しその可能性と課題について評価する必要があるだろう。

2 消費者生成メディア（CGM）
consumer（customer）generated media（CGM） 高柳 寛樹

■ **CGM の概要**

　CGM とは一般に「consumer（customer）generated media」のことを言う。インターネット黎明期には，情報発信者とその情報を消費する消費者が明確に分かれていた。しかし，WEB2.0（梅田 2006）と呼ばれる時代に突入し，今までの情報の一方的な消費者が，同時に情報の発信者になる状況が発生した。そして時代は急激に WEB2.0 の時代へと突入する。この，消費者が発信者にもなれるようにしたプラットフォームを，総じて，CGM と言う。

■ **CGM の概念とその歩み**

　インターネット以前の世界では，コンピュータは一部の特権階級しか利用できない極めて高価なものであった。しかし，ハッカー文化がこれに異議を唱え，パーソナルコンピュータが生まれる（古瀬・廣瀬 1996）。このパーソナルコンピュータは，今ほどではないが，一般的な研究者や，中間層（水越 1996）が使える程度の価格になり，性能もそれまでのコンピュータと同等かそれ以上に進化していた。既にこの時代には，コンピュータでプログラムを書くという作業は，特権階級だけの行為ではなく，一般的な階級にまでおりてきていた。しかし，それでも尚，特別な訓練や勉強を（独学を含め）しなくては，プログラムを書くことはできなかった。しかし，これがインターネット時代になり，急変する。CPU をはじめとするハードの価格が安くなり，ありとあらゆるコンピュータが安価になると，学生を含め誰でも手が届くようになり，多くの人が，インターネットを経由して，さまざまなサービスを立ち上げるようになった。これが，インターネットの黎明期で，後に金融のファクターと結びつき「ドットコム・バブル」の引き金にもなった。まだこの時点では，情報発信者は専門職としてのプログラマを雇用し，そしてサービスをつくり，一方的にそれを消費する消費者に対して情報を発信しているという一方通行の流れであった。しかし，WEB2.0 の時代には，まったく，プログラムの素養も無い素人が，つまり，パソコンをインターネットに繋げて，ウェブブラウザで単語を検索しているような一般人が，CGM によって情報を発信できるようになった。その一例が，「ブログ」に由来するものである。それまで，自らがネット上で日記を書こうとすると，プロバイダーを契約し，html を書いて，ウェブサイトを作らなければならなかった。しかし，この時代，つまり，WEB2.0 の時代には，多くのブログのプラットフォームが無料で提供された。

例えば、グローバルなサービスで言えば、Google の無料ブログ「Blogger」や、国内で言えば、サイバーエージェント社が提供している「アメブロ」などがそれに当たる。今や、これらの無料ブログのプラットフォームは数え切れないほどある。いずれの特徴も、特別な知識を全く必要とせず、自分の発信したい情報を無料で、簡単に、ウェブ上から発信でき、場合によっては、その情報へのコメントももらえるといったものである。ブログ以外にも、インターネットに対してオープンなプラットフォームとしては、「Twitter」が存在し、140文字制限、リツイートなど、新しい機能により、急激にユーザー数を伸ばし、今や、インターネット言論プラットフォームにおいて、なくてはならない存在と化している。また、インターネットに対してクローズドなプラットフォームとしては、SNS の代表格である「Facebook」が存在する。これは、Twitter と異なり、実名主義で、この SNS の輪に入るには、既存のユーザーの承認を必要とする意味で、クローズドなプラットフォームと呼べる。しかし、いずれのプラットフォームも、前述してきたような CGM であることは変わりなく、日に日に機能がリッチになり、テキストだけではなく、画像や動画はもちろん、アプリケーションなども簡単に扱えるようになってきている。

■ CGM と「動員力」

なお、Twitter や Facebook の SNS の台頭に関して、メディア・アクティビストの津田大介は、容易に情報が発信できるという機能的なことだけではなく、その「動員力」に強く興味を示している（津田 2012）。Twitter と Facebook を中心に起こった、中東のソーシャルメディア革命や、国内で起こった、安保闘争以来の規模と言われる、脱原発デモなど、この「動員力」は CGM というプラットフォームが無ければ起こらなかった出来事である。

■ 動画や音楽と CGM

先述したように、CGM によって量産されるウェブサイトやサービスは、テキストや画像に限ったものではなく、Youtube のような巨大動画サイトもその一例として見逃せない。国内では、ニコニコ動画が、この手の CGM 動画サイトの筆頭とも言える。また、パソコンで気軽に音楽が作れる DTM（デスクトップミュージック）の歴史は長いが、この自作音楽のメロディーにボーカロイド（VOCALOID）と総称される、サンプリングされた人の声を載せて、いわばコンピュータに歌を歌わせ、それをネットで共有する文化も誕生した。「初音ミク」など、ボーカロイドのアイドルが日本のみならず世界で受け入れられた現象は CGM の発展系として象徴的である。

3 階層消費 class consumption

廣瀬 毅士

■社会階層と世代間継承

社会階層は「社会的諸資源が不平等に分配されている状態」（富永 1979）と定義され，不平等の存在を前提としたハイアラーキカルな構造である。しかしそれは19世紀ヨーロッパの社会的現実を反映した C.-H. de サン=シモンや K. マルクスらの階級理論とは異なり，20世紀アメリカで発展した社会階層理論では物的資源・関係的資源・文化的資源といった多元的な社会的資源の分配状態として概念化されている。このような概念化を行うことで，産業化のような大きな社会変動をともなう時代における階層構造の変化は，社会的資源の分配状態が変化したことによるものと把握することが可能であった。換言すれば階層（strata）とは動態的な成層化（stratification）の結果による地位と考えるのが社会階層の理論である。

したがって社会階層理論の創始者である P. A. ソローキン（Sorokin 1927）の流れをくむ階層研究においては，人々の位置する階層地位が変化していくさま——彼が社会移動（social mobility）と呼んだ動態的側面の分析——が主な関心事となってきたし，この点で社会階層は社会移動と対となる概念であった。この見方でいえば，階層構造における階層地位は移動分析の説明対象である。

したがって階層・移動研究では，世代間階層移動が長らく中心的な話題であった。すなわち出身階層（親）から到達階層（子）への移動において階層地位の獲得機会に不平等があるならば，それは社会的資源の配分過程が機会均等でない——親の階層地位が子の階層地位獲得に影響を与える——ということになるからだ。統計分析的には，親世代と子世代の階層分布が統計的に独立であるような世代間移動（完全移動という）を望ましい状態と考え，そこにどれほど近いかを表す開放性係数などの移動指標が開発されてきた（安田 1971）。また，移動表に統制変数を加えた多重クロス表を扱う際に変数間の連関をモデル化して分析しうる多変量解析手法のログリニア・モデルを用いた研究（Featherman and Hauser 1978 など）や，親世代の階層地位から出発して子世代の階層地位に到達するまでの地位達成過程を各要因の因果順序にしたがって整理したパスモデルとして分析（＝パス解析）する研究（Blau and Duncan 1967 など）も数多く発表された。

世代間社会移動を捉える理論的命題としては，たとえば第2次大戦後の近代化論あるいは産業化論のように「社会が近代化・産業化するほど社会の開放化・機

会均等化が進行する」といった産業化命題があり (Treiman 1970), 高い説得力をもって受け入れられた。その一方で, D. L. フェザーマンらが唱えた「産業化が一定の段階に達した社会では, 循環移動の量は基本的に同じである」というFJH 命題 (Featherman et al. 1975) もまた, 国際的な比較分析で検証されている。

■ 社会階層と消費

前述のような社会階層の動態的側面である社会移動分析に対し, 階層構造における地位による生活意識・行動が分化するという議論も古くからなされている。本項のテーマである消費に関しては, 個々の階級・階層に特有な「階級文化」の存在が今もイギリスにおいて論じられているようだ（難波 2003）。

日本では資産格差による消費の階層分化が観察できるという階層消費論がかつて大きな話題となり（小沢 1985), また平成 2 年版『国民生活白書』でも「持てる者と持たざる者」の不平等が指摘された。また, 近年においては主に所得格差の視点からいわゆる格差問題が再びポレミックな論点となっており, 階層地位の違いが生活格差の要因となっているという議論が起こっている。

また, 文化実践としての消費と世代間継承という点に関していえば, P. ブルデューとJ.-C. パスロンは (1979＝1991) は経済資本よりもむしろ文化資本の蓄積や継承こそが階級構造の再生産を規定しているという文化的再生産論を打ち出し, 大きな話題を呼んだ。この議論では, 階層や階級が消費などの文化を規定するのではなく, 消費を含む行動・認識についての身体化された習慣性（ハビトゥス）の共有が階層という社会的境界を作り出すことになる (Bourdieu 1979＝1990)。

しかしその一方で, 消費のような文化的要素が関係する行為では, 社会階層との関連性は小さくなっている と D. ベルや村上はいう (Bell 1976＝1976; 村上 1984)。間々田 (2000) も, 消費社会化じたいがそもそも消費生活の階層間格差を縮小させて平等化をおしすすめるものであり, 階層間格差とは階層を象徴する消費財の働きによる主観的な感覚であると論じている。

T. ヴェブレン (1899＝1993) が「顕示的消費」という言葉で奢侈に傾く有閑階級を批判的に描いているのも, G. ジンメル (1904＝1976) が流行のトリクルダウン理論を描くのも, J. B. ショア (1988＝2000) が「新しい消費主義」という言葉で描く現代アメリカ人の浪費の原因を上位階層（準拠集団）の消費スタイルへの憧れに求めているのも, いずれも階層地位によって消費実践の様相が異なることを前提にしつつも, それらは身体化されたハビトゥスというよりは, 模倣可能なライフスタイルとして想定している。とすると松本 (1985) のいうように, 消費を含むライフスタイルは社会階層に局所的に影響される変数と考えるのが妥当なようにも思われる。

4 クール・ジャパン：日本の産業文化力
Cool Japan: Japan's industrial-cultural power　　中村 伊知哉

　クール・ジャパンとは，マンガ，アニメ，ゲームなどのポップカルチャー（大衆流行文化）をはじめとする日本の文化が国際的に評価されている現象をいう。最近では政府が産業政策や外交でのキャンペーンとして使用するようになっている。

■ポップカルチャーの浸透

　2002年頃から日本のポップカルチャーは国際ブームの観を呈するほどの注目を集めるようになった。90年代から日本のアニメやゲームは世界の子どもの人気を博し，J-Popのミュージシャンはアジアの若者の支持を受けてきたが，そのファン層が広がりをみせるようになった。

　評論レベルでは2002年，*Foreign Policy*誌上でダグラス・マッグレイが発表した『Japan's Gross National Cool』(McGray, 2002)が嚆矢となり，日本のエンタテイメントや風俗が注目を集めるようになった。90年代の英ブレア政権が進めた「クール・ブリタニア」政策にも刺激され，クール・ジャパンなる言葉も用いられるようになった。

　アジアでも欧米でも，日本は若い世代にとって一種の憧れである。この状況は，テレビゲームが浸透し，日本のアニメが高視聴率を稼ぐようになった90年代，日本が自らを「失われた十年」と呼ぶ期間にもたらされたものである。

　今の日本文化が欧米に受け容れられているのは，カブキ，スモウ，ゲイシャといった旧来のエキゾティシズムやオリエンタリズムとは様相を異にしている。そして日本のポップカルチャーが示す伝搬力，浸透力，影響力は，かつて浮世絵が印象派の誕生に与えた刺激よりもはるかに大きいと考えられる。こうした状況やメカニズムを政策としてどうとらえ，どうデジタル時代に活かしていくかが課題である。

■政府の取り組み

　政府もコンテンツ産業に期待を寄せるようになった。12兆円の市場が大きく成長することを見込み，総務省，文部科学省，経済産業省，外務省などが支援策を講じている。政府の知財計画では，2020年までにデジタルコンテンツ事業を5倍に成長させるとしている。

　ところが，期待に反し，コンテンツ産業の足腰は弱い。市場規模は，拡大はおろか逆に減少に転じている。ポップカルチャー御三家も苦戦。1997年に5700億円の売上があったマンガは2009年には4200億円まで縮小。アニメ制作時間数は2006年をピークに減少，DVDの売上も減少している。ゲームも国内市場は2008年から減少に転じている。

海外で御三家が奮闘しているとはいえ，映画，テレビ番組，音楽，出版などを含むコンテンツ全体の国際競争力は高くない。収入の海外・国内比は日本は4.3％で，アメリカの17％に遠く及ばない。政府はアジア市場の収入を2020年までに1兆円拡大する意向だが，道筋が見えているわけではない。

　そこで政府もコンテンツ政策を転換しつつある。筆者が会長を務める内閣官房知財本部のコンテンツ調査会では，かつての総花的な国内産業振興策から，クール・ジャパンに焦点を定めた海外・デジタル推進策に体重を移している。経済産業省もクール・ジャパン室を設置するなどして，コンテンツとファッション，食，観光など分野横断的な産業振興策に力を入れている。

■総合力の発揮

　マンガ，アニメ，ゲームともに，近代以降，欧米から技術が導入され，それが日本という土壌で独自の開花を見せた。しかし，その物語づくりや表現技法は，12世紀の絵巻物や近世の浮世絵などに見られるとおり，文化として連綿と育まれてきたものだ。

　しかもこれらは，貴族や武士や宗教が主導したのではなく，特に江戸以降，庶民文化として育まれてきた点が欧州に対比される特徴だ。誰もが絵を描き，表現する土壌の中で培われてきた文化。一億人の絵心，一億人のオシャレ度の高さが築き上げてきた文化である。日本の文化産業の強みが庶民の暮らしや社会の中にあるという点を踏まえておくことが大切だ。

　海外が日本に注目するのはコンテンツやファッションばかりではない。ライフスタイルや社会システムもまた日本のクールな姿として海外に紹介されている。子どもがケータイと化粧セットを持ち歩き，家ではペットロボットを飼い慣らす。アルコールもヌードルも自販機で買えるし，帰るのがいやならマンガ喫茶も24時間営業のコンビニもある。回転寿司やカラオケのように，これから海外に出て行けるネタはまだありそうだ。

　日本在住の外国人が日本のクールなものを取り上げて論議するNHKの番組『クールジャパン（*cool japan*）』（2006-）。2006年以来，筆者も出演しているが，彼らの話には日本ブランドの広がりを感じる。マッサージチェアを設計する匠の技。ママチャリを開発するマーケティング力。宅配便や商品の包装が示すキメ細かいサービス力。世界に例のない，数百年続く老舗経営のビジネスモデル。交番という住民に親しまれる地域管理システム。子どもが給食当番を務める教育システム。筆者が彼らから聞いた自国に持ち帰りたいものの例だ。

　身のまわりに眠る日本の魅力を掘り起こし，ハードとソフトを組み合わせた総合力を発揮できれば，新しい成長エンジンの芽も見えてくるのではないか。

5 カンヌ国際クリエイティビティ・フェスティバル
Cannes Lions International Festival of Creativity　　佐藤　達郎

　国際広告賞というものが，世界にはかなりの数，存在している。その代表的なものが，カンヌ国際クリエイティビティ・フェスティバル（旧・カンヌ国際広告祭）だ。公式の略称はカンヌライオンズ。したがって，本稿でも以下基本的には，"カンヌライオンズ"という呼称を用いる。

■カンヌライオンズの歴史

　カンヌライオンズは，1954年，当時すでに行われていたカンヌ映画祭の影響もあり，劇場CMの振興を目指して創設された。始めたのはSAWAという劇場CM会社の世界的な業界団体で，当初の名称は「国際広告フィルム祭」。対象となったのは，テレビCMと劇場CMの2部門のみであった。最初の「国際広告フィルム祭」は，実はベニスで開催された。このベニスの中心サンマルコ広場のライオン像が，カンヌのシンボルとして今も使われている。その後，モンテカルロでの開催を経て，カンヌでの開催へ。しばらくベニスで開催したりカンヌで開催したりを繰り返し，84年にカンヌを恒久的な開催地と定めた。

　フィルム部門だけのカンヌライオンズ=「国際広告フィルム祭」は，91年まで続く。91年に第一次湾岸戦争が起こり，その影響で広告界にも売上ダウンなどの危機が訪れた。その危機を乗り切るため，カンヌライオンズは広告賞に加えて，数々のセミナーを行うようになった。そして翌年の92年，プレス&アウトドア部門が加えられ，フィルムだけが対象ではなく広告全般を対象とする"国際広告祭"として知られるようになった。プレスとは，新聞広告や雑誌広告といった平面（プレス）広告のこと。また，アウトドアは屋外看板の広告が審査対象だ。この後カンヌライオンズは急速に多部門化し，2011には「広告」だけが対象ではなくマーケティング・コミュニケーションに関わるクリエイティビティ全般を対象とした"国際クリエイティビティ・フェスティバル"を名乗ることとなる。

■国際広告賞の存在意義とカンヌライオンズの地位

　カンヌライオンズ以外にも，有名な国際広告賞は，数多く存在する。広告関係の書籍やデータを揃える「アドミュージアム東京」のホームページによれば，カンヌライオンズに，クリオとワンショウを加えたものが，世界三大広告賞と呼ばれている。他にも，D&AD，ロンドン国際広告賞，ニューヨーク・フェスティバル，アジア太平洋広告祭，釜山国際広告祭，スパイクス・アジアなど，筆者の頭に思い浮かぶだけでも，20はくだらない。

こういった"国際"広告賞が存在する意義とは，いったい何だろう？　その前に，広告賞の存在意義について考えてみる。広告会社からすれば，「自社のクリエイティブ力のアピールの場」が第一であろう。逆に広告主側からすれば，「優秀な広告会社やクリエイター」を見分ける場でもある。さらに近年では，「優秀な広告表現の勉強の場」という要素が加わった。ケーススタディとして勉強して，自社の課題解決の参考にしようという姿勢だ。

　では，「優秀な広告表現」を，国際的に比較して選び表彰することには，どういう意味があるのだろうか？　第一には，多くの広告会社はグローバル・ネットワークを持っていて，グローバルでの「自社のクリエイティブ力のアピールの場」が必要になっているということだ。広告主側も，グローバル展開という事情は変わらない。また「優秀な広告表現の勉強の場」という意味でも，他国での成功事例を学び自国での広告開発に活かそうという試みは，活発化が進んでいる。

　そんな中，カンヌライオンズは，歴史の長さ，参加人数の多さ（約1万人），応募数の多さ（約3万点），セミナーの充実具合（50以上・他にワークショップも）で，群を抜いた存在だ。そこでの上位入賞作は世界中から注目を集め，次年度以降の世界中での広告表現に，少なからず影響を与えることになる。

■ カンヌライオンズの変容と広告の変貌

　92年以降カンヌライオンズは多部門化を加速させ，2012年現在では，15の部門が存在する。15の部門それぞれについての解説はここでは省略するが，ここ10年間に特に急速に進展したカンヌライオンズの多部門化は，まさしくこの10年の広告業界やマーケティング・コミュニケーションの状況が反映されたものと言えるだろう。その傾向を一言で言えば，「作品のクリエイティビティ」から「仕掛けのクリエイティビティ」への変化だ。端的に言えば，1枚のポスターや1本のテレビCMではなく，一連の広告コミュニケーションの仕組み全体が評価されるようになった。これは，デジタル化の急速な展開の中で，広告業界が取り組んできたことそのものである。

　具体的な受賞作から，話題作をひとつ紹介しよう。08年フィルム部門グランプリは，キャドバリー・チョコレートの"Gorilla"(2007)。ゴリラがひたすらドラムを叩いているだけのチョコのテレビCMで，従来の作法から大きく逸脱した広告表現は，日本の多くのベテラン広告マンを困惑させた。だが，実はこのテレビCMは，ネットも活用したクロスメディア施策のコアとなっているコンテンツ。消費者による多くのパロディがYou Tube等をにぎわし，話題を集め，商品の売上げも大幅に増加したという。こうした話題作を始めとする多くのカンヌライオンズ受賞作が，世界中の「次の広告」に大きな影響を与え続けている。

キーワード　参考文献

1　擬似市場・準市場

Giddens, A., 1998, *The Third Way,* Cambridge: Polity Press.（＝1999, 佐和隆光訳『第三の道――効率と公正の新たな同盟』日本経済新聞社.）

―――, A., 2004, *Sociology,* Cambridge: Polity Press.（＝2009, 松尾精文ほか訳『社会学』而立書房.）

Gregory J., D., 1998, *The Meaning of "Social Entrepreneurship".*

経済産業省貿易経済協力局通商金融・経済協力課, 2009,「官民連携によるWin-winのBOPビジネス」『国際金融』1201.

Le Grand, J., W. Bartlett, 1993, *Quasi-markets and Social Policy,* Macmillan.

―――, 2007, *The Other Invisible Hand: Delivering Public Services through Choice and Competition,* Princeton NJ: Princeton University Press.（＝2010, 後房雄訳『準市場―もう一つの見えざる手――選択と競争による公共サービス』法律文化社.）

Polanyi, K., 1957, *The Great Transformation: The Political and Economic Origins of Our Time,* Boston: Beacon Press.（＝1975, 吉沢英成訳『大転換――市場社会の形成と崩壊』東洋経済新報社.）

Prahalad, C. K., 2005, *The Fortune at the Bottom of the Pyramid: Eradicating Poverty through Profit,* Philadelphia PA: Wharton School Publishing.（＝2005, スカイライト・コンサルティング訳『ネクスト・マーケット――「貧困層」を「顧客」に変える次世代ビジネス戦略』英治出版.）

Martin, R. L. and Osberg, S., 2007, "Social Entrepreneurship: The Case for Definition," *Stanford Social Innovation Review,* 29-39.

佐野麻由子, 2010,「開発援助と開発関連産業」小川（西秋）葉子・川崎賢一・佐野麻由子共編著『〈グローバル化〉の社会学――循環するメディアと生命』恒星社厚生閣, 169-187.

Yunus, Muhammad, 2009,「グラミン銀行の軌跡と奇跡――新しい資本主義の形」『一橋ビジネスレビュー』57(1)：6-13.

2　消費者生成メディア（CGM）

秋本芳伸・岡田泰子, 2004,『オープンソースを理解する』DART.

クリス・アンダーソン, 2009,『フリー――〈無料〉からお金を生みだす新戦略』NHK出版

ポール・グレアム, 2003,『ハッカーと画家――コンピュータ時代の創造者たち』オーム社.

古瀬幸広・広瀬克哉, 1996,『インターネットが変える世界』岩波新書.

伊藤史, 2007,『消費者発信型メディアCGM――Web2.0時代のマーケティング戦略』毎

日コミュニケーションズ．
水越伸，1996，『20世紀のメディア〈1〉——エレクトリック・メディアの近代』ジャストシステム．
水波桂・平尾丈・片岡俊行・斉藤徹・古川健介・伊藤将雄・大迫正治・原田和英，2008，『Webコミュニティでいちばん大切なこと。——CGMビジネス"成功請負人"たちの考え方』，インプレスジャパン．
村井純，1995，『インターネット』岩波書店．
―――，1998，『インターネット2——次世代への扉』岩波書店．
―――，2010，『インターネット新世代』岩波書店．
小川浩・小川和也，2010，『ソーシャルメディア維新——フェイスブックが塗り替えるインターネット勢力図』，毎日コミュニケーションズ．
ジャン・サンドレッド，2001，『オープンソースプロジェクトの管理と運営』オーム社．
スタジオ・ハードデラックス，2011，『ボーカロイド現象——新世紀コンテンツ産業の未来モデル』PHP出版．
津田大介，2012，『動員の革命——ソーシャルメディアは何を変えたのか』中公新書ラクレ．
梅田望夫，2006，『ウェブ進化論——本当の大変化はこれから始まる』ちくま新書．

3 階層消費

Baudrillard, J., 1970, *La Société de Consommation: ses mythes, ses structures,* Paris: Denoel. (=1979, 今村仁司・塚原史訳『消費社会の神話と構造』紀伊國屋書店．)
Bell, D., 1976, *The Cultural Contradictions of Capitalism,* New Yoek: Basic Books. (=1976, 林雄二郎訳『資本主義の文化的矛盾』講談社学術文庫．)
Blau, P. and O. D. Duncan, 1967, *The American Occupational Structure,* New York: Free Press.
Bourdieu, P., 1983, *La distinction: Critique sociale du judgement,* Paris: Minuit. (=1990, 石井洋二郎訳『ディスタンクシオン』Ⅰ・Ⅱ，藤原書店．)
――― et J.-C. Passeron, 1979, *La reproduction.* (=1991, 宮島喬訳『再生産』藤原書店．)
Featherman, D. L. and R. M. Hauser, 1978, *Opportunity and Change,* New York: Academic Press.
―――, L. Jones and R. M. Hauser, 1975, "Assumptions of Social Mobility Research in the United States: The Case of Occupational Status," *Social Science Research* (4): 329-360.
原純輔・盛山和夫，1999，『社会階層——豊かさの中の不平等』東京大学出版会．
今田高俊，1989，『社会階層と政治』東京大学出版会．
鹿又伸夫，1986，「社会階層とライフスタイル」金子勇・松本洸編『クオリティ・オブ・ラ

イフ』福村出版，116-137.
間々田孝夫，2000，『消費社会論』有斐閣.
松本康，1985，「現代日本の社会変動とライフスタイルの展開」『思想』(730)，岩波書店.
─────，1986，「現代社会とライフスタイル」金子勇・松本洸編『クオリティ・オブ・ライフ』福村出版，189-210.
村上泰亮，1984，『新中間大衆の時代』中央公論社.
中井美樹，2011，「消費からみるライフスタイル格差の諸相」佐藤嘉倫・尾嶋史章編『現代の階層社会1　格差と多様性』東京大学出版会，221-236.
難波功士，2003，「階級文化をめぐって」『関西学院大学社会学部紀要』(95)，関西学院大学，217-225.
小沢雅子，1985，『新「階層消費」の時代』日本経済新聞社.
Schor, J. B., 1998, *The Overspent American,* New York: Basic Books.（＝2011，森岡孝二『浪費するアメリカ人』岩波現代文庫.）
Simmel, G., 1904＝1919, "Die Mode," *Philosophische Kultur,* Stuttgart: Alfred Kröener Verlag.（＝1976，円子修平・大久保健治訳「流行」『ジンメル著作集7　文化の哲学』白水社，31-61.）
Sorokin, 1927, *Social Mobility,* New York: Harper and Row.
富永健一，1986，『社会学原理』岩波書店.
─────編，1979，『日本の階層構造』東京大学出版会.
Treiman, D., 1970, "Industrialization and Social Stratification," in E. O. Laumann ed., *Social Stratification: Research and Theory for the 1970s,* Indianapolis: Bobbs-Merrill, 207-234.
Veblen, T., 1899, *The Theory of Leisure Class,* New York: Macmillan.（＝1998，高哲男訳『有閑階級の理論』ちくま学芸文庫.）
Weber, M., 1922, *Wirtschaft und Gesellschaft,* Tübingen: Mohr.（＝1954，浜島朗訳『権力と支配』みすず書房.）
安田三郎，1971，『社会移動の研究』東京大学出版会.
─────・原純輔，1984，『社会調査ハンドブック　第3版』有斐閣.

4　クール・ジャパン
青木保，2004，「重層的な「文化力」育む戦略を」『外交フォーラム』都市出版.
近藤誠一，2004，「日本を天女が舞い降りたくなる国に」(対談)『外交フォーラム』都市出版.
田所昌幸，2003，「ソフトパワーという外交資源を見直せ」『中央公論』5月号.
中村伊知哉・小野打恵，2006，「日本のポップパワー」日本経済新聞社.
─────，2011，「新世紀ITビジネス進化論」ディスカヴァー.

濱野保樹，2003，『表現のビジネス』東京大学出版会．
平林久和・赤尾晃一，1996，『ゲームの大学』メディア・ファクトリー．
ジョセフ・ナイ，中本義彦訳，2004，「日本のソフト・パワー」『外交フォーラム』都市出版．
McGray, D., 2002, "Japan's Gross National Cool," *Foreign Policy*, May/June.

cool japan，2006，日本放送協会，東京，2006年4月より放映，テレビ．

5　カンヌ国際クリエイティビティ・フェスティバル

アドミュージアム東京，2012（2012年8月21日取得）
　　http://www.admt.jp/library/statistics/award_w.html
佐藤達郎，2010，『教えて！　カンヌ国際広告祭——広告というカタチを辞めた広告たち』アスキー新書．
――――，2012，「最高峰の国際広告賞をウオッチングし，その変化を追う。――featuring カンヌライオンズこの10年～」『日経広告研究所報264号』日経広告研究所．

Gorilla, 2007, Juan Cabral 監督・クリエイティブディレクター，Fallon London Ltd., ロンドン，2007年放映，テレビ広告．

第5章 ケース・スタディ

グローバライゼーションにおけるメディア空間の変容と協働

粟谷 佳司

1 はじめに

ここでは,グローバル化におけるメディア空間の諸問題についていくつかのディメンションから考え,多層な文化とテクノロジーの編成を分析する。

最近のメディアや文化の研究のなかで,グローバライゼーションとともに「空間」概念を中心にした社会変容に関する議論がある(例えば,Soja 1989, Shields 1994, 1999 など)。ここでは,メディア・コミュニケーション研究の領域において現在でも参照されることの多い,カナダのマーシャル・マクルーハン(Marshall McLuhan)やハロルド・A・イニス(Harold A. Innis)らの,いわゆるトロント・コミュニケーション学派の研究から「空間」の概念を中心に継承し,自身のメディア文化研究を展開しているジョディー・バーランド(Jody Berland)の「社会空間」論を取り上げ,続いてグローバル状況におけるメディア文化の問題を考察する。そして,最近の事例として,音楽文化を取り上げ,ギデンズの「モダニティ」の議論とも関連させながら分析する。

2 トロント・コミュニケーション学派とメディア文化研究

トロントにおけるメディアやコミュニケーション研究というと,トロント・コミュニケーション学派といわれるマーシャル・マクルーハンやハロルド・イニスなどが思い浮かべられるが,ここで中心になるのは彼ら自身ではない。むしろマクルーハンらトロントのコミュニケーション研究を,カルチュラル・スタディーズと積極的に結びつけながら再構成しようとしているバーランドの研究である。[2]

バーランドは,ブリティッシュ,あるいはアメリカン・カルチュラル・スタ

ディーズとマクルーハン,イニスなどの影響を受けているが,カルチュラル・スタディーズとトロント・コミュニケーション学派は,その影響は指摘されているものの,レイモンド・ウィリアムズ(Raymond Williams)が有名な『テレビジョン』(Williams 1974=1992)においてマクルーハンのメディア論を批判しているように,両者の隔たりについての議論も一部ではされている。しかし,バーランドは,マクルーハンや特にハロルド・イニスを継承しながら,文化とテクノロジーの両方を視野に入れたカルチュラル・スタディーズの研究を行っている。

そこで,現在の視点から彼らを読み直すために常に参照されているのが,アンリ・ルフェーヴル(Henri Lefebvre)を中心とした「社会空間」論である。「空間」ということによって,グローバライゼーションにおけるカナダという具体的な問題にも応えている。そして,バーランドの研究は,サイモン・フリス(Simon Frith)などに顕著な,カルチュラル・スタディーズは社会をテクストのように解釈するという批判(Frith 1989参照)にも,テクノロジーや空間などの社会のマテリアルな構造と文化の問題を複合的に考察していて図らずもその応答になっていると思われる。

バーランドは,ルフェーヴル,デヴィッド・ハーヴェイ(David Harvey)や,あるいは,フレデリック・ジェイムソン(Fredric Jameson)などの知見を取り入れながらマクルーハンやイニスの読み直しを行なっている。そして,「カルチュラル・テクノロジーズ(Cultural Technologies)」や「社会空間(social space)」という概念によって,マクルーハンやイニスを再考している。

次に考察するように,マクルーハンのメディア論は技術決定論であるという批判がウィリアムズからなされていた(Williams 1974=1992)[3]。しかし,メディアと文化の問題を「空間」を媒介させながら複合的に考察することで,トロント・コミュニケーション学派の理論は現在のグローバル状況におけるメディア文化の分析にひとつの視座を提供するのである。

3 トロント・コミュニケーション学派の継承

3.1 マクルーハンと空間

　バーランドとトロント・コミュニケーション学派をつなぐのが彼女の「社会空間」の考え方である。つまり，それはトロントのメディア・コミュニケーション研究から「空間」を強調することによってそこに新たに光を当てるということである。

　マクルーハンの理論は，その後のメディア，コミュニケーション研究者にさまざまな形で言及され，引用されている。例を挙げれば，ウォルター・オング（Walter J. Ong）はマクルーハンとの交流から，マクルーハンが現代において期待した，近代人が活字印刷によって獲得した視覚的なものの優位から，近代人以前の部族的なものの特長である聴覚的なものが復活すること（McLuhan 1962＝1986）を解明するべく，声の文化（オラリティ）と文字の文化（リテラシー）の関係について考察している（Ong 1982＝1991）。また，ヨシュア・メイロウィツ（Joshua Meyrowitz）は，マクルーハンのメディア論を社会学者のアーヴィン・ゴフマン（Erving Goffman）の社会的行為論と比較している（Meyrowits 1985）。最近では，ゲリー・ゲノスコ（Gary Genosko）が，ジャン・ボードリヤール（Jean Baudrillard）のマクルーハンから受けた影響を考察している（Genosko 1999；粟谷 2011a）。しかしながら，マクルーハンについてはその理論的な曖昧さからさまざまに解釈されており正当な評価が与えられていないといわれている（小川 1988：5）。

　マクルーハンはオングやメイロウィツ，ボードリヤールへの影響はもとより，彼自身「ホットとクール」などいくつかのテーゼを提出しているが，ここでは，「メディアはメッセージである」というマクルーハンの有名なテーゼを取り上げる。このテーゼによって何が語られているのだろうか。

　「メディアはメッセージである」は，その主要な著作のひとつである『メディアの理解』（McLuhan 1964＝1987）の冒頭においてマクルーハン自らのメディア論を要約したものであり，彼の思想が端的に語られている。つまり，ここで語られていることは，メディア技術の発展による人間の感覚の変容についてで

ある。

　マクルーハンによれば，現代は電気の時代であるとされる。このような時代には，われわれの身体や感覚は時間的にも空間的にも拡張されるようになった。これはメディアによる社会変動について述べられたものであるが，マクルーハンによれば，電話が声と耳を拡張したものであり，テレビが触覚や感覚の相互作用を拡張したというように，メディアの転換によって，感覚比率が根本的に変容したということである。

　そして，このような時代診断を下すために，マクルーハンは「メディア」それ自体の役割に注目する。つまり，メディアがそれだけで感覚変容の「メッセージ」を発しているということである。

　マクルーハンは，メディアそれ自体のメッセージ性について注意を促している。

> 電気の光はそれに「内容」がないゆえに，コミュニケーションのメディアとして注意されるとこがない。　　　　　　　　（McLuhan 1964＝1987：9）

またマクルーハンは，メディアを「技術（technology）」（McLuhan 1964＝1987：8）と同格に捉えており，メディアの「特性」による身体感覚の拡張，変容が重要であるということである。つまり，その「内容」については二次的でネガティブな評価が下されているのである。マクルーハンは次のように述べている。

> メディアの内容がメディアの性格にたいしてわれわれを盲目にするということが，あまりにもしばしばありすぎるのだ。
>
> 　　　　　　　　　　　　　　　　　　　　（McLuhan 1964＝1987：9）

　ここでいわれていることは，次にみるように，マクルーハンのメディア理論がいわゆる「技術決定論（technological determinism）[4]」として批判されるときに持ち出されてくるものである。

　ではここで，カルチュラル・スタディーズとトロント・コミュニケーション学派との間のある種の溝について見ておくことにしたい。マクルーハンはなぜ「技術決定論」と批判されるのか。

先ほどの有名な「メディアはメッセージである」というテーゼに見られるような，マクルーハンのメディア論が描いているのは，メディアそれ自体の技術的な特性がわたしたちの感覚を拡張し，変容させていくというものである。しかし，ブリティッシュ・カルチュラル・スタディーズの理論的遺産の一人であるといわれているレイモンド・ウィリアムズは，これに異議を唱える。ウィリアムズは，メディア研究において現在でも影響力の大きい『テレビジョン』（Williams 1974＝1992）の中で，このようなマクルーハンのメディアの考え方を「技術決定論」であると批判しているのである（Williams 1974＝1992：120-122）。
　ウィリアムズの批判のポイントは，マクルーハンがメディアを機能的，形式主義的に解釈しているために歴史の欠如を招いているということであり，諸々の社会的実践も考慮していないということなのである。また，マクルーハンのように社会的諸関係を捨象してテクノロジーを決定的な要因としてしまえば，メディアにおける権力のダイナミクスを的確に捉えることができなくなってしまうのである。
　ところで，トロントにおけるコミュニケーション研究者であるバーランドは，このようなウィリアムズのマクルーハン解釈とは異なり，マクルーハンを空間論の観点から取り上げている。そして，「カルチュラル・テクノロジーズ」という概念によってメディアと文化が結びつく領域を考察している（Berland 1992）。バーランドによって「カルチュラル・テクノロジーズ」は，次のように定義されている。

　　　カルチュラル・テクノロジーズは，社会的な意味や可能性の集積所としての空間の生産──空間における人々や意味，物事の生産──を秩序づけ促進するような物質的なコミュニケーションの実践を作り出すのである。
　　　　　　　　　　　　　　　　　　　　　　　　　（Berland 1999：306）

　バーランドは「カルチュラル・テクノロジーズ」によって，テレビやラジオなどのメディアやテクノロジーとその内容である文化（カルチャー）とがいかに「空間」に媒介されて実践として作用しているのかという状況を考察している。「空間」については，次にマクルーハンのメディア・コミュニケーション論の知見を検討するときにもキーとなる概念である。[5]

そして,「カルチュラル・テクノロジーズ」は,トロント・コミュニケーション学派を「空間」から読み直すことによって提起されてきたものだった。次に,それをバーランドのいう「社会空間」論から取り上げる。

3.2 社会空間としてのメディア空間：マクルーハン理論からの展開

バーランドとトロント・コミュニケーション学派をつなぐときに「カルチュラル・テクノロジーズ」とならんで重要なのが,彼女の「社会空間」の考え方である。それはトロントのメディア・コミュニケーション研究から「空間」を強調することによって生み出されてきたものである。

バーランドは,マクルーハン,イニスなどのメディア,コミュニケーション論,アンリ・ルフェーヴルを中心とする空間論を援用しながら,メディアがさまざまな力(イデオロギー的,経済的,美学的)が錯綜する「社会空間」のなかで存在するものであるという指摘を行っている。そして,そのような空間のなかでイデオロギー的,経済的,美学的な意味や実践がどのように作用するのかという「文化的な生産(cultural production)」を,「空間の構成(the constitution of space)」という観点から捉える(Berland 1992：38)。

例えば,家庭におけるラジオ聴取についての次のような一文は,バーランドのメディアと空間の考え方を如実に表している。

   エレクトロニック・メディアは,ある音とその聴取者のもとになる空間
  を作り出す。   (Berland 1998：129)

このようなバーランドの「空間」の考え方には,ハーヴェイの「空間」(Harvey 1989)[6],ルフェーヴルの「空間の生産(the production of space)」(Lefebvre 1991；ルフェーヴル 2003)の議論からの影響が指摘される。ここで重要なのがルフェーヴルの「空間の生産」の議論であろう。

「社会空間」はルフェーヴルからの影響が指摘される。ルフェーヴルは,従来まで数学や物理学に属する空虚なものと考えられていた「空間」から,「(社会)空間は(社会的な)生産物である」(Lefebvre 1991：26)というように,それが社会的に生産される「社会空間」としての重要性を指摘している。つまり,「社会空間」は,政治,経済,文化などが「生産」され「実践」される領域な

のであり，ここには経済的な領域である生産と再生産や，記号の体系，象徴，芸術などが含みこまれているのである。そしてこのような「空間」の議論から，バーランドはマクルーハンやイニスなどの読み直しを図るのである。

バーランドはマクルーハンをルフェーヴルの空間論から考察し，空間が生産される契機を重視している。

> つまり，彼［マクルーハン］が目論んでいることは，メディアは，テクストやテクストの受容だけを生産しているのではなく，社会生活における絶え間ない感覚的，空間的なものを再編成するということも生産しているということである（produce）。コミュニケーション・メディアにおけるそれらの技術革新は社会的・空間的関係における新しい自国内での，都市，産業的，宗教的，国家のパターンを生産するのを助けている。ルフェーヴルの用語では，そのような革新は新しい資本諸関係によって充満した絶え間ない「空間を生産している」ということである。
>
> （Berland 1992：43 ［ ］内は引用者の補足）

このように，バーランドはマクルーハンの「メディア」からルフェーヴルのいうような空間を生産するということが含意されていたということを読み込んでいる。

あるいはまた，バーランドはミュージックビデオ（MTV）について考察した論文（Berland 1993）において，マクルーハンのメディアは身体の拡張であるとする議論を引きながら，身体はそもそも社会的なものとして媒介され拡張されるのだから，それは空間的な特性を抜きにしては考えることができないと述べている（Berland 1993：36）。これはマクルーハンがメディアを身体が時間的，空間的に拡張したものであると考えていたことと重ねて考えることもできるだろう（McLuhan 1964＝1987 McLuhan and Fiore 1967＝1995）。

要するに，テレビやラジオなどのメディアは，そのテクノロジーやそれが受容される「空間」を含みこんだ編成のなかで考察されなければならないということである。なぜなら，そもそもラジオやテレビから流れてくる映像や音は，テクノロジーを媒介として私たちの身体を空間的にとりまく環境になるために，そのときに記号論的に映像や音をテクストとして取り出し，その意味内容だけ

を独立して取り扱うのでは十分とはいえないからである。そこでは，政治や経済との関係ももちろん重要になるだろう。

　従来までのマクルーハン解釈においては，メディアの特性によって私たちの感覚が変容するというような，まさにウィリアムズが批判したような技術決定論的な理解が支配的であった。しかし，バーランドはマクルーハン理論の中に「社会空間」の概念を読み込むことで，文化とメディア・テクノロジーを接合するのである。そこで登場するのが「カルチュラル・テクノロジーズ」であり，それが「社会空間」の中で実践として働くということである。そして「カルチュラル・テクノロジーズ」や「社会空間」は，カナダというローカルな領域にグローバルな権力がどのように働いているのか，ということを分析するときにも念頭に置かれているのである。

　では，グローバルな力の作用は「空間」のなかでどのように働いているのか。それを次にイニスの理論の中から見ていきたい。

3.3　イニスの継承　グローバル化のなかで　イニスのコミュニケーション理論とグローバライゼーション

　カナダの状況を考えるために要請されるのが，イニスの議論である。なぜなら，バーランドは，研究のキャリアを始める初期の段階からマクルーハンよりもむしろ常にイニスに言及しているからである。そして，いくつかの業績のなかでイニスを中心に取り上げている（Berland 1999, 2000, 2009）。

　トロント・コミュニケーション学派のメディア研究において，マクルーハンと並んで言及されるのがハロルド・アダムズ・イニスである。イオアン・デイビスによれば，イニスは1930年代から1950年代にかけてトロント大学で経済地理学（economic geography）を教えていた（Davies 2000：22）。そして，イニスについても，バーランドの議論のある部分の根幹になっている。イニスは，政治経済学の研究者であるが，もちろん，彼は，アルファベット，言語，テクノロジー，空間，時間などの歴史とコミュニケーションに関する研究も行っており（Davies 2000），メディア研究においてはむしろこちらの側面のほうが知られている。1999年に出版されたイニスに関する論文集でも，コミュニケーションやカルチュラル・スタディーズとの関係についてもいくつかの章が設けられ

ている。

　そしてバーランドにとってここで重要になるのが,「中心／周辺のダイナミックス (center-periphery dynamics)」(Drache 1995：xlvii) という考え方を「空間」から捉えなおすことであろう。イニスはその業績 (Innis 1950, 1951) のなかで, 時間と空間をつなぐコミュニケーションやメディアの問題を扱っていたのだが, バーランドはそこにグローバライゼーションの議論を読み込むことによって「空間」を強調しながらイニスを再評価しているのである。

　バーランドはルフェーヴル, エドワード・ソジャ (Edward Soja), フレドリック・ジェイムソンらの空間論をイニスの業績のなかに読み込みながらイニスを評価している。

　　ルフェーヴル, ソジャ, ジェイムソンのように, イニスは, 空間それ自体の根本的な再概念化を要求する, 空間と時間の, 物質的で存在論的なものを基礎とした関係を定義づけようとしている。　　(Berland 1999：284)

　ここでバーランドがグローバライゼーションとの関係でイニスから得たものは, 彼のいう「空間に偏向したメディア (the space-biased media)」という概念である (Berland 1992：41)。

　バーランドによると, イニスのいう「空間に偏向したメディア」は時間の連続性を超えて空間に撒き散らされ, 空間的拡張や経済構造の中心化を招いてしまうということである (Berland 1990：185-187, 1992：41, 1999：285)。そして, それは結果的に, ローカルでマージナルな商品を制限してしまうのである。

　ここで,「中心/周辺のダイナミックス」は次のように説明することができるだろう。つまり, ある経済構造 (アメリカ合衆国のメディア, エンターテインメント産業) をメディアが空間的に拡張していくことで中心がいっそう強固になるということである。そして, 空間を強調するメディア (例えば, 電子メディア) は, 政治的経済的な中心化に有利に働くということである (Berland 1990：185-186)。

　バーランドはイニスのコミュニケーション理論のなかにメディア文化をめぐるアメリカ・カナダ関係を読み込んで行く。もちろんイニスの時代にはまだグローバライゼーションという概念は一般的ではなかったのだが, イニスの理論

にグローバライゼーションのメカニズムを重ね合わせることによって，それはアクチュアリティーを獲得するのである。

次に，グローバライゼーションにおけるカナダの問題を，アメリカ合衆国との関係からメディア，エンターテイメント産業を例に見ていく。

4　グローバル・ヘゲモニー

4.1　カナダとアメリカ合衆国

ここではカナダにおけるグローバライゼーションの問題をバーランドの研究から取り上げる。

カナダからメディアや文化を捉えようとすると，アメリカ合衆国の影響が計り知れないものがあるということに気づく。地図で見てもわかるように，カナダはアメリカ合衆国と国境が接しているが，問題はそれだけでなく，メディアに関しても合衆国の影響をダイレクトに受けている。カナダの独自性やアイデンティティを考えるということは，国としての切実な問題なのである。[7]

ところで，合衆国とカナダの関係は，マサオ・ミヨシ（Masao Miyoshi）や，あるいはフレドリック・ジェイムソンのいうような多国籍企業やメディア，エンターテイメント産業のパワーブロックにおけるヘゲモニーを背景としたグローバライゼーションの問題として捉えることもできる（Miyoshi 1993；Jameson 1998＝2003）。これをテレビやラジオを例に見てみれば，カナダのテレビ放送局では，合衆国で作られた番組（ラジオ局の場合は音楽）がプライムタイムに流れることも少なくないという状況が指摘されるだろう。[8]

このような状況のなか，カナダラジオ・テレビ・電気通信委員会（Canadian Radio-television and Telecommunications Commission, CRTC）の勧告により，AMラジオは1971年1月からは放送のライセンスをリニューアルするために放送のミニマム30パーセントは「カナダの内容（Canadian content）」，つまりカナダで製作された曲を放送しなければならなくなった（Wright 1991：307）。これは音楽の場合，次の4つの基準があるといわれる。

　　(a)　演奏や歌は，カナダ人によって演じられたものであること

(b) 音楽はカナダ人によって演奏されたものであること
　(c) 歌詞はカナダ人によって書かれたものであること
　(d) ライブ演奏は全体的にはカナダで録音されたものであること

(Wright 1991：307)

　テレビ放送の場合は，川島淳一によれば，CBC（Canadian Broadcasting Corporation）の英語ネットワークのプライムタイムにおける「カナダの内容」（カナダの番組）は，CRTCの勧告に基づいて，1967年の52パーセントから1974年の68パーセントに，そして1983〜1986年の間に74パーセントから77パーセント，1993年には80パーセントまで引き上げられている（川島 1995：6）。

　また，カナダのアーティストは，売れれば合衆国に移住するという話も聞かれる。[9]カナダでは，政策的に独自文化の保護・育成という文化の問題について常に注意が払われているが，バーランドがメディアや文化について考えるときに重要視しているのは，グローバル化するアメリカ合衆国のメディア，エンターテイメント産業のカナダ文化への影響をどのように考えるのかというものである。

3.2　カナダとカルチュラル・スタディーズ

　1991年の『カルチュラル・スタディーズ（*Cultural Studies*）』誌でバーランドらが中心になった特集も，アメリカ合衆国のヘゲモニーにおいてカナダ文化をどのように考えるのかというものだった。この特集は，ポピュラー音楽産業の政治経済構造の「バイアス」について何人かの研究者が寄稿しているが，バーランドは研究のキャリアをポピュラー音楽研究から始めている。[10]そして，ポピュラー音楽に言及したメディア研究も行ってきている。

　ここで，バーランドはカナダ文化の危機について，1989年に発効されたカナダとアメリカ合衆国とのあいだの自由貿易協定（米加自由貿易協定 Canada United States Free Trade Agreement, CUSFTA）の問題を取り上げている。これが進展したものが，メキシコも含んだ1994年発効の北米自由貿易協定（NAFTA）である。この貿易協定によるカナダ社会へのインパクトについては，カナダに関する歴史書には次のような記述さえ見られる。

カナダ・フォードの自動車工場に勤務し，家庭ではアメリカのテレビ番
　組を視聴し，休日にはハリウッド映画やロサンジェルスのポップ音楽を楽
　しむカナダ人労働者が，「ヤンキー・ゴー・ホーム」や「反米主義」を叫
　んでも，それは一種の冗談としか受け取られなくなってきた。

（木村編 1999：21）

　このように，アメリカ合衆国のカナダへのインパクトは計り知れないものが
あったことが想像される。
　つまりバーランドの議論は，FTA の合意によってカナダの文化産業が打撃
を受け，カナディアンのアイデンティティがなし崩しになったということであ
った。これは，先ほど見てきたカナダの文化産業のある種の空洞化によっても
特徴づけられているものである。
　バーランドは，自由貿易協定の結果として導かれるアメリカ文化産業による
「エンタテインメント」という名のもとでのカナダ社会への進出によって，「公
共の利益」は変質し，グローバル化による放送市場のアメリカ的な放送内容の
拡張は，オーディエンスが「選択」する幅を必ずしも広げるわけではないと述
べている。そして，このような状況が不平等な競争になっていることを指摘し
ながら，アメリカ合衆国のメディア，エンターテイメント産業のレトリックを
批判している（Berland 1991：319, 1992：49-50）。
　このことはカナダの音楽関係者のコメントからもうかがえる。

　　カナダは自由市場ではない。カナダは文字通り，第三世界と基本的には
　　変わらない。私たちは，配給，製作を所有していない。

（Berland 1991：322）

　つまり，カナダのミュージシャンにとってカナダで成功するということより
も合衆国での名声が重要になってきたのである。
　そして，バーランドは，

　　私たちは，ミュージシャン，俳優，小説家たちを［合衆国へ］輸出し，
　　［合衆国から］すべてのテレビネットワークの番組表を輸入するのである。

（Berland 1999：291 ［　］内は引用者の補足）

というように，アメリカ合衆国のメディア，エンタテインメント産業をメディアが空間的に拡張していくことで，「中心」がいっそう強固になってしまうというメカニズムを批判しながら「周辺」としてのカナダの現状を分析するのである。

以上のように，バーランドの研究は常に空間というものからカナダ社会を考えるということであった。そこでのトピックは，カナダと合衆国の間のグローバル・ヘゲモニーであり，理論的には，トロントのコミュニケーション研究を空間の概念から再構成するということである。トロントのメディア・スタディーズとはいえ，カナダのカルチュラル・スタディーズはもう少し緩い関係で結ばれているのだが，(11) もちろん，バーランドの研究は，トロントのコミュニケーション研究を継承するという意図があるだろう。

ここまでは，マクルーハンやイニスにおける「空間」という概念の問題設定を，ルフェーヴルなどの空間論を媒介にしたバーランドの「社会空間」論から考察した。そしてバーランドの空間論から，グローバライゼーションの問題をカナダのメディア文化を中心に取り上げた。ここで議論されていたのは，地理的，政治的，経済的，文化的に「周辺」としての「空間」をめぐる問いなのである。

最後に，グローバル化の諸相として，以上のような「中心／周辺」とは位相が異なる時空間におけるテクノロジーを使用した協働の実践について，音楽文化の事例から考えていきたい。

5　グローバル化の諸相とテクノロジーの文化

5.1　レコーディング・テクノロジー

ここでは，グローバルに広がるメディア空間の事例について，音楽文化を中心に考察して行きたい。

ポピュラー音楽においては，レコーディングというテクノロジーは音楽という聴覚経験そのものを変革させるものであった。レコーディングとは，もともとは記録の意味であった。初期のころのレコーディングは，記録であるためにいわゆる一発録りといわれ，モノラルレコーディングであった。それがレコー

ディング技術の発展により，マルチトラックによるレコーディングが可能になり，音はステレオ化していった。

　ここで，アンソニー・ギデンズ（Anthory Giddens）の理論を参照してみよう（Giddens 1991＝1993）。ギデンズの理論からレコーディング・テクノロジーについて考えてみれば，音の素材を一つずつ時間と空間において，まずは分離し（the separation of time and space），それを「音楽」としてミックすることによって再結合する（recombination）（Giddens 1991＝1993：9）作業によってレコード，その後デジタル化されたCDというメディアに記録されるようになる。

　マルチトラックレコーディングの事例として，『ザ・ビートルズ・レコーディング・セッションズ完全版』（ルーイスン 2009）が詳細にサウンド（音楽）作りの変遷を記録している。ビートルズは，レコーディング・テクノロジーにかなり自覚的であった。レコーディングは音の素材があれば基本的には何度でもダビング可能であり，素材を組み合わせることによって音楽となる。つまり，録音（録画）メディアは，記録されたものを再結合，再構築することによって時間と空間の「脱埋め込み（disembedding）」が行われ，コンテンツになることによって「再埋め込み（reembedding）」されるのである。

　これは，ビートルズの再結成時に新しい曲として発表した「フリー・アズ・ア・バード」の事例からも明らかである。この曲は，故ジョン・レノンの残した声の録音をそのほかのメンバーによってオーバーダビングしてミックスすることによって，解散から30年以上経って新しい曲として発売されたものである。あるいは，メンバーが死去したあとでもバンドとしてアルバムを発表したレッド・ツェッペリンの例（『コーダ』は遺されたマテリアルにオーバーダビングを施して制作された）や，ジャンキーXLが，故エルビス・プレスリーの「ア・リトル・レス・カンバセーション」をリミックスして2002年に新たに発表している例などもある。

5.2　時空間を圧縮する協働

　次に，このような時空間の分離と再結合の事例として挙げられるのが，プレイング・フォー・チェンジ（Playing For Change）である。

　プレイング・フォー・チェンジとは，プロデューサーのマーク・ジョンソン

がホイットニー・バーディットと「音楽を通じて我々は互いの違いを理解し，より良い世界を作ることができる」との考えから始めた。プレイング・フォー・チェンジは，最新のモバイルテクノロジーにより，時空間を越えたミュージシャンが協働（コラボレーション）することによって曲を製作している。このプロジェクトにはU2のボノなども参加していて，曲はボブ・マーリーの「One Love」や，トレイシー・チャップマンの「Talking about Revolution」のようなメッセージ性のあるものも選ばれている。

このプロジェクトは世界中の異なる場所と時間において，同じ曲を様々なプレイヤーによってレコーディング，映像で撮影することによって，最終的には先ほどの事例のように，それらのマテリアルが再構築されることで時間と空間の「脱埋め込み（disembedding）」と「再埋め込み（reembedding）」が行われるのである。つまり，断片的な音と映像が「再埋め込み」されるプロセスにおいて曲が「協働（コラボレーション）」されているのである。ここでは，「協働」という実践においてグローバル化におけるテクノロジーの使用についての可能性を示しているといえるだろう。

6　おわりに

本章では，「空間」あるいは「時間」の問題をバーランドや，ギデンズの議論などから音楽文化の事例を中心に考えてきた。

「空間」を抽出することによってメディアや文化の変容を考えるとき，グローバル化の状況下におけるカナダ文化の空洞化というトピックは，バーランドがメディアや文化を考察するときの中心的なテーマになるものであろう。マクルーハンやイニスが遺したものは，バーランドが現在のグローバル状況における諸問題を考察する際にもアクチュアルに受け継がれているのである。

そして，最後に取り上げたギデンズの議論から，時間と空間の再結合あるいは再編というトピックは，メディアの問題からグローバル化における協働の可能性を示唆するものであるだろう。

たとえば，音楽というコンテンツはデジタル化されることによって，インターネットという分散型ネットワークのシステム（アーキテクチャ）で交換され

るようになった。そして，ナップスターやウィニーというコンテンツを自由に交換できるアーキテクチャの出現により，デジタル化における諸問題も浮上してくる。アントニオ・ネグリ（Antonio Negri）は対談で，グローバル化の新秩序である〈帝国〉の時代には，生産が協働・交換のネットワークにおいては終焉するという考えをナップスターの例から言及していた（ネグリ 2003）。

いずれにせよ，本章で取り上げたこれらの事例は，モダニティによる帰結でありグローバルな世界に向き合う状況を表していて，今後の私たちの世界の可能性をも含めて示しているのである。

　［付記］本稿は，粟谷佳司2005「メディア研究における『空間』の問題——マクルーハン，イニス，グローバライゼーション」『大阪産業大学経済論集』第6巻第2号を元に，慶應義塾大学メディア・コミュニケーション研究所におけるプロジェクト研究「グローバライゼーションと持続可能なメディアのデザイン：生命とコミュニケーション」（代表者／小川（西秋）葉子）の研究例会（2010年6月26日）で報告した事例を加えて改稿したものである。

注

(1) トロント・コミュニケーション学派という名称については，(Marchessault 2004) を参照。
(2) トロントにおけるメディアとカルチュラル・スタディーズの展開については，バーランドも学位を得たトロント市内にあるヨーク大学に設置されている独立大学院である社会政治思想プログラム（Social and Political Thought Programme）の存在を抜きにして語れなくなってきている。このプログラムは，ヨーク大学の人文社会科学系の独立大学院であり，既存の研究ではおさまりにくいテーマが扱われている。ここからバーランドやゲーリー・ゲノスコ，ジェイニー・マーシェソー（Janine Marchessault）など現在のトロントのメディアとカルチュラル・スタディーズを支える若い研究者を生んでいる。トロントのメディア研究においては，ヨーク大学からメディアやコミュニケーション，あるいはカルチュラル・スタディーズの研究が生まれてきているのである。
(3) カルチュラル・スタディーズは，文化を強調するあまり経済諸関係がしばしば軽視されるという批判がある。このような批判は，ニコラス・ガーンハム（Nicolas Garnham）などのイギリスにおける政治経済学派から出されたものである。しかし，カルチュラル・スタディーズ内部においても，最近の文化産業論などによってそのような傾向からの変化が見られる。例えば，(Negus 1992) など。
(4) マクルーハンを「技術決定論」であるとすることに対しては，浅見克彦から疑問が呈されている（浅見 2003）。
(5) 「空間」と「カルチュラル・テクノロジーズ」について，伊藤守は次のように述べてい

る。
　　空間を占領し，空間を産出するメディア，しかもそれぞれのメディアに特有の表象の様式をつくり，特定の社会的価値や意味を構造化してくような独自の空間を産出するメディア。このメディアの特性を際立たせるために，彼女［バーランド］は「カルチュラル・テクノロジー」という概念を提起するのである。

（伊藤 1999：272，［　］内は引用者の補足）

「カルチュラル・テクノロジーズ」は，トロント・コミュニケーション学派の議論を「空間」から読み直すことによって提起されてきたのである。
(6) ハーヴェイについては，音楽の聴取と空間の関係に関する部分の注釈で触れられている（Berland 1998：146, note3）。ちなみに，音楽と空間の関係には，マリー・シェーファーのサウンド・スケープも参照されている（Schafer 1977）。
(7) もちろんここで文化やアイデンティティといっても，多様な民族の共存を図るマルチカルチュラリズムを国是としているカナダにとっては，誰のためのアイデンティティなのかという問題は残る。とりあえずは，トロントにおけるカリブ系移民の文化的アイデンティティとマルチカルチュラリズムの問題について考察した（粟谷 2011b）を参照されたい。
(8) テレビ放送におけるアメリカ合衆国のカナダへのインパクトについては，（川島 1995）。
(9) カナダ出身のアーティストとして，俳優のマイケル・J・フォックス，ジム・キャリー，歌手のアラニス・モリセット，ニール・ヤング，ジョニ・ミッチェル，などがいる。
(10) 例えば，バーランドの博士学位論文である，Berland (1986)。
(11) Davies (1995：166) によると，カナダのカルチュラル・スタディーズは，マギル大学，コンコーディア大学，バーランドのいるヨーク大学，サイモン・フレイザー大学に広がっているということである。
(12) Playing for change については，CD（プレイング・フォー・チェンジ『ソングス・アラウンド・ザ・ワールド』UCCO3013，ユニバーサルミュージック株式会社）のライナーノーツ（マーク・ジョンソン，佐藤英輔）を参照した。
　　ホームページ　http://playingforchange.com/introduction_japanese.php

参考文献

Acland, Charles A. and William J. Buxton eds., 1999, *Harold Innis in the New Century*, Montreal: McGill-Queen's University Press.
浅見克彦，2003，「形態としてのメディア，思考のハイブリッド」マーシャル・マクルーハン＆ブルース・R・パワーズ，浅見克彦訳『グローバル・ヴィレッジ』青弓社．
粟谷佳司，2011a，「トロント・コミュニケーション学派からトロントのメディア文化研究へ」マーシャル・マクルーハンほか『KAWADE 道の手帖　マクルーハン』河出書房新社．
―――，2011b，「カナダのブラック・ディアスポラ」駒井洋監修『叢書グローバル・ディアスポラ5　ブラック・ディアスポラ』明石書店．
Berland, Jody, 1986, *Culture Re/percussions: The Social Production of Music Broadcast-*

ing in Canada, Doctoral Dissertation, Social and Political Thought, Ontario: York University.
―――, 1990, "Radio Space and Industrial Time: Music Formats, Local Narratives and Technological Meditation," *Popular Music*, 9/2.
―――, 1991, "Free Trade and Canadian Music: Level Playing Field or Scorched Earth ?" *Cultural Studies*, 5/3.
―――, 1992, "Angels Dancing: Cultural Technologies and the Production of Space," L. Grossberg et al. eds., *Cultural Studies*, New York and London: Routledge.
―――, 1993, "Sound, Image and Social Space: Music Video and Media Reconstruction," S. Frith et al. eds., *Sound and Vision*, New York and London: Routledge.
―――, 1998, "Locating Listening: Technological Space, Popular Music, and Canadian Mediations," A. Leyshon et al. eds., *The Place of Music*, New York: The Guilford Press.
―――, 1999, "Space at the Margins: Critical Theory and Colonial Space after Innis," C. Acland et al. eds., *Harold Innis in the New Century*, Montreal: McGill-Queen's University Press.
―――, 2000, "Nationalism and the Modernist Legacy: Dialogues with Innis," J. Berland et al. eds., *Capital Culture*, Montreal: McGill-Queen's University Press.
―――, 2009, *North of Empire: Essays on the Cultural Technologies of Space*, Durham: Duke University Press.
カナダオンタリオ州教育省編，FCT（市民のテレビの会）訳，1992『メディア・リテラシー――マスメディアを読み解く』リベルタ出版．
Cohnstaedt, Joy and Yves Frenette eds., 1997, *Canadian Cultures and Globalization*, Montreal: Association for Canadian Studies.
Davies, Ioan, 1995, *Cultural Studies and Beyond*, New York and London: Routledge.
―――, 2000, "Theorizing Toronto," *Topia: Canadian Journal of Cultural Studies*, 3.
Drache, Daniel, 1995, "Introduction" H. A. Innis, 1995, *Staples, Markets, and Cultural Change*, Montreal: McGill-Queen's University Press.
DuGay, Paul, Stuart Hall, Linda Janes, Hugh Mackay and Keith Negus, 1997, *Doing Cultural Studies*, New York: Sage.（=2000, 暮沢剛巳訳『実践カルチュラル・スタディーズ』大修館書店．）
Frith, Simon, 1989, *Music for Pleasure*, New York: Polity Press.
Genosko ,Gary, 1999, *McLuhan and Baudrillard: The Master of Implosion*, Routledge.
Giddens, Anthony, 1991, *The Consequences of Modernity*, New York: Polity Press.（=1993, 松尾精文ほか訳『近代とはいかなる時代か』而立書房．）
Goldfarb, Rebecca, 1997, "External Constraints on Public Policy: Canada's Struggle to Preserve a Broadcasting System Fundamentally Canadian in Character," Joy Cohnstaedt and Yves Frenette eds., 1997, *Canadian Cultures and Globalization*,

Montreal: Association for Canadian Studies.
Harvey, David, 1989, *Condition of Postmodernity*, New York: Blackwell.
Innis , Harold, 1950, *Empire and Communications*, Toront: University of Toronto Press.
―――, 1951, *The Bias of Communication*, Toront: University of Toronto Press.
―――, 1995, *Staples, Markets, and Cultural Change*, Montreal: McGill-Queen's University Press.
伊藤守，1999,「テレビジョン，オーディエンス，メディア・スタディーズの現在」伊藤守・藤田真文編『テレビジョン・ポリフォニー』世界思想社
Jameson, Fredric, 1998, "Globalization as philosophical issue," Jameson and Miyoshi eds., *Cultures of Globalization*, Durham: Duke University Press.（＝2003，北野圭介訳「哲学的争点としてのグローバリゼーション」『現代思想』Vol. 31-8)
川島淳一，1995,「カナダのテレビ放送とアメリカ・テレビ番組の関係」『カナダ研究年報』第15号.
木村和男編，1999,『カナダ史』山川出版社.
Lefebvre, Henri, 1991, *The Production of Space*, trans by Donald Nicholson-Smith, New York: Blackwell.
アンリ・ルフェーブル，斎藤日出治訳，2000,『空間の生産』青木書店.
マーク・ルーイスン，内田久美子訳，2009,『ザ・ビートルズ・レコーディングセッションズ完全版』シンコーミュージック.
Marchessault, Janine, 2004, *Marshall McLuhan*, New York: Sage.
McLuhan, Marshall, 1962, *The Gutenberg Galaxy: The Making of Typographic Man*, Tront: University of Toronto Press.（＝1986，森常治訳『グーテンベルクの銀河系』みすず書房.）
―――, 1964, *Understanding Media: The Extensions of Man*, New York: McGraw Hill.（＝1987，栗原裕・河本仲聖訳『メディア論』みすず書房.）
McLuhan, Marshall & Quentin Fiore, 1967, *The Medium is the Massage: An Inventory of Effect*, Berkeley: Gingko Press.（＝1995，南博訳『メディアはマッサージである』河出書房新社.）
Meyrowitz, Joshua, 1985, *No Sense of Place: The Impact of Electronic Media on Social Behavior*, New York: Oxford University Press.
Miyoshi, Masao, 1993, "A Borderless World ?: From Colonialism to Transnationalism and the Decline of the Nation-State," *Critical Inquiry*, 19.
アントニオ・ネグリ，杉村昌昭訳，2003,「『帝国』とは何か」『現代思想』2003年2月号.
Negus, Keith, 1992, *Music Genres and Corporate Cultures*, New York and London: Routledge.
小川博司，1988,『音楽する社会』勁草書房.
Ong, Walter J, 1982, *Orality and Literacy: The Technologizing of the Word*, New York and London: Routledge.（＝1991，桜井直文・林正寛・糟谷啓介訳『声の文化と文字の

文化』藤原書店.）
斎藤日出治, 2003, 『空間批判と対抗社会』現代企画室.
Schafer, Murray, 1977, *The Tuning of the World,* Tront: McClelland and Stewart.（= 1986, 鳥越けい子・小川博司・庄野泰子・田中直子・若尾裕訳『世界の調律』平凡社.）
Shields, Rob, 1994, *Places on the Margin,* New York and London: Routledge.
―――, 1999, *Lefebvre, Love and Struggle,* New York and London: Routledge.
Soja, Edward, 1989, *Postmodern Geographies,* New York: Blackwell.
Spigel, Lynn, 1992, "Introduction," R. Williams, 1974 = 1992, *Television: Technology and Cultural Form,* Middletown CT: Wesleyan University Press.
Williams, Raymond, 1974 = 1992, *Television: Technology and Cultural Form,* Middletown CT: Wesleyan University Press.
Wright, Robert, 1991, "'Gimme Shelter': Observations on Cultural Protectionism and the Recording Industry in Canada," *Cultural Studies,* 5/3.

音源
ザ・ビートルズ, 1995, 『フリー・アズ・ア・バード』EMI ミュージック・ジャパン, CD.
レッド・ツェッペリン, 1982, 『コーダ』ワーナーミュージック・ジャパン, CD.
エルヴィス・プレスリー, 2002, 『リトル・レス・カンバセーション』BMG ジャパン, CD.
プレイング・フォー・チェンジ, 2008, 「One Love」『ソングス・アラウンド・ザ・ワールド』ユニバーサルミュージック, CD.
―――, 2008, 「Talking about Revolution」『ソングス・アラウンド・ザ・ワールド』ユニバーサルミュージック, CD.

|コラム| グローバル市場における差異
　　　　——『恋をしましょう』(1960),『お熱いのがお好き』(1959) 映画評

　グローバル化がもたらした変革は経済・政治等多次元にわたるが，とりわけグローバル市場の広範な伝播は多くの伝統的地域経済の変容を意味していた。否応なく資本主義経済に巻き込まれた市民はそのシステムの中で必然的に富裕であるか貧困であるかの振り分けがなされ，それは多くの場合社会的地位の振り分けをも意味している。グローバル市場の中で個人は個人として確立することが求められており，同時に個人の商品化が進むことで，労働・恋愛などあらゆる場面において個人そのものの社会的文脈上の価値が問われるようになったのだ。そしてその評価に少なくとも共通するのは「富」であろう。「富」の所有が第一の判断基準として機能することで，人々は翻弄され苦悩する。

　『恋をしましょう』(1960),『お熱いのがお好き』(1959) にはそんな市場に翻弄された二人の男が登場する。前者には，自らの持つ財産のみで評価されることに嫌気がさし，自分を金持ちではなく一人の男として接してくれる唯一の女性アマンダ（マリリン・モンロー）に貧しい役者を気取って近づくクレマン（イヴ・モンタン）が，後者には，売れないサックス奏者であり，女装によってギャングから逃れている間シェル石油の御曹司「ジュニア」に変装してシュガー（マリリン・モンロー）に迫ろうとするジョー（トニー・カーティス）が，それぞれ登場する。二人は対極にあり，あるものを拒むもの，ないものを欲するものである。根底にあるのは，富こそが恋愛における指標だと思う中で二人はまったくの別ベクトルから苦しみを強いられているということだ。

　そして結末における差異も向かうところは同じである。ギャングからの猛追をかわし南米へ逃れようとするボートの上，すべての「ネタばらし」をしてもなおその求愛を受け入れられるジョーに対し，それまでは友情だけの関係だったはずが，自らがクレマン財閥の社長と教えた直後にその求愛を受け入れられるクレマン。確かに前者の結末は必ずしも富のみが個人に対する最大の価値判断基準ではないと示唆しているが，それでは後者の結末はやはり富が第一ということを示しているかと問われれば，そんなことはない。むしろ富でさえも市場の中で特有の文脈を持たないことには価値たりえないということだ。一般において商品に魅力があるのはその商品に特有のナラティブが存在するからであり，商品化された個人においても同じことが言える。個人は富の所有を含めて固有のナラティブを語りかけることで魅力とする以外にない。それは

グローバルな市場の中で画一的な判断基準が存在するのではなく，多様な要素を認めるということでもある。

『お熱いのがお好き』のラスト，オズグッド三世（ジョー・E・ブラウン）はこう言う。

"Well, nobody's perfect."

不完全さ，それこそが物語であり一つの価値なのだ。

山本　輝（やまもと・あきら，慶應義塾大学経済学部2年，2012年度当時）

フィルモグラフィー（コラムで扱った映画作品紹介）

Bocal aux poissons rouges『金魚鉢』
　フランス，リュミエール兄弟社製作，1896年．DVD．(*Les films Lumière* レ・フィルム・リュミエール　2：販売元：ジェネオン　エンタテインメント)．

Let's Make Love『恋をしましょう』
　ジョージ・キューカー監督．アメリカ．製作：MGM，1960年．DVD．(販売元：20世紀フォックス・ホーム・エンターテイメント・ジャパン(FOXDP))．

Lawrence of Arabia『アラビアのロレンス』
　デヴィッド・リーン監督．アメリカ，製作：コロンビア映画，1962年．DVD．(販売元：ソニー・ピクチャーズエンタテインメント)．

Melody『小さな恋のメロディ』
　アラン・パーカー監督，イギリス．製作：ヘラルド映画，1971年．DVD．(販売元：ポニーキャニオン)．

『人情紙風船』
　山中貞雄監督．日本．製作：PCL，1937年．DVD．(販売元：東宝)．

Some Like it Hot『お熱いのがお好き』
　ビリー・ワイルダー監督．アメリカ．製作：MGM，1959年．DVD．(販売元：20世紀フォックス・ホーム・エンターテイメント・ジャパン(FOXDP))．

『丹下左膳餘話　百萬兩の壺』
　　山中貞雄監督．日本．製作：日活，1935年．DVD．（販売元：日活）．

『丹下左膳　百万両の壺』
　　津田豊滋監督．日本．製作：日活，2004年〔リメイク版〕．DVD．（販売元：日活）．

『鴛鴦歌合戦』
　　マキノ正博監督．日本．製作：日活，1939年．DVD．（販売元：日活）．

人名・グループ名索引

ア 行

浅見克彦　187
アレント（Arendt, Hanna）　86
伊藤守　187
イニス（Innis, Harold A.）　172, 179
イリガライ（Irigaray, Luce）　90
ウィリアムズ（Williams, Raymond）　173, 175, 176
ヴィーレック（Vireck, Peter）　32
ウェーバー（Weber, Max）　50
ヴェブレン（Veblen, Thorstein）　163
緒方竹虎　29

カ 行

加藤弘之　57
カロン（Callon, Michel）　10
ガーンハム（Garnham, Nicolas）　187
ギアツ（Geertz, Clifford）　46
ギデンズ（Giddens, Anthony）　7, 8, 183
木村忠正　17
木村敏　34
ジム・キャリー（Carrey, Jim）　188
ゲッペルス（Gebbels, P. Joseph）　31, 32
ゲノスコ（Genosko, Gary）　174
厚東洋輔　47
ゴフマン（Goffman, Erving）　20, 23, 30, 174
コーネル（Cornell, Drucilla）　91
サン＝シモン（Saint-Simon, Claude Henrri de R.）　162
ジェイムソン（Jameson, Fredric）　173, 181
ジャンキーXL（Junkie XL）　185
ジンメル（Simmel, Georg）　163
スペンサー（Spencer, Herbert）　55-56
セルトー（Certeau, Michel de）　134
ソローキン（Sorokin, Pitirim A.）　162

タ 行

ダーウィン（Darwin, Charles）　42, 55
タルド（Tarde, Gabriel）　25
トレイシー・チャップマン（Chapman, Tracy）　186
鶴見俊輔　134, 135
テレンバッハ（Tellenbach, Hubertus）　34

ナ 行

ニューカム（Newcomb, Theodore M.）　21
ネグリ（Negri, Antonio）　186
ノエレ＝ノイマン（Noelle-Neumann, Elisabeth）　20, 24, 30

ハ 行

ハーヴェイ（Harvey, David）　173
ハースト（Hearst, William R.）　27
パーソンズ（Parsons, Talcot）　58-60
パットナム（Putnam, Robert, D.）　4
バトラー（Butler, Judith）　86, 107
濱口恵俊　34
ハラウェイ（Haraway, Donna J.）　86
バーランド（Berland, Jody）　172
ヒトラー（Hitler, Adolf）　31, 32
ビートルズ（The Beatles）　185
ピューリッツァー（Pulitzer, Joseph）　27
フェザーマン（Featherman, David L.）　163
マイケル・J・フォックス（Fox, Michel J.）　188
フッサール（Husserl, Edmund G. A.）　48
フリス（Frith, Simon）　173
ブルデュー（Bourdieu, Pierre）　163
エルビス・プレスリー（Presley, Elvis Aron）　185
ベック（Beck, Ulrich）　7, 9
ベートーベン（Beethoven, Ludwig van）

48
ベーメ（Boehme, Gernot）　34
ベル（Bell, Daniel）　163
ボードリヤール（Boudrillard, Jean）　174
ポランニ（Polaniy, Karl）　159

　　　　マ　行

マクルーハン（McLuhan, Marshall）　172
松永信一　33
ボブ・マーリー（Marley, Bob）　186
マルクス（Marx, Karl）　162
ジョニ・ミッチェル（Mitchell, Joni）　188
ミード（Mead, George H.）　6
ミヨシ（Miyoshi, Masao）　181
ムフ（Mouffe, Chantal）　91
メイロウィツ（Meyrowitz, Joshua）　174
モッセ（Mosse, George）　32
アラニス・モリセット（Morissette, Alanis N.）　188

　　　　ヤ　行

山岸俊男　4
山本七平　16, 28
ニール・ヤング（Young, Neil）　188
U2　186

　　　　ラ・ワ　行

ラッシュ（Lash, Scot）　9
ラトゥール（Latour, Bruno）　10, 86
リッツア（Ritzer, George）　50
ルグラン（Le Grand, Julian）　158
ルフェーブル（Lefebvre, Henri）　134, 173
ルーマン（Luhmann, Niklas）　54, 61-67, 104
ジョン・レノン（Lennon, John）　185
ロー（Law, John）　10
和辻哲郎　34

事項索引

A-Z
BOPビジネス　159
CRC（Canadian Broadcasting Corporation）　182
FTA　183
MTV　178
NPO　130
YouTube　161

ア行
アーキテクチャ　186
新しい公共　131
新しい消費主義　163
安心　4
イエロー・ジャーナリズム　25
一般化された他者　6
遺伝子　78
イベントメディア　128, 129
失う術　91
オープンサイエンスシステム　145
音楽空間　134

カ行
階層構造　162
科学技術　95
科学装置　93
カナダ・テレビ・ラジオ電気通信委員会（Canada Radio-television and Telecommunications Commission）　181
カナダの内容（Canadian content）　181
『カルチュラル・スタディーズ（*Cultural Studies*）』　182
カルチュラル・スタディーズ（カナダ）　188
カルチュラル・テクノロジーズ（Cultural Technologies）　173, 176, 177
関係の空気　18, 30
記号化　3
技術（technology）　175
技術決定論（technological determinism）　175
記述的規範　18
記念日　136
行　2
規律・訓練　94
クィア　99
空気　9, 17
空間に偏向したメディア（the space-biased media）　180
空間の生産（the production of space）　175
空気が読めない（K. Y.）　18, 23
『空気の研究』　16
空気の支配　30
空気の暴走　33
クール・ジャパン　164
クール・ブリタニア　164
クリエイティビティ　166
グローバル・ネットワーク　167
グローバル化／グローバライゼーション　51, 181
クロスメディア　167
ゲノム　78
限界芸術論　134, 135
権言癒着　82
言語　89
健康都市　141
健康なまちづくり　141
顕示的消費　163
公共空間　97
構成主義的ジェンダー論　104, 105, 106, 110, 117
公的領域　87
国際協力　158
国際広告賞　166
国際文化交流　80
国民国家　96
個人的なことは政治的である　96

コミュニケーション・メディア　62-63
コミュニティ　131
コンコーディア大学　188
コンテンツ　167

　　　　　サ 行

再埋め込み（reembedding）　185, 186
再帰的近代化　8
サイボーグ　87
サイモン・フレイザー大学　188
サウンドスケープ　134
産業　128
ジェンダー　99
ジェンダー秩序　105, 106
仕掛けのクリエイティビティ　167
時間図表　48, 49
自己同一性　87
システム理論　63-65
持続可能性　98
実存的文化　2
私的領域　88
社会階層　162
社会空間（social space）　134, 172, 176, 177
社会進化論　55-57
社会ダーウィニズム　55-57
社会的なもの　88
集団規範　23
重要な他者　6
主観的規範　18
主体　87
『種の起源』　42
準モノ　93
状況規範　18, 22, 24
情報通信技術　130
情報統制　82
情報の消費者　160
情報発信者　160
除染問題　146
進化　54-67
信頼　4
スロー・フード　51

政治構造の変化　83
政治的コミュニケーション　83
性支配　95
性別化された身体　95
生命情報学　78
性理学　83
生理規範　110, 113, 114, 115
セクシュアリティ　90
セクシュアリティの装置　96
セックス　99
宣伝　31, 32
扇動　31, 32
相対化　119
創発　10
ソーシャル・キャピタル　140

　　　　　タ 行

脱埋め込み（disembedding）　185, 186
中心／周辺　184
中心／周辺のダイナミックス（center-periphery dynamics）　179, 180
朝鮮王朝時代　82
沈黙の螺旋理論　20, 24
帝国　186
ディズニーランド　128, 129
デジタル・ネイティブ　17
『テレビジョン』　173, 176
手練手管　20, 23
テロリズム　28, 29
電子メディア　2
伝統文化　3
道　3
同調行動　23
都市国家　128
都市政策　128, 129
ドレフュス事件　25
トロント・コミュニケーション学派　172

　　　　　ナ 行

ナップスター　187
ニコニコ動画　135, 161
日露戦争　28

ニューヨーク同時多発テロ　31
ネオ・サイバネティクス　104
ネオ・ダーウィニズム　43
ネットワーク論　92
ネパール　110

ハ　行

ハイブリッド（hybrid）　92
ハイブリッド・アクター（hybrid actor）　11
ハイブリディティ　47
博覧会　136
把持　48, 49
初音ミク　134, 161
場の空気　22
ハビトゥス　163
ハリケーン・カトリーナ　144
判断停止　119
非線形の開放系システム　47
ファスト・フード　51
フィルム・コミッション　132
フクシマ　15
不買運動　30
プレイング・フォー・チェンジ（Playing For Change）　185
文化コア　47
文化政策　80
文化的計画　80
文化の多様性に関するユネスコ宣言　81
文化表現の多様性保護条約　81
米加自由貿易協定（CUFTA）　182
米西戦争　16, 26-28
ボイコット　28-30
暴政　88
北米自由貿易協定（NAFTA）　182
ポップカルチャー　164
ボランティア　148
ポルトガル　128
香港　128, 129

マ　行

マーケティング・コミュニケーション　166
マカオ　128
マギル大学　188
マクドナルド化　50
マクロ−ミクロ問題　2
無のグローバル化　50
メディア・コミュニティ　44
メディア・ビオトープ　44
メディア生態系　44
『メディアの理解』　174
メディアはメッセージである　174, 175
モダニティ　172, 187

ヤ・ラ　行

ユーザー　134, 135
ユネスコ　81
ヨーク大学　188
予持　49
レコーディング　184

執筆者紹介 (執筆順, 執筆担当)

丸山 哲央 (まるやま・てつお, 名城大学大学院, 佛教大学名誉教授) 第1章1, 第2章5

林 直保子 (はやし・なほこ, 関西大学社会学部) 第1章2

浅野 智彦 (あさの・ともひこ, 東京学芸大学教育学部) 編者紹介参照 第1章3

中西 眞知子 (なかにし・まちこ, 中京大学経営学部) 第1章4

栗原 亘 (くりはら・わたる, 早稲田大学大学院文学研究科博士後期課程) 第1章5

伊藤 陽一 (いとう・よういち, 国際教養大学専門職大学院) 編者紹介参照 第1章ケース・スタディ

中川 草 (なかがわ・そう, 国立遺伝学研究所) 第2章1, 第3章1

土屋 祐子 (つちや・ゆうこ, 広島経済大学経済学部) 第2章2

高柳 寛樹 (たかやなぎ・ひろき, 株式会社ウェブインパクト代表) 第2章2, 第5章2

滝村 卓司 (たきむら・たくじ, 国際協力機構 (JICA)) 第2章3

佐野 麻由子 (さの・まゆこ, 福岡県立大学人間社会学部) 第2章3, 第3章ケース・スタディ2, 第5章1

浜 日出夫 (はま・ひでお, 慶應義塾大学文学部) 編者紹介参照 第2章4

赤堀 三郎 (あかほり・さぶろう, 東京女子大学現代教養学部) 編者紹介参照 第2章ケース・スタディ

川崎 賢一 (かわさき・けんいち, 駒澤大学グローバル・メディア・スタディーズ学部) 第3章2

尹 韓羅 (ゆん・はんな, 慶應義塾大学大学院政策・メディア研究科修了) 第3章3

長野 慎一 (ながの・しんいち, 東京理科大学経営学部) 第3章ケース・スタディ1

田浦 俊祐 (たうら・しゅんすけ, 慶應義塾大学メディア・コミュニケーション研究所修了) 第4章1

御手洗 綾子 (みたらい・あやこ, 慶應義塾大学メディア・コミュニケーション研究所修了) 第4章1

高田 義久 (たかだ・よしひさ, 慶應義塾大学メディア・コミュニケーション研究所) 編者紹介参照 第4章2

嶋　香織（しま・かおり，慶應義塾大学メディア・コミュニケーション研究所修了）第4章3

田中　まこ（たなか・まこ，神戸フィルムオフィス）第4章3

粟谷　佳司（あわたに・よしじ，立命館大学産業社会学部）編者紹介参照　第4章4，第5章ケース・スタディ

福間　良明（ふくま・よしあき，立命館大学産業社会学部）第4章5

浦野　慶子（うらの・やすこ，帝京大学文学部）第4章ケース・スタディ

廣瀬　毅士（ひろせ・つよし，立教大学社会情報教育研究センター）第5章3

中村伊知哉（なかむら・いちや，慶應義塾大学大学院メディアデザイン研究科）第5章4

佐藤　達郎（さとう・たつろう，多摩美術大学美術学部グラフィックデザイン学科）第5章5

［編者紹介］
伊藤陽一（いとう よういち）
1942年生まれ
1973年　慶應義塾大学大学院博士課程単位取得退学
現　在　国際教養大学教授，大学院グローバル・コミュニケーション実践研究科科長，慶應義塾大学名誉教授
主　著　『〈グローバル化〉の社会学』（共著），恒星社厚生閣，2010年
　　　　『ニュース報道と市民の対外国意識』（編著），慶應義塾出版会，2008年
　　　　『文化の国際流通と市民意識』慶應義塾大学出版会（編著），慶應義塾出版会，2007年
　　　　『ニュースの国際流通と市民意識』（編著），慶應義塾出版会，2005年
　　　　『アメリカナイゼーション――静かに進行するアメリカの文化支配』（共著），研究社，2004年

浅野智彦（あさの ともひこ）
1964年生まれ
1994年　東京大学大学院社会学研究科博士課程単位取得退学
現　在　東京学芸大学教育学部准教授
主　著　『自己への物語論的接近』勁草書房，2001年
　　　　『検証・若者の変貌』（編著），勁草書房，2006年
　　　　『若者とアイデンティティ』（編著），日本図書センター，2009年
　　　　『趣味縁から始まる社会参加』岩波書店，2011年
　　　　『若者の現在　文化』（共編著），日本図書センター，2012年

赤堀三郎（あかほり さぶろう）
1971年生まれ
2003年　東京大学大学院人文社会系研究科博士課程修了
現　在　東京女子大学現代教養学部准教授，博士（社会学）
主　著　「危機の中の社会学理論」『現代社会学理論研究』第6号，2012年
　　　　「社会学的システム理論における自己記述という構想」『社会・経済システム』第31号，2010年
　　　　ニクラス・ルーマン『社会の社会』（共訳）法政大学出版会，2009年
　　　　「戦後アメリカにおけるサイバネティクスと社会学」『東京女子大学社会学会紀要』第37号，2009年

浜　日出夫（はま　ひでお）

1954年生まれ
1980年　大阪大学大学院人間科学研究科博士課程中途退学
現　在　慶應義塾大学文学部教授，文学修士
主　著　『社会学』（共著）有斐閣，2007年
　　　　『戦後日本における市民意識の形成——戦争体験の世代間継承』（編著）慶應義塾大学出版会，2008年
　　　　『被爆者調査を読む——ヒロシマ・ナガサキの継承』（編著）慶應義塾大学出版会，2013年

高田義久（たかだ　よしひさ）

1970年生まれ
1993年　東京大学法学部卒業
現　在　慶應義塾大学メディア・コミュニケーション研究所准教授
主　著　「太平洋島嶼地域における情報通信ネットワーク整備と情報通信政策」（共著），菅谷実編著『太平洋島嶼地域における情報通信政策と国際協力』慶應義塾大学出版会，2013年
　　　　Mapping Digital Media: Japan（共著），Open Society Foundations, London, 2012年
　　　　「複数地域間の地域情報化を促進するプラットフォームに関する一考察」（共著）『情報社会学会誌』第7巻第1号，情報社会学会，2012年

粟谷佳司（あわたに　よしじ）

1968年生まれ
2003年　同志社大学大学院文学研究科博士後期課程満期退学。
現　在　立命館大学産業社会学部准教授
主　著　『音楽空間の社会学——文化における「ユーザー」とは何か』青弓社，2008年
　　　　『マクルーハン』（KAWADE 道の手帖）河出書房新社，2011年
　　　　「戦後日本の知識人と音楽文化——鶴見俊輔，フォーク音楽，限界芸術論をめぐって」『立命館産業社会論集』第48巻2号，2012年
　　　　「限界芸術論からのメディア文化史——鶴見俊輔，フォーク音楽，ローカル文化」『メディア・コミュニケーション』第61号，2011年

グローバル・コミュニケーション
――キーワードで読み解く生命・文化・社会――

2013年3月30日　初版第1刷発行　　　　　〈検印省略〉

定価はカバーに
表示しています

		伊藤陽一彦郎
編　者		浅野智三夫
		赤堀日出久司
		浜田義佳三
		高栗谷

発 行 者　　杉　田　啓　三
印 刷 者　　江　戸　宏　介

発行所　株式会社　ミネルヴァ書房
607-8494 京都市山科区日ノ岡堤谷町1
電 話 代 表 (075)581-5191
振 替 口 座 01020-0-8076

© 伊藤陽一ほか, 2013　　　共同印刷工業・藤沢製本
ISBN978-4-623-06585-1
Printed in Japan

［新版］新しい世紀の社会学中辞典

N. アバークロンビー／S. ヒル／B. S. ターナー 著
丸山哲央 監訳・編集　四六判　600頁　定価2940円

ペンギン・ブックス『社会学辞典』（2000年版）の日本語版。伝統的なヨーロッパ社会学を基礎として，現代社会における様々な現象や徴候を分析，21世紀にむけた欧米社会学の全容を紹介する。

新キーワード辞典──文化を読み解くための語彙集

T. ベネット／L. グロスバーグ／M. モリス 編
河野真太郎／秦　邦生／大貫隆史 訳　Ａ５判　692頁　定価4725円

レイモンド・ウィリアムズの『キーワード辞典』の精神を活かした現代の文化と社会を理解するための読む〈辞典〉。

グローバリゼーション・インパクト──同時代認識のための社会学理論

厚東洋輔 著　四六判　306頁　定価3150円

グローバリゼーションをキーワードに，〈同時代〉つまり〈いま＝ここ〉における人間と社会のかかわりを理論的に解明する。グローバリゼーションは，社会学の根本問題をどのように変えるのか。社会変動論，ヴェーバー学説からの接近。

文化のグローバル化──変容する人間社会

丸山哲央 著　四六判　236頁　定価2940円

文化のグローバル化と「グローバル文化」なるものが，人類社会にとっていかなる意味を持つのか。現代のグローバル化状況を視野において，人文・社会科学における文化概念を再吟味し，それによって，人間の生きる世界の変容のさまを見定める。

マクドナルド化と日本

G. リッツア／丸山哲央 編著　四六判　340頁　定価3675円

近年注目を集めるマクドナルド化理論。日本は，アメリカ社会と同様にマクドナルド化するのか，またはしているのか。この難問に対し，理論提唱者であるG. リッツア教授のみならず，日本側の第一線の研究者が解明を試みる。

────ミネルヴァ書房────
http://www.minervashobo.co.jp/